쇼와 유신 : 성공한 쿠데타인가, 실패한 쿠데타인가

쇼와 유신 :
성공한 쿠데타인가,
실패한 쿠데타인가

한상일

까치

저자 한상일(韓相一)

1941년 평양에서 출생. 1965년 고려대학교를 졸업하고 1974년 클레어먼트 대학원(Claremont Graduate School)에서 일본학 전공으로 박사학위 취득. 국민대학교 정치학과 교수를 거쳐 현재 같은 대학교의 명예교수. 스탠퍼드(Stanford), 도시샤(同志社), 프린스턴(Princeton) 대학교에서 연구. 주요 저서로는「일본제국주의의 한 연구」(1980),「일본의 국가주의」(1988),「일본 전후정치의 변동」(1997),「제국의 시선」(2004),「일본, 만화로 제국을 그리다」(공저, 2006),「지식인의 오만과 편견」(2008),「1910 일본의 한국병탄」(2010),「이토 히로부미와 대한제국」(2015) 등이 있다.

© 2018 한상일

쇼와 유신 : 성공한 쿠데타인가, 실패한 쿠데타인가

저자 / 한상일
발행처 / 까치글방
발행인 / 박후영
주소 / 서울시 용산구 서빙고로 67, 파크타워 103동 1003호
전화 / 02・735・8998, 736・7768
팩시밀리 / 02・723・4591
홈페이지 / www.kachibooks.co.kr
전자우편 / kachisa@unitel.co.kr
등록번호 / 1-528
등록일 / 1977. 8. 5
초판 1쇄 발행일 / 2018. 3. 15

값 / 뒤표지에 쓰여 있음

ISBN 978-89-7291-659-8 93910

이 도서의 국립중앙도서관 출판예정도서목록(CIP)은 서지정보유통지원시스템 홈페이지 (http://seoji.nl.go.kr)와 국가자료공동목록시스템(http://www.nl.go.kr/kolisnet)에서 이용하실 수 있습니다.(CIP제어번호 : CIP2018006542)

차례

서론

1

1937년 8월 19일 아침 도쿄의 요요기(代々木) 육군형무소에서 4명의 총살형이 집행되었다. 쇼와 유신(昭和維新)을 위한 쿠데타의 정신적 지주인 기타 잇키(北一輝), 쿠데타의 이론적 지도자인 니시다 미쓰기(西田稅), 그리고 2-26 쿠데타의 주모자인 이소베 아사이치(磯部浅一)와 무라나카 다카지(村中孝次)가 그들이었다. 형집행 직전, 형장에서 키가 큰 니시다는 눈을 가린 채 기타를 향하여 "이제 우리도 천황 폐하 만세 삼창을 해야죠" 하고 말했다. 체구가 작은 기타가 조금 생각하는 듯하다가 "아니, 나는 하지 않겠네" 하며 목을 곧추세웠다.[1] 존황토간(尊皇討奸)이라는 쇼와 유신이 명분으로 내세운 천황의 존재를 부인한 것이다. 네 사람을 향한 총성이 무겁게 울려퍼졌고, 총성과 함께 쇼와 유신도 실패로 그 막을 내렸다. 쇼와 유신은 실패로 끝났으나, 역설적으로 실패를 통해서 쇼와 유신의 목표였던 군국주의 국가 총동원체제를 이루었다는 점에서, 실패한 쿠데타는 성공을 거두었다. 그러나 그후 전개된 일본 역사가 패전과 주권 상실이라는 미증유의 국난에 직면했고 그 시발점이 쇼와 유신이라고 본다면, 쇼와 유신은 역류의 대파국을 불러온 실패의 기점이라고 하지 않을 수 없다.

2

메이지 유신 이후 일본이 지향한 국가 목표는 서양을 '따라잡는' 것이었다. 부국강병, 문명개화, 식산흥업 등은 모두 서양을 따라잡기 위한 수단이었고 방편이었다. 메이지 일본은 헌법, 의회, 정당, 군사, 교육, 산업 등 모든 면에서 서양 제도와 기술을 받아들이면서 서양을 따라잡기 위하여 혼신의 노력을 기울였다. 그후 청일전쟁과 러일전쟁 그리고 제1차 세계대전을 거쳐 반세기를 지나면서 일본은 서구 열강과 어깨를 나란히 하게 되었다.

일본 근현대사에서 다이쇼 시대(大正時代)로 불리는 1910년대에서 20년대 중반에 이르기까지의 일본은 메이지 국가가 목표로 했던 서양을 따라잡은 듯했다. 일본은 밖으로는 미국과 영국 다음가는 대국의 지위를 확보했다. 1919년 파리에서 열린 강화회의에는 전승국으로 출석했고, 그 이듬해에 창설한 국제연맹에는 상임이사국 지위에 올랐다. 안으로는 정치적으로 정당을 중심으로 한 의회민주제도가 정착했고, 경제적으로 자본주의 경제구조가 확립되었고, 사상적으로 자유롭고, 그리고 문화적으로 개방적이 되었다.

그러나 그것은 다만 외관상의 모습이었다. 대중 속으로 뿌리를 내리지 못한 정당정치는 부패했고, 왜곡된 자본주의는 재벌만을 위한 경제였고, 메이지의 억압에서 해방된 사상의 자유는 오히려 사회적 혼란을 부추겼다. 정치인은 권력만을 탐했고 비전을 제시하지 못했다. 부패한 정치와 재벌의 결탁은 국민적 지탄의 대상이었다. 서양을 따라잡은 듯한 결과가 오히려 부패와 빈곤과 전통적 일본 혼의 상실로 인식되면서 복고(復古)의 바람이 거세게 일었다. 쇼와 유신과 국가총동원체제를 지향하는 혁신사상은 이러한 토질에서 배양되었다.

3

민주와 평화의 신일본 건설이라는 쇼와 시대의 출발 다짐과 달리 일본은 1930년대를 지나면서 군국주의와 대외침략의 길을 걸었다. 안으로는 정당정치 종식과 민주정치 압살로, 자본주의를 바탕으로 한 자유경제에서 국가 통제경제로, 그리고 이념적으로 국수주의의 길을 택했다. 밖으로는 식민통치 강화와 침략과 팽창정책 진로를 향해서 매진했다. 그리고 끝내 아무런 잘못과 허물이 없는 수많은 국민의 희생을 강요하고 국가 자체를 붕괴시킨 태평양 전쟁을 향한 국가 진로를 택했다. 1930년대에 들어서면서부터 몰아친 쇼와 유신이라는 광풍이 이 엄청난 변화의 중심에 있었다.

그렇다면 일본으로 하여금 파멸의 국가 진로를 택하게 한 쇼와 유신의 실체는 무엇인가? 왜 그리고 무엇이 쇼와 유신을 자극했는가? 쇼와 유신이라는 소용돌이 속에서 정치인, 군인, 지식인의 역할은 무엇이었는가? 서양을 따라잡았다는 다이쇼 시대에 서양의 상징인 민주주의와 자본주의 파괴의 씨앗인 쇼와 유신이 싹튼 것은 왜일까?

지난날의 역사에서 오늘 우리가 음미해야 할 교훈은 무엇인가? 이러한 의문에 대한 해답을 모색해보려는 것이 이 책의 중심 목적이다.

4

이 책은 서론과 결론을 제외하고 2부 12장으로 구성되어 있다.

제1장에서는 1930년대에 구체적으로 나타난 쇼와 유신이라는 혁신 사상과 운동이 움트게 된 다이쇼 시대의 시대상을 찾아보려고 했다.

역사가 움직여가는 전개과정에는 비약과 퇴보의 단계가 있을 수 있으나, 절대적인 의미에서 단절은 있을 수 없다. 모든 역사의 현상과 변화는 연속선상에서 규명되어야 한다. 1930년대의 일본 역사 전개 또한 연속선이라는 테두리 안에서 설명되어야 할 것이다. 1930년대에 나타난 정치 및 사회 현상 또한 단절된 상황에서 돌출된 것이 아니라 1920년대의 연속선에서 이루어진 것이다. 그러므로 1930년대의 상황을 이해하기 위해서는 1920년대의 정치, 경제, 사회 등 각 분야에서 나타난 현상을 살펴보고, 그러한 현상이 남긴 유산이 무엇이며, 그 유산이 1930년대 역사 전개에 어떻게 영향을 미쳤는가를 찾아볼 필요가 있다. 그럼으로써 비로소 1930년대로 이어지는 역사 진행을 보다 바르게 이해할 수 있다.

제I부에서는 1920년대의 토양 속에서 싹튼 쇼와 유신과 쿠데타의 씨앗이라고 할 수 있는 이념을 찾아보려고 했다. 특히 쇼와 유신의 정신적 지주로 알려진 기타 잇키, 국수적 일본주의자인 오카와 슈메이(大川周明), 실천적 농본주의자인 다치바나 고자부로(橘孝三郎), 쇼와 유신이라는 이름으로 쿠데타를 디자인한 니시다 미쓰기, 그리고 쇼와 유신의 전위대인 청년장교들이 품고 있었던 이데올로기와 행동의 원리와 이론을 탐색했다. 이들은 쇼와 유신과 국가개조의 이념을 개발하고 발전시켰을 뿐만 아니라, 이를 실현하기 위하여 테러와 쿠데타라는 행동대열에 참여했던 인물과 집단이다. 사상과 행동을 일치시켰다는 점에서 이들을 통하여 1930년대를 더욱 현실감 있게 이해할 수 있을 것이다.

제II부에서는 제1장의 시대적 배경과 제I부의 사상적 토양을 바탕으로 1930년대에 전개된 쇼와 유신의 실천적 행동을 살펴보았다. 중견 참모장교들이 중심이 된 3월과 10월 쿠데타 음모, 두 음모 사이에 벌어진 만주사변, 혈맹단(血盟團)의 정치 테러, 해군 청년장교들이 중심이 된 5-15 쿠데타, 자유주의 지적 사상을 말살하는 계기가 된 국체명징운동, 육군성에서 벌어진 하극상 투쟁, 그리고 쇼와 유신과 국가개조운동의 정점인 2-26 쿠데타를 시대적으로 추적했다. 이 과정에서 군부, 정당, 관료의 미묘한 역학관계와 그 속에서 정치지도자와 정치권의 대응을 규명하려고 했다. 그럼으로써 1930년대 일본의 국가 진로가 군국주의 총동원체제로 진행되었고, 1940년대에 국가 총동원체제로 이어질 수밖에 없었던 역사의 연속성과 필연성을 살펴볼 수 있을 것이다.

제1장

다이쇼 시대의 풍경

메이지(明治) 45년(1912)과 쇼와(昭和) 1년(1926)의 사이에 있는 다이쇼(大正) 14년간(1912-1926)은 근대 일본사의 명암이 교차하는 특별한 시대이다. 45년 만에 메이지 시대가 그 막을 내리면서 일본은 국가 목표로 삼았던 부국강병과 문명개화를 성취했다. 서양의 문명과 제도를 모방한 '서양 따라잡기'의 근대화를 성공적으로 추진했고, 청일, 러일 두 전쟁을 치르면서 아시아의 패자로 등장했다. 영광의 역사를 만들어냈다.

다이쇼를 이은 제2차 세계대전 이전의 쇼와 19년간(1926-1945)은 일본을 군국주의 체제로 몰고 갔고 결국 주권상실이라는 국가 패망의 길로 이끌었다. 치욕의 역사를 만든 것이다. 영광에서 치욕으로 들어가는 그 사이에 다이쇼 15년간이 있다. 영광과 치욕의 역사 사이에 있는 이 시대에 어떤 일이 일어났는가?

메이지의 영광을 이은 다이쇼 시대에 두드러지게 나타난 사회현상은 민중화와 개방화의 경향이었다. 민중의 정치, 사회 참여가 뚜렷해지면서 훗날 다이쇼 데모크라시로 불리는 정당정치와 의회주의 체제가 확립되었고, 민주주의, 사회주의, 공산주의, 무정부주의 등이 공존할 수 있을 만큼 개방적이 되었다. 제1차 세계대전과 겹치기도 하는 이 시기에 경제 호황을 누리면서 자본주의가 성숙되었고, 국제 평화주의가 대외관계의 기본 틀을 이루었다. 문화적으로는 대중문화가 만개했고, 모더니즘 또는 아방가르드 예술이 풍미했다. 뿐만 아니라 메이지 시대의 국가 목표가 성취되고 절대주의체제가 느슨해지면서 개인적 욕구가 분출했고 향락적 소비산업이 발달하기도 했다.

자유롭고 풍요롭고 개방적이던 이 시대는 아이러니컬하게도 쇼와 유신이라는 쿠데타를 불러왔고, 이어서 등장한 국가총동원체제와 팽창주의가 움트는 파시즘의 맹아기이기도 했다. 1930년대 일본이 직면한 비상시국의 싹이 트고 있었다. 당대의 국가사회주의운동의 대표적 이론가 쓰쿠이 다쓰오(津久井龍雄)의 표현을 빌리면 "국가를 위해 바람직스럽지 못한 악조건이 유감없이 노정된" 시대였다.[1] 다이쇼 14년간은 근대 일본사에서 빛과 그림자를 함께 지니고 있다.

1. 정당정치 : 새로운 실험

250여 년 동안 지속된 도쿠가와 막부(德川幕府)를 무너뜨리고 1868년에 들어선 메이지 체제는 부국강병과 식산흥업을 국정목표로 내세우고 국력을 결집했다. 그 결과 1905년 러일전쟁에서 승리하면서 메이지 시대의 목표는 완수되었다. 일본은 열강 대열에 합류하고 근대 산업국가로 탈바꿈했다. 이와 같은 메이지 시대의 약진에는 민중의 희생이 뒤따랐고, 강력한 국가의 통제와 억압이 수반되었다. 그러나 메이지의 국가 목표가 달성되고 메이지의 주역들이 역사 현장에서 물러나면서 통제와 억압이 느슨해졌고, 민중의 욕구가 강화되면서 역동적인 사회 변화가 일어났다. 무엇보다 먼저 메이지 과두체제에 억눌려 있던 정치권에서 새로운 변화가 일어났다.

다이쇼 시기의 일본 정치의 특색은 정당내각 출현과 의회정치 확립이라고 할 수 있다. 1918년 정우회(政友會)의 하라 다카시(原敬) 총재가 수상 자리에 오르면서 정당은 일본 정치사에서 최초로 명실상부한 정치권력의 주체로 등장했다. 정당정치 시대가 열린 것이다. 1874년 이타가키 다이스케(板垣退助)가 일본 최초의 정당이라고 할 수 있는 애국공당(愛國公黨)을 결성한 지 약 반세기 만이었다.

역사적으로 볼 때 일본에서 정당 출현은 정한론(征韓論, 1873)의 좌절과 서남전쟁(西南戰爭, 1877)의 실패 후에 반(反)정부운동 형태로 나타났다. 그렇다고 하더라도 그후 전개된 자유민권운동과 정권을 향한 투쟁은 정당 중심의 의회체제 확립에 크게 기여했다. 1890년 제1회 총선 결과로 의회가 구성되면서 정당은 정치구조 속에서 정치권력 확대를 위하여 꾸준히 노력했다. 물론 정당의 기능과 활동도 상당 기간 과두집권자들의 통제와 조정 속에서 이루어졌다. 그러나 다이쇼 시대가 문을 열면서 막후에서 정권의 향방을 움직이는 원로에 대항하는 정당의 정치적 활동과 헌정옹호의 열기가 점차 고조되었다. 이러한 분위기는 1913년 정당이 주도한 민중저항운동인 헌정옹호대회(憲政擁護大會)를 통해서 번벌(藩閥)을 중심으로 한 인물들의 내각인 제3차 가쓰라 다로(桂太郞) 정권을 무너뜨린 소위 "다이쇼 정변"을 이끌어냈다. 이를 계기로 정당은 정치구조 속에서 위로부터의 조정에서 벗어나 관료, 군부, 재벌과의 제휴 및 경쟁을 통하여 권력 내부로 깊숙이 파고 들어갈 수 있게 되었다.

물론 다이쇼 시대에 접어들면서 정당이 이처럼 정권 주체가 될 수 있었던 것은 메이지 체제 속에서 정권을 향한 정당들의 투쟁 결과였음을 부인할 수 없다. 그렇다고 해서 정당과 정치인의 투쟁에 의한 결과만은 아니었다. 오히려 1910년대부터 균열을 보이기 시작한 국내 정치구조 변화와 제1차 세계대전 후에 나타난 국제 상황이 더 크게 작용했다.

국내 정치구조 변화는 메이지 체제 성립 이후 절대적인 영향력을 행사했던 원로의 쇠퇴와 그 기능 약화를 의미한다. 천황에 대한 책임이 과두지배자들에게 대한 책임을 의미하고 있던 메이지 시대에 원로의 정치 역할은 절대적이었다. 천황 전제정치의 고문이자 실질적 정치 운영자였던 원로들은 관과 군을 완전히 장악하여 통제하면서 모든 중요한 정책을 결정하고 집행했다. 그러나 메이지 시대가 막을 내리면서 원로들에게 부과된 국가적 과제라고 할 수 있는 부국강병, 식산흥업, 대륙진출 등은 이미 상당히 성취되어 있었다. 이는 메이지 유신 이후 새로운 국가건설을 담당했던 정치 지도자의 역사적 임무가 끝났다는 것을 의미하는 것이기도 했다. 러일전쟁 후 원로들은 점차 정치 지도자에서 조정자로, 그리고 권력 주체에서 상징적 존재로 그 역할을 달리했다.

시대의 흐름과 함께 원로의 임무와 기능이 변했고, 동시에 원로들은 육체적으로 노쇠했고, 하나둘 역사의 현장에서 사라져갔다. 하라가 정우회 중심의 내각을 구성했던 1918년에 생존하고 있던 원로는 마쓰카타 마사요시(松方正義, 84세), 야마가타 아리토모(山縣有朋, 81세), 오쿠마 시게노부(大隈重信, 81세), 그리고 사이온지 긴모치(西園寺公望, 70세) 네 명뿐이었다. 물론 그들은 노쇠했음에도 여전히 상당한 권위를 가지고 영향력을 행사했다. 그러나 그들은 각 분야에서 일어나는 매일 매일의 정치현상을 통제하고 지도할 수 없었다. 시간이 지나면서 원로의 영향력은 자연히 상징적이고 의례적인 것으로 변할 수밖에 없었다.

원로의 영향력이 약화되고 역할이 달라짐에 따라서, 직접 정치를 담당하게 될 집단은 기성 정치구조의 바탕이 되는 정당, 관료, 그리고 군벌일 수밖에 없었다. 이들 집단 중 어느 누구도 원로가 누렸던 절대적 권력을 가지고 있지 못했기 때문에 정치 주도권 장악을 위한 경합이 불가피했고, 따라서 지도체제의 다원화 현상이 일어날 수밖에 없었다. 다원화 과정에서 집단과 집단 사이에 권력 주도권을 장악하기 위한 우열경쟁이 가능하게 되었다.

정치구조 재편성과 더불어 정당이 정치 세력을 크게 키울 수 있었던 또다른 중요한 요인은 정치참여의 대중화였다. 하라 다카시는 1918년 정우회 내각을 구성하면서 선거법을 개정하여 보다 많은 사람이 정치에 참여할 수 있는 길을 열었다. 하라 내각은 25세 이상 남성으로 10엔(円) 이상 직접 국세 납부자라는 투표권 자격 요건을 3엔 이상 납부자로 개정함으로써 유권자 수를 98만여 명에서 300만여 명으로 크게 신장시켰다. 한 걸음 더 나가서 헌정회(憲政会) 내각을 성립시킨 가토 다카아키(加藤高明)가 1925년 보통선거법을 실시함으로써 의회정치 발전에 이정표를 만들었다. 25세 이상 모든 남성은 아무런 제약 없이 투표권을 행사할 수 있게 되었고, 이로써 유권자 수는 다시 1,240만 명(총인구의 19.43퍼센트)으로 늘어났다. 일본에서 최초로 선거가 실시된 1890년의 유권자가 약 45만 명(총인구의 1.13퍼센트)인 것에 비교하면 엄청난 증가였다. 이와 같은 정치참여의 대중화는 의회정치의 신천지를 열었지만, 동시에 돈으로 선거를 치루는 정치부패의 원인으로 작용하기도 했다.

제1차 세계대전과 맞물려 있는 다이쇼 시기에 정당정치가 정착할 수 있었던 또다른 결정적 요인은 세계대전 후 나타난 민주주의의 세계화라는 외적 현상이었다. 세계대전에서 민주적인 미국, 영국, 프랑스가 승전국으로 등장했고, 비민주적이며 관료적이고 또한 군국주의 색체가 짙었던 독일 제2제국, 오스트리아-헝가리 제국, 제정 러시아는 완전히 붕괴되었다. "민주주의 옹호"라는 기치를 들고 참전하여 연합국을 승리로 이끄는 데에 가장 중요한 역할을 한 미국이

돈으로 의원직을 살 수 있었던 정치부패 풍자화

초강대국으로 국제무대에 등장하기 시작했다.

이러한 국제정세 변화로 인하여 대중적 지지를 바탕으로 하는 민주주의는 더욱 강력한 국가를 만들고, 독재체제나 군국주의보다 우월한 것으로 인식되었다. 민주주의는 모든 국가가 추구하는 정치 이념으로 등장하게 되었다. 일본도 이러한 국제조류에 역행할 수는 없었다. 데모크라시, 민주주의 또는 민본주의라는 단어가 일상어로 사용될 만큼 민주주의가 보편적 가치로 등장했다. 1917년 당시 육군참모차장이었던 다나카 기이치(田中義一)가 "오늘날 세계의 유행어로서 무슨 일이든지 민주라고 한다. 누구든 거의 이 말을 쓰지 않으면 안 되는 세태가 차츰 되어가고 있다"[2]고 한 것은 당시 일본이 체험하고 있던 시대 조류를 상징적으로 설명해주고 있다.

안에서 나타난 정치구조 변화와 밖에서 밀려오는 새로운 정치이념은 일본 정치구조의 한 축에서 추진되어온 정당 중심의 의회정치 실현을 가능하게 했다. 그러나 1920년대를 지나면서 의회정치가 구체화되고 정치 대중화가 강화될수록 정당은 국민들로부터 유리되는 기현상을 보였다. 다케야마 미치오(竹山道雄)에 의하면, "그 당시 나는 어느 대신문 촌언란(寸言欄)에서 '세계에 세 개의 악(惡)이 있다. 하나는 미국의 갱이고, 다른 하나는 중국의 군벌이고, 또다른 하나는 일본의 정당이다'라는 기사를 읽은 기억이 있다"[3]라고 할 정도로 정당은 국민들로부터 멀어져갔다.

민주주의라는 이념과 시대정신에 투철했다기보다는 국제조류와 정치 대중화에 편승한 정당과 정치인은 국가 진로를 주도하는 비전과 리더십을 보이지 못하고 무능과 부패를 드러냈다. 일반 대중은 물론이고 의회정치 실현에 많은 기대를 가졌던 지식인, 중산계층, 국민 대중의 실망과 불신이 증대하면서 의회주의는 물론이고 정당정치를 배척하는 이율배반적인 현상이 나타나게 되었다. 캐럴 글럭(Carol Gluck)이 지적하고 있는 것처럼 다이쇼 시기를 지나면서 "농민이나 무산계급은 물론이고 좌익과 우익의 극단주의자, 그리고 교육받은 엘리트들도 정당을 정부와 더불어 오용의 근원으로 규정하기에 이르렀다."[4] 대중적 지지기반을 상실하고 엘리트로부터 배척받는 정당과 정치인의 생명은 길 수 없었다. 오히려 극단주의가 성장할 수 있는 토양을 만들어주었다.

2. 경제 : 호황과 공황 사이에서

러일전쟁을 계기로 일본 경제는 잠시 호황을 누리는 듯했다. 그러나 기대했던 전쟁 배상금을 한푼도 받지 못한 데다, 전시 국채의 상환과 이자 지불은 국가재정에 큰 부담을 주었다. 더하여 전후 제국주의 대열에 들어서면서 필요한 군비증강, 재정정리, 기업개혁, 식민지경영, 대륙의 이권기업 확대 등에 소요되는 과다한 투자는 자본능력이 허약한 일본 경제를 빈사상태로 몰고 갔다. 결국 외채에 의존할 수밖에 없었다. 그러나 계속된 국제수지 악화는 외채의 원리금 상환을 위한 또다른 외채를 불러들이는 악순환을 거듭하게 만들었다. 러일전쟁 후 나타난 불황의 만성화는 일본 경제를 파탄 지경으로 이끌었다. 이처럼 파국에 직면한 일본 경제를 제1차 세계대전이 해결해주었다. 유럽에서의 전쟁은 외교적으로 중국에서 일본의 우위를 가름해주었을 뿐만 아니라, 동시에 경제적으로 부흥의 계기를 마련해준 절호의 기회였다. 이노우에 가오루(井上馨)가 외친 것처럼, 대전은 일본의 경제발전을 위한 "천재일우의 기회"였고, 경제부흥의 행운을 안겨준 "최고의 전쟁"이었다.

세계대전 발발 1년 후인 1915년부터 일본 경제는 불황을 딛고 급격히 부흥하기 시작했다. 경기상승은 먼저 연합국의 군수품 주문으로부터 시작되었고, 이어서 유럽의 독점 시장이었던 아시아-아프리카 지역으로부터 상품 주문이 쇄도했다. 특히 힘의 진공상태가 된 중국 대륙에서 일본은 열강과 경쟁 없이 정치적 영향력을 행사하면서 거대한 시장을 독점하게 되었다. 수출 증대와 병행해서 나타난 해운업 성황은 무역수지의 흑자를 증대시켰다. 특히 유럽 해운망이 파괴되면서 일본 해운업이 급격히 신장했고, 운임 및 용선료 수입 또한 크게 늘어났다. 국제수지가 호전되면서 금융사정이 전반적으로 좋아졌고, 따라서 주식시장도 활기를 띠게 되었다.

전쟁과 더불어 일본은 군수품 주문으로부터 시작된 생산능력을 각 분야로 파급했다. 제국은행(帝國銀行) 회장을 역임한 아카시 데루오(明石照男)는 대전을 계기로 "병기와 군수품 수출과 더불어 일본의 잡화 및 기타 상품은 유럽 상품, 특히 독일 상품을 대신해서 동양 무역시장을 석권하게 되었다. 따라서 수출이 크게 증대되었고 해운업 또한 크게 신장했다"[5]고 전쟁특수를 설명했다.

제1차 세계대전이 일본 경제와 산업구조에 미친 중요한 변화는 중화학공업과 에너지 산업의 발전과 확립이었다. 염료, 비료, 약품 등을 생산하는 화학공업, 조선을 위시한 중공업, 제철제강업, 비철금속 공업, 기계공업, 석탄 발전 에너지 산업 등 모든 분야에서 상호보완적으로 비약적인 발전이 이루어졌다. 화학공업은 인조비료, 황산 제조를 중심으로 러일전쟁 전후부터 시작했으나, 염료와 의약품을 포함한 대부분의 화공약품은 주로 독일 수입품에 의존했다. 전쟁과 더불어 수입이 중단되자 정부는 염료 및 의약품 제조 장려법을 제정하고 보조금을 지원하여 군사목적에 관련된 염료공업 진흥에 주력했다. 1915년부터 일본은 각종 염료와 의약품을 생산하기 시작했다.

중공업 발전은 조선 산업에서 시작되었다. 1910년부터 시작한 해군충실안(海軍充實案), 대전 중 유럽 연합국으로부터 받은 전함 건조 수주, 무역 증대에 필요한 선박 건조 등은 조선업을 급신장시켰다. 1922년에 이르러 일본은 영국과 미국에 이어 제3의 선박 톤수 보유국이 되었다. 조선업을 비롯한 중공업 호황은 제철제강업의 비약적인 발전을 촉진했고, 이는 또한 비철금속공업, 기계공업, 발전에너지 산업 등으로 파급되었다.

세계대전을 치르면서 산업구조도 선진자본주의 국가의 산업과 공업이 지니고 있는 경공업과 중공업의 입체적 구조가 만들어졌고, 또한 일본 특유의 경영형태인 "자이바쓰," 곧 재벌(財閥)이 완숙하게 되었다. 전쟁으로 인한 수출 호조와 수입 제품 축소는 산업을 촉진시켰고, 무역과 해운업, 중화학공업 등의 호황은 기업 확대와 새로운 시설 투자를 유도했다. 이 모든 현상으로 기업은 크게 신장되었고 경기는 호황을 누릴 수 있었다. 전쟁을 치르면서 일본은 채무국가(111억 엔[1914])에서 채권국가(27억 7,000만 엔[1920])로 바뀌었다.

그러나 호황은 오래가지 못했다. 전쟁이 끝나면서 호황은 불황으로 이어졌다. 전쟁 중 이상할 정도로 호황을 누렸던 수출과 무역 신장은 전쟁이 끝나면서 오히려 경제불황의 원인으로 작용했다. 일본이 누린 호황이라는 것은 결국 유럽에서 전쟁이라는 외부발생적 조건에 의해서 형성된 것이었고, 또 그 기간도 짧은 일시적인 것이었다. 전시 중 누릴 수 있었던 호황은 극심한 산업구조 불균형, 편향된 자본집중, 물가폭등, 투기적 투자 등과 같은 구조적이고도 후진적인 자본주의의 모순을 안고 있었다. 전쟁이 진행되고 있는 동안은 모순이 드러나지 않았다. 그러나 전쟁이 종식되고 전쟁 특수가 끝나면서 일본 경제가 안고 있는 여러 가지 모순이 표면화되었고, 불경기와 공황이 배양한 절망적 풍조는 정치, 사회 문제로 파급되어 나갔다.

성장일로에 있었던 수출은 전쟁 종식과 더불어 그 모습을 달리했다. 종전과 함께 연합국으로부터 전쟁 물자 주문이 중단되었다. 전쟁 중 일본 상품이 독점하고 있던 동양 시장에서 일본은 다시 유럽 상품과 경쟁해야만 했다. 전쟁 충격에서 회복된 유럽 국가들은 국제시장에서 관세정책 또는 덤핑으로 일본 상품을 누르기 시작했다. 또한 전쟁과 함께 중국에서 철수했던 유럽 상인들이 다시 자본과 상품을 가지고 나타났다. 더하여 독일이 독점하고 있던 중국 산둥 성(山東省)의 권익을 전후 일본이 계승하면서 발생한 산둥 문제는 중국 대륙에서 일본 상품 배척운동을 격화시켰고, 이는 일본 상품 수출에 커다란 장애물이 되었다.

1919년부터 나타나기 시작한 무역 역조현상은 계속되었고 그 폭도 확대되었다. 수출 격감과 더불어 종전 후에 나타난 세계 경제공

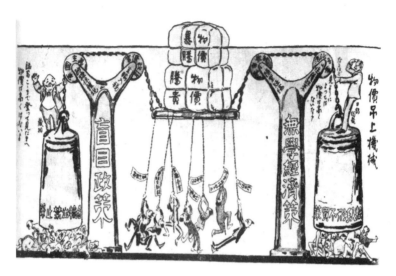
물가폭등을 자극하는 정부의 경제정책 풍자화

황은 자본주의 기반이 허약한 일본 경제를 불황 깊숙이 빠뜨렸다.
결국 1920년 3월에는 주식시장이 휴업에 들어갔고, 4월에는 상품시
장이 붕괴되었다. 일본 경제는 침체의 늪으로 빠져들기 시작했다.

　전쟁 중 시설 확장, 기업 확대, 과열 투기 등으로 나타난 반동공황
(反動恐慌, 1920)은 진재공황(震災恐慌)으로 이어졌다. 1923년 9월
1일 발생한 간토(關東) 대지진과 잇따른 화재는 일본 경제의 중심부
인 간토 지방의 도쿄와 요코하마 주변에 자리 잡고 있는 대부분의
사업시설과 금융기관을 파괴했다. 이로 인한 인명피해는 13만3,000
명에 달했고, 가옥파괴는 57만6,000호에 재산 피해 총액은 자그마치
65억 엔에 이르렀다. 피해에 뒤따른 시설 복구, 이재민 보조 등은
불황에 허덕이는 일본 경제를 더욱 어렵게 만들었다.

진재공황은 쇼와 금융공황으로 발전했다. 1927년 3월에 와타나베 은행(渡邊銀行), 귀족은행으로 불리던 주고 은행(十五銀行) 등을 위시해서 당시 일류 은행들이 휴업에 들어갔다. 뿐만 아니라 스즈키 상점(鈴木商店), 니혼 제분(日本製粉) 등을 비롯한 재벌급 기업이 도산하기에 이르렀다. 금융공황을 몰고온 근본 원인은 세계대전 이래 누적되어온 은행과 기업 사이의 불건전한 신용관계에 있었다. 투기적 성격이 농후한 스즈키 상점에 방만한 자금을 융자했던 타이완 은행(臺灣銀行)이 휴업하는 사태가 벌어졌고, 이는 스즈키 상점의 도산을 초래했을 뿐만 아니라 37개의 은행이 줄이어서 휴업하는 금융공황을 몰고 왔다.

금융공황이 수습되기도 전에 일본은 또 다시 세계 대공황(1929)에 직면하게 되었다. 만성적 불황 속에서 헤어나지 못했던 일본 경제에 세계공황은 큰 타격이 아닐 수 없었다. 무역부진은 긴축재정을 불가피하게 했고, 이는 다시 물가하락에 박차를 가했다.[6] 수출이 감소하고 국내 구매력이 감퇴하면서 회사의 감자와 해산이 급격하게 늘어났다. 대부분의 기업들은 이를 극복하기 위하여 생산제한, 공동판매, 산업합리화 등을 추진하면서 1930년 상반기에 기업연합(cartel)을 결성하여 생산협정 및 조업단축을 실시했다. 정부 당국도 1930년 6월 임시산업합리국을 신설하고, 1931년 4월에는 공업조합법, 중요산업 통제법을 제정하여 산업합리화와 카르텔에 의한 통제를 촉진했다. 카르텔의 발전과 함께 기업합동(trust)도 이 기간에 크게 발전했다.

직업소개소를 찾는 실직자들

　기업합동으로 설립된 큰 회사들[日本製鐵, 日本食料工業, 王子製紙, 大日本麥酒 등]은 전 생산량의 60-90퍼센트 이상을 독점하면서 오히려 불황을 기업 확대의 기회로 삼았다. 대자본의 산업지배는 공업에만 국한되지 않았고, 금융, 상업, 농업 등 전체를 지배하는 독점자본체제가 미쓰이(三井), 미쓰비시(三菱), 스미토모(住友), 야스다(安田) 등과 같은 재벌을 중심으로 추진되었다 그러므로 불황과 공황의 실질적 부담은 중소기업과 노동자-농민에게만 안겨졌을 뿐 대재벌은 계속 번창했다. 연속된 불황 속에서 중소기업의 도산과 휴업, 공장폐쇄는 날로 늘어났고, 산업합리화에 따른 조업단축, 대량감원 등은 실업자를 양산했다. 기업의 도산, 휴업, 조업단축, 감원 등과 병행해서 노동자, 농민, 월급 회사원, 하급 관리, 교원 등 중산층 이하의 실제 임금은 해마다 떨어졌다.

　결과적으로 일반 대중의 생활은 악화되어갔으나, 오히려 독점자본가들은 경제불황 속에서 번영을 누리는 불균형과 비정상의 현상이 더욱 깊어졌다. 생활조건이 악화된 노동자들은 노동쟁의를 통하여 권익을 지키고자 투쟁했고, 쟁의 규모도 커지고 참가 인원도 점

차 증가했다. 사회적 불만이 쌓여가면서 민중의 불만과 비난은 정치
와 재벌을 향했다.

3. 재벌의 명암

제1차 세계대전을 계기로 맞이한 경제 호황과 이에 뒤따른 만성적
불황과 공황 과정에서 나타난 일본 경제의 특이한 구조적 현상은 '재
벌'이라는 일본 특유의 독점자본주의 체제의 확립이다.

가족의 독점적 출자에 의한 자본을 중심으로 결합한 경영형태를
의미하는 재벌은 결코 일본에서만 나타나는 기업형태는 아니다. 미국
의 록펠러(Rockefeller)나 영국의 금융재벌 로스차일드(Rothschild) 가
문에서 볼 수 있는 것과 같이 재벌적 경영 현상은 상당히 오랜 역사를
가지고 있다. 사유재산제도가 확립되면서 자본가가 특정 사업 경영에
만 정착하지 않고 자본을 다각적 사업에 투자하는 경우 어디에서나
재벌적 경영형태가가 나타난다. 특히 산업화 초기단계에서는 경영자
원이 한정되어 있고, 경영해야만 할 사업 분야가 광범위하게 존재할
경우 재벌 또는 이와 유사한 기업집단이 출현하게 마련이다.

그러나 일본 재벌의 전형적인 특징은 정치권력과 불가분의 관계
에서 생성, 발전했고, 또한 중화학공업에서 생활필수품에 이르기까
지 모든 분야의 산업과 상업을 지배하는 이종다채(異種多彩)한 사
업을 경영하는 기업집단을 형성했다는 점이다. 이는 메이지 유신 후

28

후발산업 대열에 들어선 일본 경제가 국가주도적으로 이루어졌다는 특성과 무관하지 않다.

일본의 독특한 구조적 경영체제라고 할 수 있는 재벌은 세 단계를 거쳐서 발전했다. 재벌의 창생기라고 할 수 있는 메이지 유신 직후부터 청일전쟁에 이르기까지, 확립기라고 할 수 있는 청일전쟁과 러일전쟁을 거쳐 제1차 세계대전에 이르기까지, 그리고 약진기라고 할 수 있는 제1차 세계대전과 그후에 이어진 경제공황에 이르는 과정이 그것이다. 이러한 세 단계의 과정을 거치면서 일본 경제는 소수 재벌을 중심으로 한 독점자본주의 체제로 굳어져갔다.

이렇게 형성된 재벌은 대체로 네 가지 유형으로 나누어진다. 첫째 유형은 미쓰이나 스미토모와 같이 도쿠가와 시대로부터 수백 년 동안 상권을 지배했던 대부호가 메이지 유신 이후 정부 보호 아래 비약적으로 성장한 재벌이다. 둘째 유형은 미쓰비시, 이와자키(岩崎), 야스다(安田), 오쿠라(大倉), 아사노(浅野), 후루카와(古川), 가와사키(川崎) 등과 같이 막부 말기와 유신 변혁기의 혼란을 틈타 적수공권으로 축재하여 재벌이 된 경우이다. 이들은 처음부터 정상(政商)으로 출발하여 재벌로 성장했다. 셋째 유형은 메이지 정부 관료가 사업가로 전향하여 재벌을 축성한 경우로써 시부사와(澁澤) 재벌이 그 대표적인 예라고 하겠다. 넷째 유형은 다이쇼 시대에 나타난 신흥재벌들(野村, 日本産業, 日本窒素肥料, 森興業, 日本曹達, 理化研究)로서 일본 산업이 중화학공업으로 발전하는 단계에 정부의 지원과 비호 아래 재벌로 발전한 경우이다.

다이쇼 시대가 끝나면서 재벌 중심 경제체제가 굳혀졌고, 쇼와 시대에 들어서면서부터는 일본 경제를 움직이는 자본과 산업은 소수 재벌이 거의 독점한 상태가 되었다. 재벌의 운명이 곧 일본 자본주의의 운명이나 다름없을 정도로 재벌의 힘은 비정상적으로 비대해졌다.[7]

재벌은 초기 자본형성과 경제발전 과정에서 크게 공헌했고 또한 국민들로부터 지지를 받았다. 특히 메이지 유신 이후 거대한 외국 자본의 침투에 대항하여 경제 독립과 상권 보호를 위해서 재벌은 경제건설의 제일선에서 노력하면서, 정부와 협력하여 각종 기간산업을 추진했다. 또한 일찍부터 인적 자원의 중요성을 깨우친 재벌은 새로운 인재를 많이 양성하여 일본 경제발전에도 크게 기여했다. 이처럼 재벌은 선두에 서서 국민경제 육성이라는 사회적 기능을 충실히 수행했고, 또 국민들은 재벌의 성장을 국민적 성공으로 인식했다.

그러나 제1차 세계대전을 전후하여 재벌을 보는 국민의 시선은 크게 달라졌다. 세계대전을 치르면서 재벌은 국민경제 육성이라는 사회적 기능보다는 이윤 추구와 기업 극대화에만 열중했다. 또한 정치권력과 결탁함으로써 정치 타락과 사회 부패의 근본적이고도 직접적인 원인으로 작용했다. 재벌은 국민들로부터 존경받는 집단에서 비난과 지탄의 대상으로 변하게 되었다.

재벌에 대한 국민 인식이 이처럼 바뀐 가장 중요한 이유는 재벌이 정부의 비호와 특혜, 그리고 국민의 전폭적인 지원으로 성장했음에도 불구하고 사회 책임을 망각했다는 것이다. 앞에서도 지적한 바와 같이, 모든 재벌은 창업과 성장 유형을 막론하고 예외 없이 정부의 특혜와 정치적 배려 속에서 성장했다. 상공입국(商工立國)과 식산흥업(殖産興業)을 목표로 삼았던 메이지 유신 이후 경제정책의 기본 골격은 관 주도에 의한 보호육성정책이었다. 이와 같은 경제정책은 거대한 외국의 자본 침투에 대항하여 상권을 지키고 경제적 독립을 위해서는 불가피한 것이기도 했다. 보호육성정책에 따라 정부는 특정 소수 기업인에게 금융특혜, 무상에 가까운 관영기업체 염가불하 등과 같은 상업특권을 배려했다.

일본의 대자본 형성은 서양 자본주의의 성숙 과정에서 볼 수 있는 것과 같이 생산력 증대와 합리적 경영의 결과라기보다는 정부 지원과 정책 배려의 소산물이었다. 그럼에도 불구하고 제1차 세계대전을 거치면서 재벌은 국민의 경제발전과 부의 사회 환원이라는 사회 기능을 무시하고, 오직 기업 독점과 이윤 추구에만 집착했다. 그리고 재벌은 사회에서 '나리킨(成金, 졸부[猝富])'으로 치부되었고, 비난의 대상이 되었다. 그럼에도 불구하고 재벌은 여전히 권력과 결탁하여 부를 더해갔다.

'졸부의 기행(奇行)'이 어느 정도였는지는 다음의 사례가 잘 설명하고 있다. 세계대전 중 선박 수송업으로 거부가 된 야마모토 다다사부로(山本唯三郎)는 1917년 말 조선에 호랑이 사냥을 다녀와 "조야의 유명 신사" 200여 명을 제국(帝國)호텔로 초청하여 만찬을 베

풀었다. 만찬의 식단 메뉴는 다음과 같았다.

함경남도산 냉(冷) 호랑이 고기, 토마토 케첩, 해초,

영흥(永興)산 매(鷹) 스프,

양주로 찜한 부산 도미,

야채를 곁들인 북청(北靑) 산양 전(煎),

고원지대의 산돼지 로스 구이. 크랜베리 소스. 샐러드,

아이스크림. 케이크,

과일. 커피[8]

이 졸부의 기행에 당시 일본을 대표하는 정치인, 기업인, 언론인, 군인, 문화인 등 초대받은 인물 대부분이 참석했다는 것은 금력의 위력을 상징적으로 보여주고 있다.

제1차 세계대전 이후 지속된 경제불황, 금융공황, 세계공황 등 어려운 경제 환경 속에서 재벌은 무자비한 사자가 고기를 찢어먹는 것과 같이 중소기업을 병합, 매수, 흡수했다. 더하여 불황극복과 산업 합리화라는 이름으로 재벌은 카르텔과 트러스트 형성을 서슴지 않고 단행했다. 불황과 공황 속에서도 재벌은 계속 번영했고, 고통과 부담은 중소기업과 노동자, 농민의 몫이었다.

재벌의 번영이 이어지는 동안 가난에 찌든 노동자, 농민들에게서는 재벌을 증오하는 울분의 목소리가 넓게 퍼져나갔다. 당시 변혁을 고대

하는 노동자들과 농민들이 부르던 노동가에는 다음과 같은 구절이
있다.

"노동가"
탐심을 자제할 줄 모르는 자본가는
악마의 손을 더욱 길게 뻗어
노동성과를 착취하여
뿌리를 더욱 탄탄히 하는 자본주의.

천지에 볼 수 없는 포학에
착취당하고 있는 노동자
피가 흘러들어 강을 이루고
한이 쌓인 긴 세월.

일어나라 노동자여 분발하라
길고 긴 세월의 불합리를
일거에 장사 지내버리자
노동자치의 새로운 사회 건설.[9]

재벌에 대한 국민의 분노는 야스다 재벌 총수인 야스다 젠지로(安
田善次郞)를 암살한 아사히 헤이고(朝日平吾)의 암살 이유[斬奸狀]

에 잘 드러나 있다. 1921년 9월 28일 야스다를 그의 자택에서 암살하고 스스로 목숨을 끊은 아사히는 "간악한 부자 젠지로는 천하의 부를 이루었음에도 불구하고, 그 책임을 다하지 않고 탐욕과 비도(非道)로 민중의 원한의 대상이 되었다"고 주장했다. 야스다의 암살은 재벌에 의해서 고통 받는 "민중의 천벌"이었다. 다이쇼 시대를 지나면서 재벌은 정치부패와 사회모순의 원천으로 인식되었다.

재벌을 증오하게 만든 또다른 중요한 이유는 정당정치의 타락과 이에 대한 재벌의 책임이었다. 정부의 비호와 특혜 속에서 성장한 재벌은 유신 초기에는 정부에 종속되어 있었다. 그러나 청일, 러일 두 전쟁을 치르면서 재벌은 정부에 종속된 관계에서 후원자 관계로 지위가 향상되었고 정치적 영향력도 증대되었다. 그들은 관료를 배후에서 조종하면서 정책 결정에 영향력을 행사했다. 그럼에도 재벌의 정치 진출은 소극적이었고 간접적이었다. 그러나 제1차 세계대전을 전후하여 정당정치가 확립된 다이쇼 시대에 이르러 재벌의 정치 진출은 적극적인 모습으로 나타났다.

관료정치가 지속되는 동안 금력은 결코 권력과 대등해질 수 없었다. 그러나 관료정치가 약화되고 정당정치가 시작되면서부터 재벌의 정치 영향력은 크게 달라졌다. 의원내각제가 정착하면서 의원 수가 정권의 소재를 결정했고, 의원의 당락은 선거비용의 다과와 직결되었다. 더욱이 정당이 대중 속에 뿌리 내리지 못한 상황에서는 결국 유권자를 매수할 수밖에 없었다. 금권이 곧 정권의 소재를 결정

짓는 정경관계가 성립되었고, 정치가가 자본가화됨으로써 자본가 스스로가 정치의 주인 자리를 차지하는 결과를 만들었다. 재벌은 경제수단을 통한 노력과 땀의 결과로 이익을 축적하기보다 돈의 힘으로 정치를 움직이고, 다시 그 정치의 힘으로 거대한 이익을 획득하는 부패의 고리를 만들었다.

정우회는 미쓰이 재벌의 정당, 민정당(民政堂)은 미쓰비시 재벌의 정당으로 인식될 만큼 정당은 재벌에 예속된 모습을 드러냈고, 이러한 관계 속에서 정치부패와 타락은 심화되어갔다. 정당정치와 의회정치부패의 근본이 재벌이라고 인식되었고, 지탄의 화살은 재벌을 향했다. 미쓰이 재벌의 총수인 남작(男爵) 단 다쿠마(團琢磨)를 저격한 히시누마 고로(菱沼五郎)에 의하면, 암살의 동기는 "국민을 구하고 국가를 보호하기 위하여 정계와 재계의 유력자를 하나씩 살해하기 위한 조치"였다.[10]

자본 축적과 경제발전에 기여했던 재벌은 정치적 타락과 사회 부패의 근본 원인으로 인식되었다. 더욱이 농어촌 궁핍과 농촌경제 파탄은 재벌에 대한 국민의 지탄을 더욱 치열하게 만들었다.

4. 거품 속의 농촌

제1차 세계대전 중에 일본 경제가 호황을 누리는 동안 농촌경제도 발전했다. 도시 팽창은 농작물 수요를 증가시켰고 따라서 농산물 가격이 큰 폭으로 올랐다. 뿐만 아니라 상공업 발전과 인력 부족은 농가로 하여금 부업을 할 수 있는 기회를 제공했다. 또한 도시화가 진행되면서 농촌 인구가 크게 줄어들어 농촌경제는 안정을 유지할 수 있었다. 이러한 여건들은 농가경제를 크게 신장시켰다.

그러나 다른 한편으로는 전쟁 기간에 농업과 공업의 불균형이 심화되었으며, 농촌과 도시의 생활수준도 차이가 크게 벌어졌다. 도시를 중심으로 한 상공업 분야에서는 자본주의가 급속도로 발전했으나, 농업 분야에서는 부분적이고 대단히 늦게 진전되었다. 농업과 공업, 농촌과 도시의 불균형이 가속되면서 일본 자본주의는 부의 편재라는 근본적이고도 치명적인 모순에 빠져들었다. 이처럼 모순된 경제구조 속에서 전쟁경기 후유증이 가장 심하게 나타난 곳은 농촌이었다.

전쟁 후 일본 경제가 만성적 불황 속에 정체되면서부터 그동안 좋은 시세를 이루고 있던 농산물 가격이 하락하기 시작했다. 농촌경제를 떠받들던 양대 지주인 쌀과 누에고치 값이 크게 떨어지면서 농촌 전체가 어려운 상황에 빠져들었다. 1석에 48.56엔(1920)하던 쌀값이 18.46엔(1931)으로 급락했고, 1관에 11,93엔(1919)까지 상승했던 누에고치 값이 2.04엔(1930)으로 떨어졌다.[11] 가격 하락은 쌀이나 누에고치에만 국한되지 않았고 모든 농산물로 확대되었다.

농촌경제를 더욱 압박한 요인은 농산물 가격은 하락하고 있는 데에 반해서 농사에 필요한 화학비료나 공업제품 가격은 독점자본의 생산제한과 가격담합 때문에 하락하지 않았다는 점이다. 농촌에서 농가 수입만을 가지고 생활한다는 것이 사실상 어렵게 되었다. 더욱이 소위 "상공업 입국주의"라는 이름으로 러일전쟁 이후 증가되어온 농촌의 조세 부담은 어려운 농촌경제를 더욱 심각하게 만들었다.

대전 이후 불황 속에서 나타난 공장의 도산, 휴업, 조업단축 등도 농촌경제를 압박했다. 공장의 도산이나 폐업은 해고 노동자 수를 증가시켰고, 그들 대부분이 농촌으로 돌아가는 귀농 현상이 나타났다. 전쟁 중 호경기 때 공장으로 흘러들어갔던 많은 농촌 인구가 불경기를 맞으면서 다시 농촌으로 돌아가자 농촌에는 노동력이 넘쳐났다. 1925년 이후 귀농자 수는 해마다 25만에서 30만에 이르렀고, 잉여 농업인구 증가는 결국 농촌의 자기착취라는 악조건을 만들었다.

도회지의 공업경제 부진과 몰락이 농촌경제에 미친 또 하나의 중요한 영향은 그동안 농촌 수입에 상당한 비중을 차지하고 있던 부업 기회가 사라진 점이다. 부업 수입 감소는 농산물 가격 하락으로 압박 받고 있던 농촌경제를 더욱 어렵게 만들었다.

농산물 가격 하락, 생활필수품 가격 상승, 과중한 조세 부담, 귀농 인구 증가, 부업 기회 상실 등의 복합 요인은 농촌경제를 파국으로 이끌었다. 1930년에 이르러 적자 농가가 자작농가의 경우 58.6퍼센트, 소작농가의 경우에는 무려 76.4퍼센트에 달했고, 1930년에 이르러 전국 농가 부채총액은 자그마치 40억 엔을 넘어섰다.

농촌경제가 안고 있는 위기를 해소하기 위하여 정부도 대책을 강구했다. 농촌 금융 원활화, 저리 자금 융통, 쌀과 생사 가격 유지,

산업조합의 확충과 조직정비 등과 같은 정책을 시행했다. 그러나 전체적 경제구조와 운영의 수정 없이 진행된 이러한 정책은 미봉책에 불과했다. 고통에 빠져 있는 영세농민과 중소 자작농가, 또는 소작농가에는 전혀 도움이 되지 않았고, 오히려 지주나 미곡상, 또는 생사 상인에게만 도움이 되었다.

농촌경제의 어려움은 영세 경작 농민 대다수를 차지하고 있는 자작농민과 소작농민에게 돌아갔고, 영세농민들은 어려움을 극복하기 위한 자구책의 하나로서 기생지주를 상대로 소작쟁의를 일으켰다. 쟁의는 갈수록 확산되었고 규모가 커지고 격렬해졌다. 다이쇼 시대가 시작할 무렵인 1917년 85건이었던 소작쟁의가 1930년에 2,500여 건, 1933년에 4,000여 건, 1935년에 이르러서는 무려 7,000건에 이를 정도로 농촌경제는 악화일로에 있었다.[12]

전후에 밀어닥친 경제공황과 그 속에서 번영을 누리는 재벌의 비대 성장, 그리고 부의 편재 현상은 사회 불안을 조성하고 노동계층의 불만을 확대시키는 중요한 요인이 되었다. 농촌에는 불만이 쌓였고, 쌓인 불만은 혁명을 동경했다. 노동자 농민들이 부르는 "농민가"와 "혁명가"의 한 구절이다.

"농민가"
무지하다고 비웃고 멸시하며
소나 말처럼 채찍질한다.

폐의봉발(敝衣蓬髮)로 초가집에서

밤낮 끊임없이 신음하고 있다.

오직 참을 수밖에 없는 농민

지금 일어나고 있는 반역의 의기를 보라.

"혁명가"

아아- 혁명이 가까이 왔다

아아- 혁명이 가까이 왔다

일어나라 농촌의 누더기를 걸친 아이들

깨어나라 도시의 빈궁한 아이들

보라 우리의 자유 낙원을

유린한 것은 어떤 놈인가?

농부는 가래와 괭이를 들고

나무꾼은 도끼를 들고

광부는 다이너마이트를 들고

여공은 베틀을 들고

무엇으로든 무장하자

폭탄이든 무엇이든 날리자.[13]

1930년 초에 도호쿠(東北) 지방에 밀어닥친 기근은 농민의 고통을 가중시켰다. 식량을 해결하기 위하여 딸을 유곽에 창녀로 팔거나, 걸식하는 아동이 속출하는 등 농촌은 비참한 모습으로 변해갔다. 이러한 현상은 군대 내의 다수를 차지하고 있는 농촌 출신 장병들의 불만을 고조시켰고, 이는 다시 군부 전체의 불안정으로 이어졌다.

산업화와 도시화 과정에서 음지로 전락하게 된 농촌의 불만과 농촌경제의 몰락은 케리 스미스(Kerry Smith)의 연구가 보여주고 있는 것처럼 농본주의에 바탕을 둔 국수주의 이데올로기와 쉽게 융합될 수 있었고, 반동적 과격주의의 온상을 마련해주었다. 하급병사의 절대 다수를 차지하고 있는 농촌 출신 장병들은 고향의 궁핍으로 국가의 위기를 통감하면서 폭력혁명에 적극 동조했다.[14]

5. "위험 사상"

데모크라시와 더불어 다이쇼 시대의 지식인, 문인, 노동운동가 사이에 풍미했던 이념은 "위험 사상"으로 알려진 마르크시즘, 아나키즘, 생디칼리즘을 포함한 사회주의였다. 이는 일본의 지적 풍토에 갑자기 밀어닥친 태풍과도 같았다.

제1차 세계대전을 전후해서 일본 지식인 사회에 크게 부각된 사회주의 사상은 결코 새로운 것은 아니었다. 19세기 말부터 일본에 이식되기 시작했던 사회주의는 대체로 다루이 도키치(樽井藤吉), 오이 겐타로(大井憲太郎), 고토쿠 슈스이(幸德秋水) 등이 이끈 자유민권운동의 좌파 사회주의, 가타야마 센(片山潛), 다카노 후사타로 (高野房太郎) 등이 주도한 미국 노동조합주의 및 영국 의회주의를 바탕으로 한 사회주의, 그리고 아베 이소오(安部磯雄), 기노시타 나오에(木下尙江), 이시카와 산시로(石川三四郎) 등의 기독교 사회주의를 기반으로 그 저변을 확대했다. 그러다가 제1차 세계대전 당시에 이르러 사회주의는 사카이 도시히코(堺利彦), 야마카와 히토시(山川均) 중심의 정통파 마르크스주의, 오스기 사카에(大杉榮)를 정점으로 한 아나키즘, 그리고 아라하타 간손(荒畑寒村)의 노동조합주의 등으로 그 폭이 넓어졌다.

1898년 아베 이소오, 가타야마 센, 고토쿠 슈스이, 가와카미 기요시(河上淸) 등이 중심이 되어 사회주의연구소를 조직하면서 사회주의는 구체적인 운동으로 나타났다. 사회주의 이론과 실용성에 대한 학술 연구에 치중했던 사회주의연구소는 점차 일본이 당면한 사회문제를 실천적 과제로 삼으면서 정치참여의 길을 모색했다. 이처럼 이론 연구에서 실천 활동으로 탈바꿈을 시도한 사회주의 운동 진영은 1901년 5월 20일 일본 최초의 사회주의 정당이라고 할 수 있는 사회민주당(社會民主黨)을 창당했다. 아베, 고토쿠, 기노시타, 가와카미, 가타야마, 니시카와 고지로(西川光二郎) 등 6명이 핵심 멤버였다. 사회민주당은 순수한 사회주의와 민주주의를 바탕으로 평화적이고 합법적 수단을 통한 빈부 격차를 타파할 것을 목적으로 출발했다. 그러나 사회민주당은 창당 당일 치안경찰법에 의거하여 "위험 사상의 집단"으로 간주되어 해체되었다. 최초의 사회주의 정당이었던 사회민주당의 창당과 해체 에피소드는 사회주의 운동 전개가 결코 평탄치 않을 것임을 예시하고 있었다.

1906년 사이온지 내각이 들어서면서 다시 사회주의 운동에 봄이 오는 듯했다. 가쓰라 정권의 강경책과 달리 사이온지 내각은 완화정책을 택했고, 그 결과 일본평민당(日本平民党)과 일본사회당(日本社會黨)이 1906년 1월에 합법적으로 결성되었다. 그러나 1908년 6월 오스기 사카에 등이 "무정부 공산(無政府共産)"이라는 글을 쓴 적기(赤旗)를 들고 행진하면서 발단이 된 적기 사건을 계기로 위험 사상에 대한 탄압이 다시 강화되었다. 그러다가 1910년 천황 암살음모 사건으로 알려진 대역사건(大逆事件)이 발각되었고, 이 사건에는 고토쿠 슈스이를 비롯한 사회주의 강경파가 연루된 것으로 판명되었다. 대역사건을 계기로 전국에서 사회주의자 수백 명이 구속되었고, 고토쿠를 비롯한 12명이 처형됨으로써 사회주의 운동은 문자 그대로 암흑시대를 맞았다. 이로부터 '사회주의'라는 단어마저 위험시되었고 사회주의 운동은 10년 동안 동면에 들어갔다.

그러나 제1차 세계대전(1914년 6월-1918년 11월)을 전후하여 다이쇼 데모크라시가 성숙되면서 사회주의 이념도 서서히 해빙 시대를 맞이했다. 1917년의 러시아 혁명은 재기도상에 있던 사회주의 운동에 새로운 힘을 실어주었고, 사회주의 이론가에게 청천의 벽력과 같은 자극을 주었다. 종전과 더불어 사회주의 사상을 바탕으로 한

운동이 다시 피어나기 시작했다.[15]

물론 이와 같은 '돌연변이적 현상'에는 무엇보다도 전쟁으로 인한 일본 자본주의의 급격한 성장과 급진적 노동운동, 병행해서 나타난 민중의 정치참여, 번영 이면에서 증대되고 있던 노동자, 농민의 생활고와 불만, 민본주의 사상에 의하여 사회에 널리 확산된 자유주의 풍조 등이 중요한 요인으로 작용했다. 뿐만 아니라 외적으로는 자유주의와 국제평화주의의 세계적 보편화 추세가 사회주의 사상을 민중적 입장에서 수용할 수 있는 바탕을 마련해주었다.

그러나 세계대전을 전후하여 다시 일어난 사회주의 운동도 이데올로기에 집착하면서 파벌이 형성되었고, 이는 통일된 하나의 운동을 전개할 수 없게 만들었다. 사카이 도시히코, 야마카와 히토시 중심의 정통파 마르크스주의, 오스기 사카에를 정점으로 한 아나키즘, 그리고 아라하타 간손의 노동조합주의 사이에서 이념과 행동의 차이가 나타났다. 또한 신-구 사회주의자 사이에서 대립도 형성되었다.

사회주의 진영에서 나타나는 이러한 분열을 막고 전열을 통합하기 위한 노력의 일환으로 1920년 일본사회주의동맹(日本社會主義同盟)이 조직되었다. 일본사회주의동맹은 정당이 아니었지만 종래 볼 수 있었던 것과 같은 순수한 사상운동 단체 또한 아니었다. 보다는 정당운동을 향한 과도기적인 형태의 출발점이라고 할 수 있었다. 그런 의미에서 동맹 결성은 일본 사회주의 운동사라는 측면에서 볼 때 하나의 전환점을 이루었다고 평가할 수 있다.

사회주의동맹 결성으로 사회주의와 노동운동이 결합할 수 있는 계기가 형성되는 듯했다. 그러나 동맹은 사회주의 진영에 혼재해 있던 공산주의, 무정부주의, 생디칼리즘 등의 다양한 이념적 가치를 통합하지 못했다. 아라하타 간손이 지적하고 있는 것과 같이 동맹은 "발기인이 대표하는 단체가 다종다양할" 뿐만 아니라, "안고 있는 사상 또한 천태만상"이어서 결성 직후부터 "사상적 대립과 모순이 노출되기 시작했다."[16] 특히 "A 대 B(Anarchist-Bolshevist) 논쟁"으로 알려진 무정부주의자와 공산주의자의 대결은 결성 당시부터 심각했다.

1921년 정부의 압력에 의하여 사회주의동맹이 해산되면서 무정부주의자와 공산주의자의 대립은 표면화되었고 따라서 노동운동도 분열되었다. 그러다 1923년 간토 대지진 때 무정부주의자의 원로인 오스기 사카에가 살해되면서 아나키즘은 쇠퇴하고, 공산주의가 점차로 사회주의 운동의 주도세력으로 등장했다.

"노동자는 나의 애인"이라고 외치며 현실 사회 문제에 참여한 학생운동과 1922년 국제공산당(Comintern)의 지시에 의하여 결성된 일본공산당은 급진적인 행동강령을 채택했다. 특히 일본공산당은 천황제 폐지와 천황, 지주, 국가 그리고 사찰의 토지 몰수를 요구하며 계급투쟁을 주장하기에 이르렀다. 천황제라는 국가의 기본 틀을 부인하고 나선 공산당은 더 이상 존재하기 어려웠다. 1923년 6월 주요 당원이 일제히 검거되었고, 1924년 3월 일본공산당은 해체되었다. 1927년 코민테른의 지시에 따라 공산당이 다시 재건되는 듯했으나,

정부가 1928년과 1929년 두 차례 실시한 공산당원 검거 열풍은 공산주의 활동을 완전히 마비시켰다. 사회주의 사상은 다시 위험시되었고 활동은 지하로 스며들었다.

사회주의 이념의 대중화 속에서 예술의 민중화 경향, 특히 프롤레타리아 예술론이 등장하면서 문화도 민중과 계급을 전면에 내세웠다. 러시아 혁명 직후 일본에서 제4계급 문학운동을 주도했던 나카노 히데토(中野秀人)와 히라바야시 하쓰노스케(平林初之輔)는 문학을 피지배계급과 반항계급의 사상적 무기로 규정했다. 그들은 유물사관 상층부를 문학에 적용하여 이데올로기로서 문학의 역사성과 계급성을 규정하고 문학을 계급투쟁의 무기로 삼을 것을 주장했다. 문화 활동뿐 아니라 공산당원으로서 실천 활동에도 적극 참여했던 아오노 스에키치(青野季吉)에 의하면 "무산계급의 예술운동은 무산계급의 사상투쟁으로 계급투쟁의 시발점"이었다.[17] 그러나 위험 사상으로 간주된 이들 프롤레타리아 예술도 사회주의 진영의 이념 분열, 정부 탄압, 대중의 무관심 속에서 점차 퇴화의 길을 걸었다.

6. 군부 : 혁신의 길

일본은 본질적으로 무사(侍, 사무라이), 즉 군인의 나라였다. 가마쿠라 막부(鎌倉幕府) 이래 무사가 역사를 주도했다. 메이지 유신의 주체도 무사계급이었고, 부국강병을 주도한 세력도 무사계급이었다.

유신 후 신분제도가 소멸되면서 계급으로서의 무사는 사라졌으나, 정치, 경제, 사회, 문화 등 모든 분야의 중추세력은 여전히 무사계급 출신이었다. 1873년 징병제가 실시되면서 봉건적 무사계급은 해체되고 서양식 제도와 무기를 도입한 현대적 군대가 탄생했다. 청일, 러일 두 전쟁을 승리로 이끈 군부의 사회적 지위는 막강했다.

다이쇼 시대에 접어들면서 군부의 위상이 크게 변했다. 앞에서도 지적한 바와 같이 제1차 세계대전과도 맞물려 있는 이 시기는 민주주의와 평화주의가 대세를 이루고 있었다. 국제적으로는 국제연맹과 군비 축소가 화두로 등장했고, 국내적으로는 사상 자유와 민권이 회자되었다. 전쟁을 존재 이유로 삼고 있는 군의 사회적 지위와 인기가 크게 저하될 수밖에 없었다.

더욱이 막대한 희생을 치른 1918년의 시베리아 출병이 실패로 끝나면서 군의 지위는 추락을 넘어서 '멸시'의 대상으로 변했다. 직업 군인들은 출퇴근 때에는 군복을 벗고 민간인 복장을 하고 다녀야 할 만큼 사회적으로 지탄의 대상이 되었다. 당시의 분위기는 "얼음이 녹으면 길이 나빠지는 것이 당연하지만, 이것은 군벌의 죄로 치부되었다. 공기가 건조해지면 감기가 걸리기 쉽게 마련이지만, 이것도 군벌의 죄로 돌아갔다. 무엇이든지 나쁜 것은 전부 군벌 공격의 대상이 되었다"고 할 정도로 군부의 사회적 지위는 크게 떨어졌다.[18] 군축 문제를 의회에서 논의할 정도로 군부의 세력이 크게 위축되었다. 1922년 의회에서는 해군 군축안을 만장일치로 가결하고 군제 개혁

시안을 발표했다. 해군에 이어 육군의 군축도 불가피했다.

　군부의 위상이 크게 추락된 이 시기에 군, 특히 육군 안에는 두 가지 커다란 변화가 일어났다. 하나는 전쟁에 대한 인식 변화와 군 장비 개선 문제였다. 일본군은 제1차 세계대전을 통하여 청일전쟁이나 러일전쟁과는 전혀 다른 '총력전(total war)'이라는 개념을 체험했다. 제1차 세계대전은 지금까지 인류가 수행했던 전쟁과는 달리 교전국 수, 참가 병력, 전장 넓이, 군비와 군수품의 양, 전쟁 피해 등이 엄청나게 커졌음을 보여주었다. 세계대전은 이러한 양적 증대와 함께 또한 질적 변화도 보여주었다. 전쟁이 다만 무력전에 그치는 것이 아니라, 정치, 경제, 사회, 문화 등 국가의 모든 힘을 경주한 장기전이고도 총력전의 형태로 나타났다는 점이다. 결국 이러한 전쟁을 수행하기 위해서는 군대뿐만 아니라 국민 전체가 전쟁의 주체가 되지 않을 수 없었다. 군사력뿐만 아니라 국민의 정치적, 사상적 단결과 국가 경제력이 전쟁의 승패를 가늠하는 중요한 요인이라는 것을 학습했다. 일본이 장래에 수행해야 할 전쟁은 군부만의 전쟁이 아니라, 국민 전체가 각 분야에서 수행하는 이른바 총력전이라는 새로운 개념의 전쟁이라고 군부는 인식했다.

　총력전에 대비하기 위해서는 군 장비의 근대화가 필요했다. 제1차 세계대전에 참전했던 장교들은 다른 나라에 비하여 열악한 일본의 화력을 몸으로 체험했다. 유럽과 미국 등의 참전국들은 비행기, 전차, 기관총 등 신무기를 보유하고 있었으나, 일본은 여전히 러일전쟁 당시에 사용했던 뒤떨어진 소총과 야포뿐이었다. 일본군은 세계 3류도 못 되는 '4류급' 군대였다. 외양적으로는 21개 사단을 보유하는 세계 제1류의 무적 육군이라고 자랑하고 있었지만, 실은 용병제도로 형성되어 있는 중국 군대보다도 열등했다. 일본육사 13기생으로 프랑스 군과 함께 대전에 참여했던 고바야시 준이치로(小林順一郎) 중령은 "일본 육군은 건설 이래 미증유의 위기에 직면했다"고 진단하고, "체질을 근본적으로 개선하고 강대국과 같이 새로운 전쟁에 대응할 수 있는 전법, 병력, 장비를 채택하지 않으면, 국군은 낙오할 수밖에 없다"고 경고하면서, 군의 근본적 개혁을 촉구했다.[19]

총력전에 효과적으로 대응하기 위해서는 국력 전체를 동원하고 통제할 수 있도록 군의 편성과 제도를 근본적으로 개혁하고, 장비 근대화를 단행해야 한다는 소리가 군부 안에서 점차 높아졌다.

전쟁과 군 장비에 대한 인식 변화와 맞물려 나타난 또다른 변화는 군인 신분 결정권을 독점하고 있는 번벌(藩閥), 곧 번 파벌을 타파해야 한다는 움직임이었다. 총력전 체제 확립과 군 장비 근대화가 절실히 요청되고 있는 시대에 일본 군대가 여전히 전근대적이고 봉건적인 유물이라고 할 수 있는 특정 지역 출신에 의하여 지배되고 있다는 현실은 군 개혁과 근대화에 장애물이 아닐 수 없었다.

잘 알려진 바와 같이 메이지 체제가 확립된 이후 일본 육군은 조슈 번(長州藩) 출신, 해군은 사쓰마 번(薩摩藩) 출신이라는 번벌에 의하여 오랫동안 지배되어왔고, 또한 해군에 대한 육군 우월 전통이 이어졌다. 이는 창군 당시의 사정과 밀접한 관계가 있다. 1868년 메이지 정부가 출범했으나, 1877년 서남전쟁(西南戰爭)에 이르기까지 신정부는 끊임없는 무력저항과 내란에 직면해야만 했고, 이는 육군 중심의 군사력 정비와 강화를 불가피하게 만들었다. 외부로부터의 방위라는 측면에서 해군의 중요성을 인정하고 있었으나 체제 안정을 위한 당장의 군사력 강화는 육군이었고, 해군은 육군의 '부수적' 존재로 인식되었다. 물론 청일전쟁과 러일전쟁 이후 대륙 진출을 강화하고 군제를 개혁하면서 해군의 지위가 격상된 것은 사실이지만, 초기에 형성된 군부 내의 육군 우월 전통은 오랫동안 지속되었다. 더욱이 육군 창설을 주도한 조슈가 육군을 기반으로 권력을 지속하고 강화했기 때문에 육군 우위의 지위는 더욱 튼튼해졌다. 근대적 일본 육군은 조슈의 오무라 마스지로(大村益次郎)가 조직하고, 다시 야마가타 아리토모가 독일식 군제로 발전시켰기 때문에 창군 이래 조슈가 절대적으로 지배해왔다. 육군의 중요한 지위는 조슈 출신이 장악하거나 조슈 출신의 추천에 의하여 분배되었다. 또한 조슈의 육군 지배는 정치권력의 근간이기도 했다. 육군은 야마가타 아리토모-가쓰라 다로-데라우치 마사타케-다나카 기이치로 이어지는 조슈 출신이 다이쇼 시대에 이르기까지 육군을 장악했고, 이들 모두 육군을 배경으로 정계에 진출하여 육군대신과 총리대신을 지내기도 했다. 이러한 폐쇄적인 전통이 계속되고 있는 동안 자연히 군 내부에는 상당한 불만이 누적될 수밖에 없었다.*

다이쇼 시대에 접어들면서 군의 실권을 장악한 조슈나 사쓰마 출신이 아닌 참모장교들 사이에서 육군의 인사 쇄신을 요구하는 목소리가 나타나기 시작했다. 이들은 대부분 육군대학을 졸업한 우수한 영관급 장교들이었다. 아무리 능력이 있고 우수해도 조슈나 사쓰마라는 "대반석(大磐石)" 파벌에 속하지 않으면 장래에 희망이 없는 인사체제와 전통은 개혁되어야 한다는 것이 이들의 주장이었다.

1921년부터 군의 번벌 지배를 타파하기 위한 움직임이 조직적으로 나타났다. 그 효시는 조슈와 사쓰마 출신이 아닌 육사 15기-17기의 영관급 장교들이 결성한 일석회(一夕會)였다. 그 중심인물은 육군사관학교와 육군대학을 수석으로 졸업한 육군성의 나가타 데쓰잔(永田鐵山)이었다. 이어서 육사 18-25기의 이시하라 간지(石原莞爾), 도조 히데키(東條英機) 등 참모장교를 중심으로 제2의 일석회가 조직되면서 쇄신운동은 육군 안에서 확산되었다.

군부 내의 이러한 번벌 타파 움직임은 메이지 유신의 원훈이고 수

---

* 육군과 해군으로 구성되어 있던 제2차 세계대전 이전의 일본 군대의 제도는 특이하다. 육군의 핵심은 군정(軍政)을 총괄하는 육군성과 군령(軍令)과 군의 작전계획을 장악하고 있는 참모본부, 그리고 교육을 담당하는 교육총감부 세 기관으로 구성되어 있었다. 국무대신인 육군성의 육군대신, 천황 직속인 참모본부의 참모총장과 교육총감을 '육군 3장관(陸軍三長官)'이라고 했다. 물론 군의 모든 중요한 정책과 인사가 천황의 이름으로 집행되지만, 실질적인 결정은 3장관 합의로 이루어졌다. 해군은 내각에 속하여 군정을 총괄하는 해군성, 천황 직속으로 군령과 작전 및 전략을 담당하는 군령부로 구분되어 있었다. 해군은 육군과 대등한 지위를 확보하기 위하여 해군 군령부를 육국과 같이 참모본부로 바꾸려고 했으나 육군의 반대로 이룰 수 없었다. 그러다가 1933년 해군 군령부를 군령부로, 해군 군령부장을 군령부 총장으로 바꾸었으나, 육군과 대등한 위상을 확보하지는 못했다.

석 원로이며 조슈 파벌의 총사령관이었던 야마가타 아리토모가 1922년 사망하면서 되돌릴 수 없는 대세를 형성했다. 이토 히로부미(伊藤博文) 사망 후 일본 최대 권력자였던 야마가타의 죽음은 번 파벌 정치와 반세기 이상 지속된 조슈 파벌의 육군 지배라는 전통이 무너지는 것을 뜻했다. 1924년 야마가타가 지원했던 다나카 기이치는 군부 안에서 강하게 일어나는 인사쇄신 분위기를 수용하고, 후계자로 조슈 출신이 아닌 오카야마 현(岡山縣) 출신의 우가키 가즈시게(宇垣一成)를 지명했다,

육군대신에 취임한 우가키는 군의 인사 쇄신과 장비 근대화에 박차를 가했다. 그는 다나카 기이치에 대한 보은과 그로부터 지속적인 지지를 얻기 위하여 조슈 출신을 군 요직에 배치하면서도, 지연을 초월한 인물 본위의 인사 정책을 주도했다. 이러한 정책은 결과적으로 조슈 파벌의 육군 지배라는 전통을 서서히 무너뜨렸고, 또한 군 내부에서도 적극적으로 지지받을 수 있었다.

우가키는 인사 쇄신과 함께 무기 근대화에도 노력을 기울였다. 전차, 비행기와 같은 새로운 무기가 필요한 군비 근대화는 두말할 것도 없이 막대한 예산이 소요되었다. 그러나 군인의 사회 지위가 크게 떨어져 있고, 데모크라시와 평화주의 사상이 넓게 퍼져 있던 당시에 군비 증강을 위하여 예산을 늘리는 것은 현실적으로 불가능했다. 그뿐만 아니라 우가키가 육군대신으로 취임한 1924년은 간토(關東) 대지진(1923) 직후였기 때문에 정부는 지진 피해를 복구하는 데

에 필요한 경비 조달을 위하여 막대한 공채를 발행할 정도로 재정상태가 악화되었다. 그는 필요한 재정을 군에서 자체적으로 조달한다는, 즉 군비 축소를 통한 군의 근대화 정책을 택했다. 그는 1924년 6월 4개 사단을 폐지하는 등 과감한 군비 정리를 단행했다. 그리고 그 예산으로 전차와 고사포 부대, 비행연대, 산포(山砲) 대대, 통신, 자동차학교 등을 신설하여 군장비 기계화에 발동을 걸었다.[20]

대폭적이고 과감한 우가키의 군비 정리는 정당 정치인들로부터 지지를 받았을 뿐 아니라 전술과 전략 변화와 군장비 후진성을 잘 알고 있던 중견장교들로부터도 전폭적인 지지를 받았다. 그러나 우가키를 '준(準)'조슈 파벌로 보고 있던 일부 장교와 4개 사단 폐기로 소속 부대를 잃은 청년장교들은 우가키 국패론(宇垣國敗論)을 전개했다. 그들은 우가키가 부패 정치인과 결탁하여 군축을 단행한 인물이라고 비난하며 우가키 배척운동을 추진했다.

조슈 파벌의 육군 지배를 타파하기 위하여 시작된 반(反)번벌 운동은 뒤에서 보다 자세히 보겠지만, 우가키 시대를 지나면서 육군 안에 통제파(統制派)와 황도파(皇道派)라는 또다른 형태의 파벌을 낳았다.[21] 1920년 후반기부터 형성된 두 파벌의 갈등은 1930년대에 실질적인 투쟁으로 나타났다.

메이지 시대를 마감하고 다이쇼 시대를 맞으면서 일본은 정치적으로 대중화되고 문화적으로 개방화되고 그리고 경제적으로 풍요로

움을 즐길 수 있었다. 부국강병과 문명개화로 상징되는 서양을 따라잡기 위한 메이지 유신 이후 일본의 국가 목표 또한 다이쇼 시대의 시작과 맞물리는 제1차 세계대전을 거치면서 거의 성취되는 듯했다. 그러나 이러한 표면적 변화 속에서도 일본 고유의 국체와 천황 중심의 강력한 국가체제 구축을 요구하는 목소리는 군부, 우익, 관료 등 국가주의자들 사이에서 계속되었다. 다만 당시 국제 조류와 사회 분위기가 그들의 주장을 억제하고 있었을 뿐이다.

1920년대 후반기부터 드러나기 시작한 정치부패, 정경유착, 경제 불황, 농촌의 궁핍, 위험 사상 등은 다이쇼 시대에 잠시 표면에서 사라졌던 국가주의자들과 그들의 사상이 다시 등장할 수 있는 토양을 제공했다. 대중적 기반이 허약했던 민주주의나 사회주의 이념은 국가주의 사상을 저지하기에는 그 뿌리가 너무나 허약했다. 대중은 정당과 재벌을 통제할 수 있는 정치체제를 희망했고, 이를 위해서 의회주의와 자본주의 경제구조의 전폭적 개혁이 필요하다는 국수주의에 동조하기 시작했다. 이념적 흐름은 일본주의, 농본주의, 국가주의를 향해 서서히 선회하기 시작했지만, 이를 바로 잡아야 할 책임과 사명을 지녔던 정치는 너무 부패했고 무능했다. 한걸음 더 나아가 정권 쟁탈에 눈이 어두운 정치인과 정당은 반의회 집단인 군부와 극우세력에 영합함으로써 "자멸"의 길을 걸었다.[22] 결국 일본은 복합적 위기에 직면하면서 비상시국을 맞이했고, 그 비상시국은 1930년대 이후 일본의 국가 진로를 쇼와 유신이라는 이름으로 군국주의에로 안내했다.

쇼와 천황(1928년 11월 10일)

제I부 쇼와 유신의 씨앗

유신론(維新論)을 떠받들고 있는 명분과 이념의 길잡이는 국내현상과 국제상황이라는 긴밀히 연결되어 있으면서도 독립성을 지니고 있는 두 흐름의 상관성이다. 국내현상이라는 것은 지배체제의 무능과 부패로 인한 위기의식이다. 흔들리는 국체(國體)를 바로잡고 쇠잔해가고 있는 일본 혼, 곧 야마토 다카시(大和魂)를 되살리기 위해서는 무능하고 부패한 정치인과 무기력하고 비효율적인 제도를 혁신해야 한다는 내부 체제 정비론이다. 국제상황이라는 것은 일본의 안위와 변화를 둘러싸고 있는 주변정세의 변동과 세계사의 조류를 뜻한다. 변화를 요구하는 국내 상황이 외부로부터의 위기의식과 연결되면서 유신을 향한 행동력을 발휘한다. 250여 년 동안 지속된 도쿠가와 막부는 말기에 이르러 부패했고 노쇠했다. 사회 저변에는 변혁의 욕구가 축적되었고, 이것이 서세동점(西勢東漸)이라는 국제조류와 연결되면서 행동으로 이어졌다. 일본이 국체를 보존하기 위해서는 무능하고 노쇠한 도쿠가와 체제를 무너뜨리고 새 체제를 세워야 한다는 1850년대의 존황도막(尊皇到幕) 운동이 메이지 유신으로 결실을 거두었다.

메이지 유신 이후 추진한 서양화는 부국강병을 이루었으나, 일본적인 것의 상실을 의미하기도 했다. 제1차 세계대전 이후에 밀어닥친 불황과 국제질서의 변화는 복고의 분위기를 몰고 왔다. 다가올 두 번째 세계대전에 대응하고, 대륙팽창을 확대하기 위해서 "서양 때[垢]"에 젖어 국체와 일본혼을 호도하는 정당정치와 자본주의 경제체제를 근본적으로 혁신해야 한다는 쇼와 유신을 자극했다. 요시다 쇼인, 사카모토 료마, 다카스기 신사쿠 등이 메이지 유신의 씨앗을 뿌렸다면, 기타 잇키, 오카와 슈메이, 청년장교 집단 등이 쇼와 유신을 지향하는 국가개조의 씨앗을 뿌렸다.

제2장

기타 잇키 : 쇼와 유신의 원류

기타 잇키(北一輝, 1883-1937)는 쇼와 유신의 사상적 원류를 이루고 있다. 그는 다이쇼 시대에 움터서 1930년대에 구체적 행동으로 전개된 쇼와 유신이라는 초국가주의 운동에 가장 강렬한 영향을 미친 인물이다. 그는 초국가주의 폭력혁명의 정신적 '지주'였고, 그의 국가개조 원리는 쿠데타의 '경전'이었다.

일본 근현대사에서 기타는 순정 파시스트, 혁명의 실천가, 토착사상가, 쿠데타 신봉자 등 다양하게 평가되고 있다. 그러면서도 그가 오늘날에도 여전히 연구의 대상이 되고 있는 것은 국가 진로가 불투명했던 시대에 국가가 나가야 할 침로를 제시했을 뿐만 아니라, 신념을 구체화하기 위한 청사진을 만들고 행동했기 때문이다.[1]

1. 사상가이자 급진적 민족주의자

1920년대 이후 쇼와 유신의 뜻을 품고 쿠데타 혁명에 뛰어들었던 국가주의자들 가운데 기타 잇키와 같이 뚜렷한 이론 체계를 가지고 있었을 뿐만 아니라, 그 이론을 현실에 직접 투영한 인물은 그리 많지 않다. 기타는 일본 현대사에 "우뚝 솟은 기괴한 봉우리와 같은 사상가"였고, 사상가이며 동시에 "급진적 내셔널리스트"였다.[2] 기타에 대한 이와 같은 평가는 그가 집필한 세 권의 책, 「국체론 및 순정 사회주의(國體論及純正社會主義)」(이하 「국체론」), 「지나 혁명 외사(支那革命外史)」(이하 「외사」), 「국가개조안 원리대강(國家改造案原理大綱)」(이하 「국가개조안」)과 중국 혁명과 쇼와 유신을 향한 실천적 행동윤리에 바탕하고 있다.[3]

기타 잇키는 1883년 니가타 현(新潟縣) 사도(佐渡) 섬에서 양조업을 경영하는 집 장남으로 태어났다. 본명은 기타 데루지로(北輝次郎)이다. 그는 소년시대와 청년시대의 초기를 스스로가 표현하고 있듯이 "절해의 고도인 사도에서 외롭게 보냈다." 고향에서 그의 생활은 결코 행복한 것은 아니었다. 가운이 기울어가는 집안의 장남으로서의 책임감, 한쪽 눈의 실명, 정규 교육 중단 등으로 인한 번민 때문에 그는 사도의 해변에서 정신적으로 방황하기도 했다. 그러나 그는 문학과 사상 관계 서적에 깊이 심취했다. 특히 당시 일본 사회를 풍미했던 사회주의 사상에 빠져들면서 사도에서 출판되는 한 잡지(「明星」)와 한 신문(「佐島新聞」)에 자신의 생각을 투고했다.

기타의 정신적 방황은 그의 아버지가 사망한 1905년에 끝났다. 러일전쟁 후 체결된 포츠머스 조약으로 국내 정치가 소란스러웠던 1905년 봄, 그는 오랫동안 희망했던 도쿄를 향하여 사도를 떠날 수

기타 잇키

있었다. 도쿄에서 그는 동생 기타 레이키치(北昤吉)와 함께 살면서 와세다 대학의 청강생으로 아리가 나가오(有賀長雄), 아베 이소오, 미노베 다쓰키치(美濃部達吉) 등 당시 저명한 학자들의 강의를 수강하는 한편, 도서관에 파묻혀서 많은 사회과학 서적을 섭렵했다.

기타는 1906년 23세의 젊은 나이에 최초의 저작인 「국체론」을 자비로 출간하여 일본 사상계에 커다란 충격을 주었다. 스스로 "순정 사회주의자"임을 자처하는 기타는 당시 일본 학계에서 논의되고 있었던 외국 사회주의의 "직역(直譯)" 또는 "직수입"을 비판하면서 사회주의의 토착화를 주장했다. 그는 당시 사회주의 경제학과 사회정책학의 대가로 알려졌던 도쿄 제국대학의 가나이 노보루(金井延), 교토 제국대학의 다지마 긴지(田島錦治) 등을 외국 이론을 그대로 옮기는 '강단(講壇)'사회주의자라고 통렬히 비판했다. 그러면서 그는 일본이 추구해야 할 순정사회주의는 외국인의 이론을 단지 번역하여 소개하는 강단사회주의의 진상을 폭로하고 그들의 기만으로부터 참된 사회주의를 보호하는 데에 있음을 주장했다.

그렇다면 그가 의미하는 순정사회주의란 어떤 것인가? 스스로를 "사회민주주의자의 충복"이라는 기타는 사회주의의 토착화를 뜻했고, 그것은 곧 국가주의를 의미했다. 일본 국가주의와의 결합을 뜻하는 사회주의는 천황의 존재를 포함한 모든 것이 국가에 종속되는 것을 의미했다. 그의 주장을 되풀이하면 "사회주의는 오늘날의 법률과 같이 다만 이상으로 그치는 것이 아니라, 사실에 있어서 국가와 사회의 이익을 개인의 책임으로 의식해야" 한다는 것이다. 그러므로 기타가 뜻하는 순정사회주의는 "사회와 국가를 위하여, 그리고 사회와 국가에 대하여 개인의 무한한 책임"을 의미하고 있었다.

기타의 국체론도 이러한 논리 위에서 기존의 국체론을 비판했다. 그는 당시 통념화되어 있던 천황 주권을 위시하여 만세일계(萬世一系), 가부장 국가, 군신일치론 등 전통적 주장은 일본역사의 사실과 배치되는 것으로 국가 발전에 역행하는 속론(俗論)임을 강조했다.

기타는 당대의 법학자인 호즈미 야쓰카(穗積八束)나 아리가 나가오의 천황주권설이나 천황의 만세일계설을 비판하면서 천황, 국민, 국가, 주권의 관계를 새롭게 제시했다. 그의 주장에 의하면 주권은 특권을 가지고 있는 한 국민에 지나지 않는 천황과 평등한 권리를 가지고 있는 국민으로 조직된 국가에 있었다. 천황과 국민은 계속성을 지니고 있는 국가의 한 분자일 뿐 누구도 국가의 권리인 통치권을 가지고 있지 않다는 것이었다. 즉, "국가라는 역사적 계속성을 유지하고 있는 인류 사회는 법리상 소멸하는 것이 아니고, 분자는 갱신되지만 국가 자체는 갱신되지 않는다"는 것이었다. 국가가 통치권의 주체라는 것이다.

천황도 국민도 다 같이 국가에 봉사하는 평등한 기관인 이상, 현대 국가를 뒷받침해주고 있는 중심 윤리는 고대나 중세에서 볼 수 있었던 계급 국가의 '충군'이 아니라 '애국'이라는 것이다. 구노 오사무(久野收)가 지적하고 있는 것과 같이 기타는 "이토 히로부미의 헌법, 즉 천황의 국민, 천황의 일본으로부터 반대로 국민의 천황, 국민의 일본이라는 결론을 끌어내어 그 결론을 새로운 통합의 원리로 발전시켰다."[4] 천황이 주체이고, 국민이 객체라는 기존의 헌법 해석을 뒤집어 국민을 주체로, 천황을 객체로 역전시켰다.

「국체론」이 출판되자 이 책은 일본 지식인 사회에서 커다란 반향을 일으켰다. 가와카미 하지메(河上肇), 가타야마 센, 후쿠다 도쿠조(福田德三) 등 당시의 저명한 학자들은 기타의 책에 일제히 찬사를 보냈다. 사회주의 지도자였던 가타야마는 이 책을 가리켜 "일본에서 사회주의에 관한 최대의 것"이라고 했고, 사회정책학파의 대표적 경제학자였던 후쿠다는 마르크스의 「자본론」에는 미치지 못하지만 "천재의 저작"이라고 극찬했다.[5] 지식인 사회의 긍정적 반응과 달리, 정부 당국은 이 책을 불온서적과 국헌문란이라고 단정하고 출판 10

일 만에 판매를 금지하고 압수 조치를 취했다.

「국체론」출판과 동시에 기타는 당대 일본 지식인 사회에 유명인으로 등장했다. 그는 사카이 도시히코, 고토쿠 슈스이, 오스기 사카에, 가타야마 센 등 사회주의자들과 교류를 가지는 한편, 또한 미야자키 도텐(宮崎滔天), 가야노 나가토모(萱野長知), 이케 고키치(池亨吉), 와다 사부로(和田三郎) 등과 같이 아시아 대륙으로 국력 팽창의 뜻을 품고 대륙 각지에서 활동하는 대륙낭인(大陸浪人) 성향의 국권주의자들과도 친밀한 관계를 가졌다. 국가주권론을 주장하는 기타의 성향은 고토쿠나 오스기와 같은 사회주의자나 무정부주의자보다는 대륙낭인들의 국권주의에 더욱 가까웠다. 기타가 중국동맹회(中國同盟會)에 가입하고, 쑨원(孫文)과 함께 민족주의 혁명을 이끌었던 쑹자오런(宋敎仁)과 깊은 친교를 맺을 수 있었던 것도 기본 사상을 같이하고 있었기 때문이었다.

기타는 한동안 우치다 료헤이(內田良平)가 주도하는 국권주의 단체인 흑룡회(黑龍會)의 기관지 「시사월함(時事月函)」의 편집을 담당했다. 1911년 중국에서 신해혁명(辛亥革命)이 일어나자 그는 흑룡회 특파원으로 중국 대륙으로 건너갔다. 「국체론」이후 논객으로 출발한 기타는 중국 혁명에 가담하면서부터 혁명가의 모습을 드러냈다. 그는 상하이(上海)를 거점으로 쑹자오런을 도와 혁명운동에 가담했다.

중국 혁명을 위한 기타의 활동은 그리 오래 가지 않았다. 혁명 동지였던 쑹자오런이 1913년 암살당하자 기타는 중국 혁명에 회의를 품고 귀국했다. 그후 그는 중국 혁명의 문제점과 일본이 취해야 할 중국정책을 서술한 「외사」를 1916년에 출판했다. 「외사」에서 그는 중국 혁명을 일깨워줄 일본 사상의 중요성을 강조하고 있다. 그가 제시한 결론에 의하면 중국 혁명은 일본 사상에 의하여, 일본이 행한 방법에 따라, 그리고 일본이 추구한 것과 궤를 같이 할 때 비로소 성공할 수 있다는 것이었다. 프랑스 혁명이 영국의 자유주의 사상을 필요로 한 것과 같이, 중국 또한 일본의 흥국정신(興國情神)을 요구하고 있었다. 그의 주장을 그대로 인용하면,

> 자유가 없는 프랑스인이 자신의 부족함을 영국의 사상에서 찾았던 것과 같이, 머지않아 망할 수밖에 없는 절박한 상태에 처해 있는 중국인은 일본의 흥국정신을 연마해야만 할 것이다. 프랑스어로 번역된 자유론과 중국어로 번역된 일본 국가주의는 참으로 노예와 망국이 갈망하는 샘물을 바다 건너 가까이서 찾은 것이다.……일본의 흥국사상은 유감없이 중국인들의 동양혼을 각성시킬 것이고, 그들은 그 각성에 따라 일본의 흥국학(興國學)을 곧 혁명 철학으로 받아들이게 될 것이다.[6]

일본의 흥국정신이라는 국가주의가 중국 혁명의 정신적 지주라는 주장이었다.

메이지 유신 당시 사쓰마와 조슈의 무사들이 도쿠가와 막부를 붕

괴시키는 데에 결정적인 역할을 한 것과 같이, 중국 혁명이 성공하기 위해서는 군대의 힘이 절대적으로 필요했다. 그러나 혁명이 일어날 만큼 타락한 국가에서는 고위층에 있는 군인들은 반드시 부패하고 타락했을 뿐 아니라 모험심을 가지고 있지 못했다. 중국도 예외가 아니었다. 따라서 기타는 중국 혁명이 성공하기 위해서는 쑨원이 이끄는 중화혁명당(中華革命黨)이 부패에 물들지 않은 군부 내의 하위계급 군인들과 연합해야만 한다는 것을 강조했다.

그러나 무엇보다 중요한 것은 중국이 혁명의 정신과 방법을 일본으로부터 학습하는 것이었다. 즉 중국 혁명은 일본의 흥국정신을 바탕으로 메이지 유신 방법에 따라 수행될 때 비로소 프랑스 혁명이나 메이지 유신처럼 성공할 수 있다는 것이 기타의 주장이었다. 그는 중국 혁명이 추구하는 배만흥한(排滿興漢)은 메이지 유신 당시의 존황도막(尊皇到幕)이나 프랑스의 자유, 평등, 박애와 같은 것이라고 인정하고, 이를 중국인의 민족주의적 각성으로 평가했다. 그러나 이와 같은 각성을 결집하여 혁명의 동력으로 삼아 혁명을 완수하기 위해서는 일본의 메이지 천황이나 프랑스의 나폴레옹과 같이 위대한 지도자가 필요했다. 친미주의자이며 공화정체를 주장하는 쑨원이나 부패한 관료체제의 대표인 위안스카이(袁世凱)는 혁명을 이끌기에 부적절한 인물이라고 기타는 평가했다. 그는 특정인을 혁명 지도자로 지지하지는 않았고, 다만 "영웅의 출현"을 기대하고 있었다.

기타는 또한 중국 혁명에 대한 일본 정부의 정책과 지식인의 태도도 신랄하게 비판했다. 영국의 에드먼드 버크(Edmund Burke)가 근대 유럽 문화의 원천인 프랑스 혁명을 강 저편에서 일어나는 "폭도의 폭동"으로 인식했던 것과 같이, 일본 정책 결정자 또한 중국 혁명이 지니고 있는 역사적 의미를 깨닫지 못하고 있었다. 뿐만 아니라 중국 혁명과 아시아 역사의 상관성을 전혀 이해하고 있지 못하고 있었다. 그는 동양의 맹주이고 중국 혁명의 지도자로서 일본은 눈앞의 사태 진전에만 급급해하지 말고 앞을 내다보고 중국 혁명에 직접 관여할 것을 충고했다. 기타는 일본인의 사명을, "바라건대 중국을 염려하는 참되고 정성스러운 마음을 가진 일본인은 국가존망 기로에 놓인 이웃 강토에 한 방울의 우국과 의협의 눈물을 뿌리자"라고 시적으로 표현했다.

그렇다면 중국 혁명을 성공적으로 발전시키기 위해서 일본이 구체적으로 택해야 할 정책은 무엇인가? 기타는 "혁명적 외교정책"이라고 답하고 있다. 그가 말하는 혁명적 외교정책의 핵심은, 일본은 영일동맹을 파기하고 영국과 전쟁을 통하여 영국을 동아시아에서 축출하고, 영국 압제에서 벗어난 중국은 러시아와 전쟁을 수행하도록 유도하는 것이다. 중국이 러시아를 제압하고 아시아 대륙의 북부를 장악할 때 비로소 아시아는 서양으로부터 완전한 해방을 성취할 수 있다는 것이다. 서양으로부터 해방을 위한 이 두 전쟁을 수행하기 위해서 일본은 잠정적으로 미국과 경제적 동맹을 체결할 것을 주장했다.

기타는 또한 일본을 축으로 하는 아시아 맹주론의 예언자적 입장을 이 책에서 확실히 했다. 그는 일본은 중국과 다른 모든 황인종의 독립을 보호하고 부강을 지도해야만 할 아시아의 맹주로서 하늘이 계시한 사명을 가지고 있다고 확신했다. 이러한 사명감은 메이지 초기에 나타난 아시아 연대주의 이념의 연속이었다. 기타의 아시아 맹주사상은 「국가개조안」에 보다 구체적으로 나타나 있다.

쑨원과 위안스카이의 정략적 타협, 쑹자오런의 암살, 위안스카이의 사망, 5-4 운동 등과 같은 중국 내부의 정치적 혼란과, 일본의 21개조 요구 이후 중국에서 가열되는 배일운동을 목격한 기타는 중국에서 민족주의적 혁명의 실현 가능성이 희박한 것으로 판단하고 실망했다. 중국 혁명에 대한 정열을 잃은 기타는 1919년 상하이의 한 여관에서 일본의 정치, 경제, 사회 등 전반적인 개혁을 목적으로 한 「국가개조안」을 집필했다. 그는 중국 혁명에 가졌던 정열을 일본 혁명에 쏟았다.

「외사」와 「국가개조안」에 크게 공감한 오카와 슈메이는 1919년 8월 상하이로 기타를 찾아가 그의 귀국을 종용했다. 당시 국내에서 국가개조를 위한 사상운동을 활발히 전개하고 있던 오카와는 일본 국내 사정이 중국보다 더 위태롭다고 설명하고 쇼와 유신과 국가개조에 힘을 합칠 것을 권유했다. 귀국 후 1937년 형장의 이슬로 사라질 때까지 기타는 쇼와 유신의 정신적 지주였고, 국가개조의 실현에 생명을 걸었던 실천가였다.

2. 쇼와 유신의 청사진 : 「국가개조안 원리대강」

　「국가개조안」은 쇼와 유신의 이론적 근거이자 개조론자들이 준비하고 기도한 쿠데타의 '경전'이었다. 기타와 더불어 형장의 이슬로 사라진 '전투적' 혁명가였던 니시다 미쓰기에 의하면 「국가개조안」은 "일본이 가지고 있는 유일한 일본 정신의 체현(體現)이고, 유일한 개조사상이며, 동시에 세계에 과시해야 할 사상"이었다. 2-26 쿠데타를 주도했던 이소베 아사이치(磯部浅一)는 "일본 개조방안은 한 자 한 구가 모두 진리이다. 역사철학의 진리이다. 일본 국체의 참 표현이다"라고 그의 옥중수기에 남기고 있다.[7]

　1930년대에 진행된 일본의 모든 쿠데타의 경전이 된 이 책은 쇼와 유신과 국가개조운동이 싹트는 시대에 가장 앞장서서 혁신사상을 보급했고, 개조운동자를 계몽하는 임무를 담당했고, 또한 청년장교의 국가관과 행동에 심대한 영향을 미쳤다. 뿐만 아니라 「국가개조안」에서 전개된 기타의 아시아연맹과 국제적 무산자(無産者)의 논리는 훗날 일본의 해외침략을 정당화하는 이론적 무기로 활용되었다.

　기타가 「국가개조안」을 쓰게 된 이유는 제2차 세계대전을 대비하기 위해서였다. 그는 제1차 세계대전은 끝났으나 머지않아 또다른 대전이 일어날 것으로 확신했고, 일본은 이에 대한 대비가 필요하다는 것이다. 그의 주장을 직접 들어보자.

세계대전은 끝났으나 나는 반드시 제2의 세계대전이 일어날 것으로 믿는다. 러시아는 (제1차 세계/저자)대전 중 국내 내부 붕괴가 나타났고, 독일은 5년 동안 전쟁에서 승리하면서도 결국 최후에 내부 붕괴로 패전국으로 전락했다. 이러한 실례를 보면서 나는 일본이 이와 같은 전철을 밟지 않기 위해서는 제2의 세계대전이 일어나기 전에 국내를 합리적으로 개조하는 일이 급무라고 생각했다. 「국가개조안 원리대강」은 이러한 뜻에서 집필한 글이다. 이것이 1919년 8월이었다.[8]

기타에 의하면 당시의 왜곡된 정치구조, 경제적 어려움, 이념적 혼란 등을 안고서 일본은 다가오는 대전을 맞이할 수는 없었다. 국내외의 난관을 극복하고 일본이 다시 도약하기 위해서는 세계대전이 일어나기 전에 국내 개혁과 합리적 국가개조를 단행하는, 즉 쇼와유신 이외에 다른 선택이 없었다. 기타가 「국가개조안」을 집필한 동기였다.

기타는 세계사의 흐름이나 국내 사정을 볼 때 일본은 미증유의 국난에 직면하고 있다고 판단했고, 이러한 그의 상황인식은 결코 근거가 없는 것은 아니었다. 「국가개조안」이 집필되었던 1910년대 말의 국제정세는 새로운 경험을 하고 있었다. 제1차 세계대전 후 민족해방운동 바람이 도처에서 일어나 제국주의의 지위를 위태롭게 했다. 일본 지배 아래 있던 조선에서 독립을 요구하며 전개된 3-1 독립운동은 일본의 가혹한 탄압 속에서도 전국으로 확산되었다. 중국에서

68

는 5-4 운동이 전국을 휩쓸면서 대륙에서 누리고 있던 일본의 이익을 크게 위협했다. 인도와 이집트에서도 민족해방운동이 점차 고조되고 있었다. 제1차 세계대전을 계기로 본격적인 제국주의 국가로 성장한 일본은 전환기적 상황에 나타난 아시아 민족 해방운동에 직면하면서 심각한 국가적 위기를 고민하지 않을 수 없었다.

국내적으로도 일본은 불안한 상황에 있었다. 70만 명 이상이 참가한 1918년의 쌀소동[米騷動]을 계기로 계급투쟁 의식이 점차 확산되었다. 제1차 세계대전 후 갑자기 밀어닥친 데모크라시 사상이 고조되었고, 이러한 사상적 조류와 더불어 보통선거를 요구하는 정치적 대중운동이 전국으로 확산되었다. 게다가 1917년 러시아 혁명의 파도가 일본으로 밀려오면서 공산주의를 비롯한 위험 사상이 사회 저변으로 확대되면서 계급투쟁 성격을 지닌 노농쟁의가 급증했다.

이러한 역사의 격랑 한가운데에 서 있는 일본은 기타의 눈에는 어떤 모습이었던가? 기타의 시국관에 의하면 일본은 "썩은 뿌리에 썩은 나무를 접목시킨 것처럼 동양과 서양이 뒤섞인 중세 국가"나 다름없었다. 지배계층인 정당, 관료, 군부, 재벌은 모두 황권 뒤에 숨어서 자신의 이익만을 추구하고 있었고, 위험 사상이 범람했고, 일본 혼은 쇠락하고 있었다. 나라 운명이 한꺼번에 소멸될 막부 말기의 유신시대처럼 내우외환을 맞이하고 있었다. 위기를 극복하기 위해서는 막말에 메이지 유신이 필요했던 것처럼 국가를 총체적으로 개조하는 제2의 유신이 시급한 과제였다. 일본은 유신을 떠나 존재할 수 없고,

혁명 이외에는 비약의 길이 있을 수 없다는 것이 기타의 결론이었다.

서론과 결론을 제외하고 8장으로 구성되어 있는 「국가개조안」은 정치, 경제, 사회, 노동, 교육, 여성의 지위, 대외정책 등 국가정책을 총 망라하고 있다. 「국가개조안」의 핵심은 다음과 같다.

─헌법 정지 : 천황은 국민과 함께 국가개조의 기초를 정하기 위하여 천황대권 발동에 의하여 3년간 헌법을 정지하고 양원을 해산하고 전국에 계엄령을 선포한다.

─화족제(華族制) 폐지 : 천황과 국민을 가로막고 있는 벽을 허물고 메이지 유신의 정신을 밝힌다.

─귀족원을 폐지하고 심의원을 설치하여 중의원의 결의를 심의한다.

─천황은 스스로 모범을 보이기 위하여 황실 소유의 토지, 산림, 주권 등을 국가에 헌납한다.

─25세 이상의 모든 남자는 중의원 피선거권과 선거권을 가진다.

─사유재산 한도 : 국민 한 가구당 소유재산 한도를 1백만 엔으로 한다. 한 가구당 소유토지 한도를 시가 10만 엔으로 한다. 사유재산 한도 초과액은 모두 국가에 납부한다.

─개인생산업의 한도를 자본금 1,000만 엔으로 한다. 개인생산업의 한도를 초과하는 생산업은 모두 국가가 통일적으로 경영한다.

─천황은 계엄령 시행중 재향군인단을 개조내각의 직속 기관으로 하여 국가개조 중의 질서를 유지함과 동시에 각 지방의 사유재산 한

도 초과자를 조사하여 징수를 수행한다.

—기존의 정부조직을 개편하여 생산적 조직으로 은행성, 항해성, 광업
성, 농업성, 공업성, 상업성, 철도성을 설치한다.[9]

「국가개조안」의 흥미로운 대목은 조선을 중요한 의제로 취급하고
있다는 점이다. 기타는 일본의 국가개조에 이어 조선을 개조하고, 그
것을 본으로 하여 장래에 일본이 확보할 영토를 새롭게 만들어나간
다는 계획을 구상하고 있었다. 기타가 조선반도를 보는 시각이나 또
는 조선병탄을 망할 수밖에 없는 나라를 구원하기 위한 '선린 행위'
라는 명분은 메이지 시대의 정책 결정자나 아시아 연대주의자와 다
르지 않았다.

「국가개조안」은 조선의 위상을 "일본 내지(內地)와 동일 행정법
아래 둔다. 조선은 일본의 속방이 아니다. 또한 일본인의 식민지가
아니다. 일한합병의 본뜻에 비추어볼 때 일본제국의 일부인 하나의
행정구임이 명백하다"고 정의했다. 불교와 유교, 그리고 한자로 이어
지는 동일한 문명권과 인종적으로 뿌리를 같이하고 있는 조선은 일
본의 속국이나 식민지가 아니라 일본의 일부였고, 그렇기 때문에 조
선은 일본의 일부로서 북해도(北海島)와 같은 서해도(西海島)였다.

조선이 일본의 서해도이고 조선인이 일본인과 다를 바 없는 같은
민족이기 때문에 조선인은 일본 국민과 동일한 참정권을 누리는 것
이 당연했다. 다만 조선이 지난 수백 년 동안 반망국사(半亡國史)를

살았기 때문에 도덕과 생활의 부패로 국가적 각성을 깨닫지 못하고 있었고, 그렇기 때문에 당장 참정권을 부여할 수는 없었다. 그의 표현을 빌면, 조선은 "일본에 합병되기 이전에는 자결의 힘이 쇠진한 80대 노파와 같았고, 병합 이후는 아직 자결의 힘을 배양하지 못한 10대 소녀와 같았다." 참정권을 행사할 수 있는 "자결의 힘을 키우기 위해서는 약 20년 정도의 훈련"이 필요했다. 그의 주장 뒷면에는 조선인을 완전히 일본인으로 동화시킨 후 참정권을 부여한다는 뜻이 숨어 있음을 쉽게 읽을 수 있다.

조선 개조의 방법은 사유재산 한도, 사유토지 한도, 사유생산업 한도라는 3대 원칙에 따라 실시하고, 개조관리는 일본에서 개조 경험을 체득한 관리나 재향군인단을 파견하여 총독부와 협의하여 진행하는 것으로 했다.

조선에 이어 대만, 사할린으로 3대 원칙에 따른 개조를 확대하고, 장래 취득할 신영토로 호주와 극동 시베리아를 상정하고 개조를 진행한다는 방침을 확정했다. 물론 모든 개조의 주체는 일본인으로 했다.

기타가 의도하고 있는 쇼와 유신은 단순히 국내개조만을 의미하는 것이 아니었다. 국내 개혁을 바탕으로 한 아시아 제패가 최종 목적이었다. 그는 일본 인구가 지난 50년 사이에 2배로 늘어났음을 지적하고, 이러한 증가율로 한 세기가 지나면 일본 인구는 약 2억5,000만으로 증가할 것이라고 예측했다. 그러나 문제는 일본이 이 거대한 인구를 수용할 영토가 없다는 것이다. 일본은 해외로 진출할 수밖에 없고 그 대상은 중국과 인도였다. 그러한 의미에서 국가개조의 종점은 아시아 지배였다.

토착 사회주의자의 진면목을 드러내는 대목은 제8장 "국가의 권리"이다. 전쟁은 "한 국가가 국제 사회에서 생존하고 발전하기 위한 정당한 권리"라고 주장하는 기타는 전쟁 도발의 정당성을 다음과 같이 밝히고 있다.

> 개전의 적극적 권리: 국가는 자기방어 외에 불의(不義)의 강한 힘에 억압당하고 있는 국가 또는 민족을 위해서 전쟁을 개시할 권리를 가지고 있다(즉 당면의 현실문제로서 인도 독립과 중국 보전을 위하여 개전하는 것은 국가의 권리이다).
>
> 국가는 또한 국가 자신의 발달 결과 이외에 불법의 대영토를 독점하여 인류공존의 천도(天道)를 무시하는 자에 대하여 전쟁을 개시할 수 있는 권리를 가지고 있다(즉 당면의 현실문제로 호주 또는 극동 시베리아를 취득하기 위하여 그 영유자를 향하여 개전하는 것은 국가의 권리이다).[10]

메이지 유신의 원훈인 야마가타 아리토모는 1889년 일본이 취할 대외정책의 근본으로 주권선-이익선 원칙을 발표했다. 일본의 안전(주권선)을 위해서는 조선(이익선)을 취해야만 한다는 논리이다. 기타는 야마가타의 범위를 더 크게 확대했다. 그는 주권선인 "일본해,

조선, 중국의 확정적 안전을 위해서"는 이익선이라고 할 수 있는 "극동 시베리아와 호주"를 장악해야만 했다. 즉 일본 본토, 조선반도, 중국 대륙과 북으로 시베리아와 남으로 호주[北露南濠]를 포함한 대제국을 구축하는 것이었다.

이를 위한 가장 시급한 과제는 군비 확장이었다. 시베리아를 장악하기 위해서는 러시아에 대항할 수 있는 대(大)육군이 필요했고, 인도 독립을 원조하고, 중국 영토를 보존하고, 남방 영토를 취득한다는 운명의 3대 국시(國是)를 수행하기 위해서는 영국과 전쟁을 수행할 수 있는 대(大)해군이 필요했다. 기타는 「국가개조안」을 다음과 같이 끝맺고 있다.

일본 국민은 속히 이 국가개조안 원리대강에 기초하여 국가의 정치, 경제 조직을 개조하여 반드시 다가올 미증유의 국난에 대비해야만 한다. 일본은 아시아 문명의 그리스로서 이미 강한 러시아를 마치 그리스가 페르시아를 살라미스 해전에서 패퇴시킨 것처럼 분쇄, 파괴했다. 중국과 인도의 7억 인민의 각성은 실로 이때부터 시작되었다. 전쟁 없는 평화는 천국의 길이 아니다.[11]

결국 기타가 꿈꾸는 최종 목표는 일본 중심의 세계 제패를 실현하는 것이었고, 쇼와 유신을 통한 국가개조가 그 시발점이었다.

3. 혁명론

「국체론」이나 「외사」, 그리고 「국가개조안」이 담고 있는 중요한 테제 중의 하나는 혁명론이다. 기타는 국운이 기울고 쇠퇴해질 때나 국가가 어려움에 직면했을 때 혁명은 위대한 힘을 발휘하는 근원으로 높이 평가했다. 그에 의하면, 혁명은 "망국적 부패 속에 새로운 정신을 불어넣어주고 새로운 조직을 형성하게" 하고, "멸망의 비운에 직면한 국가로 하여금 갱생적 비약"을 이룰 수 있게 하며, "망국의 형해 속에 흥국정신을 불어넣어주는 힘"이었다.[12] 망국을 흥국으로 전환시킬 수 있는 유일한 길이 혁명이었다. 그러므로 혁명은 민족의 정신과 생명을 새롭게 하는 힘의 근원이고, 국가의 도약과 발전을 위해서 반드시 필요한 단계라고 기타는 이해하고 있었다.

긍정적이고 진보적이며 낭만적이기까지 한 기타의 혁명관은 다만 책이나 역사에서 학습한 것이 아니라, 중국 혁명의 참여라는 실천적 체험을 통하여 이루어진 것이다. 그는 쑹자오런과 더불어 열정적으로 참여했던 중국 혁명을 통해서 학습한 것은 토착 사회주의를 실현하기 위한 혁명은 군대가 주력이고, 군사혁명은 군사독재를 필요로 한다는 신념의 확립이었다.

그에 의하면, 혁명의 논리는 결코 언설로 설명될 수는 없으나 혁명을 촉발시키는 사상과 행동은 국경과 시대를 초월해서 일관성을 가지고 있었다. 사이고 다카모리나 레닌, 또는 메이지 천황이나 나폴레옹이 혁명을 단행하게 된 사상이나 행동에 공통점이 있다는 것이다. 혁명되어야 할 동일한 원인이 존재할 경우, 혁명 과정도 동일하다는 논리이다.

시간과 공간을 초월한 혁명의 요체로 기타는 다섯 가지 특성을 제시했다. 첫째 특성은 혁명이라는 것은 사상과 사회체계의 전체적 변혁을 의미한다는 것이었다. 기타는 역사상에 나타난 모든 위대한 혁명은 사상 전쟁의 결과이지 결코 전쟁의 승패에 의하여 이루어진 것은 아니라는 것이다. 또한 사상체계의 변혁이 유혈을 수반하지만, 유혈 그 자체가 곧 혁명을 의미하는 것은 아니었다. 그의 표현을 그대로 인용하면 "혁명은 사상체계를 달리 하는 것이지 피를 흘렸냐의 여부와는 관계가 없다. 수없이 많은 피를 흘리고 수없이 많은 시체가 쌓였다고 하더라도 똑같은 사상체계가 계속된다면 그것은 전란이지 결코 혁명이 아니다." 또한 새로운 사상체계를 바탕으로 한 사회체계도 당연히 변혁을 필요로 했다. 옛 국가와 옛 사회의 준거가 될 수 있는 일체의 질서를 부인하는 혁명은 "옛 사회의 죽음"을 의미했고, 동시에 "새로운 사회의 탄생을" 뜻했다. 혁명은 구체제가 완전히 소멸하고 새로운 사상과 사회체계가 탄생하는 것을 의미했다.

둘째 특성은 혁명의 숙명론과 무계획성이다. 기타에 의하면, 혁명은 "순역불이(順逆不二)의 법문"이고, 그 이론은 "불립문자(不立文字)"였다. 즉 혁명은 일체의 사리로 판단할 수 없는 것이고, 또한 경세가나 학자가 논리적으로 설명할 수 있는 현상이 아니라, 이해할 수 없는 하늘의 결론을 인간의 정열에 의해서 수행하는 것이었다. 그러므로 혁명의 수행과 그 성패는 하늘의 뜻에 달렸고, 따라서 혁명은 계획이 필요치 않았다. 인류 역사에 나타난 모든 위대한 혁명은 통계표나 구체적인 계획에 의해서 이루어진 것이 아니라, 때가 이르렀고 모든 조건이 성숙되어 자연히 발생한 것이었다. 이러한 혁명의 무계획성은 1930년대에 전개된 우익집단과 청년장교의 테러와 쿠데타에 그대로 투영되었다.

시공을 초월한 혁명의 셋째 특성은 혁명은 어디까지나 국내 상황과 조건에 의하여 성숙되고 추진된다는 것이다. 밖으로부터의 압력과 간섭이 혁명을 촉진시키는 촉매 기능을 할 수는 있으나, 그것 자체가 곧 혁명을 유도할 수는 없다는 것이다. 프랑스 대혁명이나 일본의 메이지 유신은 다 같이 국내 여건이 성숙되어 혁명으로 발전한 것이지, 외국의 압력이나 간섭에 대항하기 위하여 나타난 것이 아니라는 점을 강조했다. 일본과 프랑스는 다 같이 이전 시대의 파산을 계승했고, 이것은 두 나라에서 혁명이 일어날 수 있는 필요조건이 형성되었다는 뜻이다. 내적 투쟁이라는 점에서 중국에서 일어나고 있는 분쟁도 혁명이고, 러시아에서 격화되고 있는 갈등도 혁명적 기운의 성숙이라고 지적했다. 그러나 외부로부터의 압력이나 침략을 제거하기 위한 운동이나 시도는 결코 혁명일 수 없었다. 왜냐하면 이는 기존의 사상체계나 사회조직의 변혁을 의미하는 것은 아니기 때문이었다. 그러한 의미에서 미국 독립전쟁은 혁명이 아니었다. 기타에 의하면 미국 독립전쟁은 단지 영국과 프랑스 사이에 벌어진 국제 전쟁의 부산물로서 영국의 지배에서부터 벗어나서 영구중립의 승인을 받은 것에 불과했다. 사상이나 조직체계에 아무런 변화를 가져다주지 못했다는 것이다. 따라서 독립전쟁은 혁명일 수 없고, 워싱턴도 혁명아가 될 수 없었다.

넷째 특성은 혁명 주체로서 대중과 엘리트의 관계이다. 기타가 중국 혁명의 체험을 통해서 학습한 교훈은 혁명의 원동력은 사회의 하층계급에 있다는 점이었다. 사회의 지배계급이라고 할 수 있는 상류층은 기존 체제로부터의 보호와 혜택을 가장 충실히 받는 집단이기 때문에 기존 체제의 붕괴를 의미하는 혁명을 지지할 만큼 모험의 기개가 있을 수 없었다. 그러므로 그는 "태양이 결코 서쪽에서 뜰 수 없는 것과 같이 혁명은 상층계급에서 일어날 수 없다"고 단언했다.

기타는 혁명의 에너지가 빈곤한 하층계급에 있다는 점을 인정하고 있으나, 하층계급 그 자체가 곧 혁명 주체는 아니었다. 하층계급이 혁명의 동력을 가지고 있지만, 그들 대다수는 새로운 사상과 무관하기 때문에 자주적으로 혁명을 수행할 수 없었다. 하층계급이 가지고 있는 혁명 에너지를 폭발시킬 수 있는 엘리트가 있어야만 혁명이 가능했다. 즉 일본의 메이지 천황이나 프랑스의 나폴레옹, 또는 몽골의 오고타이 칸과 같은 영웅이나 호걸이 나타남으로써 비로소 혁명은 성공할 수 있다는 주장이다.

기타에 의하면, 혁명은 두 손으로는 국운을 뒤집을 의기, 한 사람이 만 명을 대항할 수 있는 정신, 그리고 생명을 초개와 같이 버릴 수 있는 정열을 가진 지사의 사업이고 청년의 사업이었다. 이러한 의기와 정열과 신념을 가지고 혁명을 이끌 수 있는 주체 세력은 사리 사욕에 매이지 않고 대중과 함께 호흡하고 있는 군부 내의 청년장교와 민간 지사뿐이었다. 그는 역사에서 볼 수 있는 모든 위대한 혁명은 모두 군부와 민간 지사의 연합에 의하여 성취되었다는 점을 강조했다. 메이지 유신도 수십 명의 사쓰마와 조슈의 혁명세력과 교토의 궁핍한 무사 수백 명이 연합함으로써 중추 혁명 세력이 형성되었고 결국 성공할 수 있었다. 이와 같은 기타의 혁명론은 1930년대 쇼와 유신을 꿈꾸는 청년장교들에게 역사적 소명의식을 크게 자극했다.

기타가 제시하는 마지막 요체는 혁명의 방법으로서의 암살과 쿠데타의 필수성이다. 그는 모든 혁명은 암살로 시작해서 암살로 끝나고, 군대동원에 의해서 이루어지는 것이 역사적 법칙이라고 강조했다. 메이지 유신의 서막도 미토(水戶) 번의 천황지지파[尊皇派] 낭인들이 당시 집권자인 이이 나오스케(井伊直弼)를 암살하면서 시작되었고, 프랑스 혁명 또한 군인들이 바스티유를 함락시키고 국왕을 베르사유로부터 파리 의회까지 강제로 연행한 쿠데타였음을 상기시켰다.

기타는 쿠데타를 강조하고 지지했다. 그의 표현을 빌리면 모든 혁명은 "반역의 칼은 통치자의 허리에서 훔친 군대와의 연락으로 이루어질 수 있다"는 것이었다. 혁명을 위해서 새로운 혁명군을 조직하는 것이 아니라, 통치자의 군대를 혁명 주체 세력으로 삼는다는 것이었다. 쿠데타를 뜻하는 것이다. 그는 쿠데타를 보수 전제를 위한 권력 남용으로 해석하는 것은 역사를 무시하는 사람의 소치라고 비판하고, 국가의 혁명은 "군대의 혁명으로서 최대이고 최종"이라고 단언했다. 결국 그가 의미하고 있는 혁명은 쿠데타를 뜻하고 있었다.

기타가 씨를 뿌린 토착 사회주의, 실패한 중국 혁명의 교훈, "검의 복음"이라는 쿠데타 논리는 1930년대부터 열매를 맺었다. 쇼와 유신을 지향하는 청년장교와 민간 지사는 기존질서의 파괴, 지배계급의 암살, 그리고 군부를 중심으로 한 쿠데타라는 행동으로 나타났다.

제3장

오카와 슈메이 : 일본주의

오카와 슈메이(大川周明, 1886-1957)는 기타 잇키와 더불어 쇼와 유신 이론과 운동의 양대 지주를 이루고 있다. 기타가 국가개조를 통한 쇼와 유신을 주장했다면, 오카와는 일본주의를 바탕으로 한 유신을 지향했다. 54세에 사형당한 기타와는 달리 70세가 넘어 자연사한 오카와는 1930년대의 쇼와 유신뿐만 아니라 1940년대의 국가 목표였던 대동아 공영권 건설에도 이념적 바탕을 제공했다. 그는 적극적인 저술과 활발한 조직 활동을 통해서 쇼와 유신과 국가총동원체제 구축에 중대한 영향을 미쳤다. 오랫동안 오카와의 족적을 추적해 온 오쓰카 다케히로(大塚健洋)의 결론에 의하면, 오카와는 "서양화에 정면으로 대결하여 정신적으로는 일본주의, 국내정치는 사회주의 또는 통제경제, 그리고 외교적으로는 아시아주의의 창도자였다."[1]

1. 시인 혁명가

5-15 쿠데타에 가담했고 쇼와 유신의 주제가로 알려진 "청년 일본

의 노래(靑年日本の歌)"를 작사 작곡한 해군 청년장교 미카미 다쿠(三上卓)에 의하면, 오카와 슈메이는 "치열한 혁명가라기보다는 시인이고 종교가에 더 가까웠다."[2] 그런 그가 혁명 사업에 뛰어든 것은 시대 상황이었다.

1886년 야마카타 현(山形縣) 사카타 시(酒田市)의 의사 집안에서 태어난 오카와 슈메이는 기타 잇키와는 달리 정규 교육과정을 거친 후 1907년 도쿄 제국대학 문학부 철학과에 입학했다. 그가 철학을 택한 것은 학자가 되기 위해서가 아니라 진실한 종교를 가지기 위해서였고, 그래서 대학에서 인도 철학에 심취했다. 그러나 우연한 기회에 그는 자기가 상상하고 동경하고 있던 인도는 영국 지배 밑에서 고통을 겪고 있는 인도와는 엄청난 괴리가 있다는 것을 깨닫게 되었다. 오카와의 인생 궤적은 코튼(Henry J. Cotton)의 저서 「신인도(*New India or India in Transition*)」를 접하면서 예기치 않았던 방향으로 흘러갔다. 불타가 태어난 성지로만 상상해온 인도가 영국 지배 밑에서 고통을 겪고 있는 비참한 실상을 알게 되면서 오카와는 "내가 그리고 상상하던 인도와는 하늘과 땅의 차이가 있다는 것을 깨닫고 스스로 놀랐고 슬펐고 그리고 분했다"고 토로했다.[3]

이를 계기로 오카와는 유럽의 아시아 침략사와 아시아를 중심으로 한 강대국의 투쟁을 연구했고, 서구의 중압으로부터의 아시아 해방과 부흥의 길을 모색하게 되었다. 순수한 관념의 세계에 머물러 있던 그의 아시아 문제는 실천적으로 해결해야만 할 현실문제로 바뀌었다.

오카와 슈메이

1911년 대학을 졸업한 오카와는 참모본부로부터 부탁받은 독일 전쟁사를 번역하면서 영국의 인도 식민사 연구에 몰두했다. 한편으로 그는 당시 일본에 망명 중에 있던 인도 독립운동가 라스 비하리 보스(Rash Behari Bose)를 돕는 운동에 관여하면서, 다른 한편으로는 인도 독립운동의 실상을 일본인에게 알리기 위한 집필활동을 벌렸다.[4] 식민정책과 식민지 인도에 관한 그의 연구가 남만주철도(南滿州鐵道/이하 만철) 초대 총재인 고토 신페이(後藤新平)의 주목을 받으면서 1918년 만철에 입사했고, 1919년에는 만철의 요직인 동아경제조사국의 편집 과장으로 발탁되었다. 그러면서 그는 중국 본토, 만주, 몽골, 남양 등 광범위한 지역을 여행하면서 현장학습을 했다.

이론 연구와 현장 학습을 통하여 오카와는 세계사는 대국시대를 벗어나 초(超)대국시대로 진행하고 있는 것으로 이해했고, 이러한 변화 속에서 진정한 의미의 독립국은 자급자족의 경제영역을 확보하는 것이 필수적이라고 확신하게 되었다. 정치적 독립뿐만 아니라 경제적으로도 자급자족이 가능할 때 비로소 명실상부한 독립국가가 될 수 있다는 논리이다. 세계 도처에 식민지를 거느리고 있는 대영제국, 넓은 영토를 지니고 있는 미국, 러시아, 중국이 이를 입증했다.

일본의 경우는 어떤가? 오카와에 의하면 일본은 이중, 삼중의 문제를 안고 있었다. 정치의 무대가 협소하고 자원이 빈약할 뿐만 아니라, 소련, 중국, 미국으로부터 직간접의 위협을 받고 있었다. 중국 대륙에서 거세게 일어나고 있는 배일주의, 가상 적국인 미국의 간섭, 소련 공산주의의 침투 등도 일본을 위태롭게 하고 있었다. 이러한 상황에서 일본이 택해야 할 정책은 자급자족할 수 있는 경제단위를 정치적으로 지배하는 것이고, 그 대상은 만주와 몽골이었다. 그의 확신에 의하면 "일본은 만주와 몽골을 포함한 대(大)경제단위를 구축하고 그 경제조직을 혁신하지 않으면 살길이 없다"는 것이었다.[5]

이처럼 일본의 생존을 위해서는 만주와 몽골을 지배해야 한다는 주장은 다만 오카와만의 신념이 아니었다. 기타를 위시한 개조론자는 물론, 뒤에서 보겠지만 만주사변의 기안자인 이시와라 간지(石原莞爾)와 같은 '혁신' 군인 모두가 가지고 있었던 공통된 신념이었다.

1929년 동아경제조사국이 만철로부터 분리되어 재단법인으로 출발하면서 오카와는 이사장으로 취임했다. 참모본부의 고급 장교들과 밀접한 관계를 맺고 있던 오카와는 국가개조를 위한 최초의 쿠데타 계획이었던 3월 쿠데타 음모에 민간인 책임자로 관여했고, 10월 쿠데타가 성공하면 대장대신으로 입각이 내정되기도 했다. 1932년 이누카이 쓰요시(犬養毅) 수상을 살해한 5-15 테러에 연루되어 9년의 형을 받았으나, 3년간 복역한 후 1937년 출감했다. 1938년 동아경제조사국이 다시 만철에 흡수되면서 오카와는 최고 고문으로 취임했다. 같은 시기에 호세이 대학(法政大学)에 대륙부가 신설되어 부장직을 맡으면서 강의도 했다. 태평양 전쟁 발발을 전후하여 그는 저술과 방송을 통하여 일본 중심의 대동아 신질서 확립과 미국과 영국의 동아시아 침략사를 홍보했다. 전후에 민간인으로서 유일하게 A급 전범용의자로 도쿄 전범재판에서 기소되었으나, 재판과정에서 보인 기행으로 인하여 "정신장애자"로 진단받아 정식으로 재판에서 제외되었다. 그는 1948년 석방되었고, 1957년 71세의 나이로 병사했다.

　오카와는 기타와 달리 일본주의 사상과 이를 바탕으로 한 쇼와 유신운동을 전개하기 위하여 조직 활동을 활발히 이끌었다. 오카와가 주도한 단체는 쇼와 유신을 지향하는 민간 국가주의자와 청년장교들을 육성했다.

2. 쇼와 유신의 요람

오카와 슈메이는 1919년 이후 일본주의를 바탕으로 5개의 국가주의 단체(노장회, 유존사, 대학료, 행지사, 신무회)를 결성하여 주관했다. 어떤 단체는 토론회의 성격을, 다른 단체는 사상적 성격을, 또 다른 단체는 대중적 성격을 지니기도 했다. 그러나 이러한 단체들은 하나같이 쇼와 유신의 전위대로서 선구적 기능을 담당했다.

1) 노장회

앞에서 지적한 바와 같이 제1차 세계대전 후 일본은 사상적으로 자유롭고 사회적 욕구가 분출하는 시대를 경험했다. 민주주의, 사회주의, 무정부주의 등이 공존하는 가운데 노동, 소작쟁의가 치열하게 나타났다. 더욱이 러시아의 사회주의 혁명(1917)과 쌀 소동(1918)은 혁신계 지식인과 근로대중에게 커다란 자극을 주었고, 사상 활동과 사회 운동의 열기를 더욱 고조시켰다.

노장회(老壯會)도 이러한 사회적 격동기인 1918년 10월 결성되었다. 주축 인물은 오카와와 그의 이념적 평생 동지인 미쓰카와 가메타로(滿川龜太郞)였으나, 정계, 군인, 대륙낭인 등 다양한 직종의 인물들이 참여했다.

당시 공안조사청의 분석에 의하면, 이 단체의 특징은 일관성 있는 주의와 주장을 실현하기 위한 실천적 모임이 아니라, 일본이 직면하고 있는 국내외 문제와 사회개혁에 관심을 가지고 있는 사람들이 모여서 의견을 교환하는 "오월동주(吳越同舟)의 간담회 모임"이었다. 구성 멤버의 사상적 배경은 국가주의, 국가사회주의, 대아시아주의, 농본주의, 무정부주의 등 극좌에서 극우에까지 이르렀고, 직업도 대륙낭인에서 대학교수에 이르기까지 다양했다.[6] 이 단체는 훗날 혁신운동의 지도적 인물들을 총망라했다.

노장회는 한 달에 한 번씩 모임을 가지고 민주주의의 대세를 어떻게 취급할 것인가, 사회주의는 무엇인가, 일본에서 정치 조직 개혁의 근본정신은 무엇인가, 보통선거제도의 실시가 가능한가 등 다양한 문제를 중심으로 토론하고 의견을 교환했다. 주제는 다양했으나, 일본의 진로 모색이라는 하나의 공통된 문제의식을 가지고 있었다. 그 바닥에는 일본은 국내적으로나 국제적으로나 막다른 절벽에 다다른 것과 같은 비상시국에 이르렀다는 위기감이 있었다. 특히 민주주의라는 이름으로 벌어지고 있는 정치무능과 부패, 심화되고 있는 빈부격차, 혁신적 이념을 무기로 한 계급투쟁 등과 같은 문제를 어떻게 해결할 것인가에 대해서 관심이 모였다. 미쓰카와의 표현을 빌리면, "50년 전 토방에 멍석을 깔고 책상다리를 하고 앉아서 국사를 논의했던 유신 지사의 정신으로 돌아가서" 일본이 직면한 현실문제들을 고민하고 논의하자는 것이었다.[7]

이 모임은 통일된 이데올로기도 없었고 또한 사회운동 성격의 활동도 하지 않았다는 점에서 "무성격의 단체"였다. 그러나 좌익과 우익을 떠나 국가개혁의 필요성을 논의했다는 점, 국가개혁을 위한 유력한 단체가 아직 결성되지 않았던 시기에 단체 결성의 필요성과 방향을 제시했다는 점, 그리고 후일 혁신운동을 이끌었던 대부분의 사람들이 모였다는 점에서 역사적 의미를 지니고 있었다. 기노시타 한지(木下半治)의 표현을 빌리면, "이 막연한 집단에서 뒷날 여러 형태의 국가주의단체가 나타났다는 점에서 국가주의운동의 저수지적 역할을 담당했다."[8] 그런 의미에서 노장회는 일본 국가주의단체의 선구자였다.

노장회의 모임은 거듭될수록 회원이 늘어나 당시 대부분의 도쿄 지식인들은 이 모임에 참여했다. 그러나 오카와가 1919년 유존사를 결성하면서 노장회는 사실상 해체된 것이나 다름없었다.

2) 유존사

1919년 8월 오카와는 유존사 결사를 주도했다. "온 세상에 번지는 적화(赤化)의 탁류 속에 일본의 국수(國粹)가 지금도 여전히 여기에 있다"는 유존사(猶存社)는 일본주의를 바탕으로 했다. 노장회가 잡다한 사상과 인물을 포괄한 무성격의 단체였다면, 유존사는 일본주의라는 뚜렷한 사상과 국가개조라는 확실한 목표를 가진 인물 중심의 단체였다. 유존사는 "강령"과 "선언"이 보여주고 있는 바와 같이 "정신적 일본주의를 바탕으로 대아시아 건설과 세계 통일"이라는 궁극적 목적을 이루기 위하여 먼저 일본의 내부 개혁을 단행해야 한다

는 점을 확실히 했다.[9]

유존사의 활동을 보다 역동적으로 이끌기 위하여, 오카와는 「국가개조안」의 주인공인 기타 잇키의 동참을 호소했다. 당시 중국 혁명에 가담하여 혁명의 논리와 상황을 직접 체득한 기타의 「외사」와 「국가개조안」에 크게 공감한 오카와는 유존사 결성 직후 상하이로 그를 찾아가서 중국보다 일본의 현실이 더욱 위태롭다고 설명하고 귀국하여 쇼와 유신운동에 힘을 보탤 것을 종용했다. 유존사는 기타의 「국가개조안」을 쇼와 유신의 청사진으로 삼았다.

유존사는 기관지 「오타케비(雄叫び : 우렁찬 외침)」을 발행하는 한편, 기타의 「국가개조안」을 간행하여 군부, 학생, 지식인 등에게 보급했다. 혁명 주체가 될 수 있는 세력을 계몽하고 확신시키기 위함이었다. 유존사의 이와 같은 활동은 군부 안의 청년장교들과 대학의 학생들에게 상당한 영향을 미쳤다.

유존사는 결성된 지 3년 후인 1923년 2월에 해체되었다. 해산하게 된 중요한 원인은 오카와와 기타라는 두 거물 사이의 나타난 개성의 차이에 의해서 일어나게 된 잦은 마찰 때문이었다. 그후 두 사람은 서로 다른 방향을 택했지만, 쇼와 유신이라는 공동의 목표를 위해서 항상 협조했고 서로 존경했다. 오카와는 기타를 "사이고 다카모리나 도야마 미쓰루(頭山滿)와 같이 위대한 인물"이라고 높이 평가했고, 기타 사후 그의 묘비문(墓碑文)을 쓸 정도로 그를 인간적으로 존경했다.

소수 인원으로 구성된 유존사의 생명은 3년 반이라는 짧은 기간이었다. 그러나 이 단체는 일본의 '초(超)'국가주의사상과 운동사에 중요한 위치를 차지하고 있다. 유존사는 쇼와 유신의 뿌리로서 많은 지도자를 배출했고, 1945년 패전까지 나타난 많은 우익 단체의 모태가 되었다. 그들은 전쟁을 위한 대중 동원과 국내 조직화에 영향력을 행사했고, 군부 및 신관료와 연결된 총동원체제를 완성시키는 데에 중요한 기능을 했다.

3) 대학료

유존사를 이끌어가는 한편 오카와는 대표적 양명학자인 야스오카 마사히로(安岡正篤)가 주도하는 사회교육연구소에서 틈틈이 일본주의를 강의했다. 사회교육연구소는 당시 사상적 주류를 이루고 있던 데모크라시 풍조에 대항하기 위하여 전통적 일본주의 사상을 고취시키기는 것을 목적으로 설립된 사설 교육기관이었다. 이 기관은 정부와 군부의 고위층으로부터 지원과 지지를 받고 있었다.

유존사 해체 후에 오카와는 사회교육연구소를 대학료(大學寮)로 개명하고, 자신의 숙소를 이곳으로 옮겨서 청년들과 같이 생활하면서 그들을 지도했다. 오카와는 선발된 학생들과 숙식을 함께하면서 그들에게 국가주의 사상을 고취시키고, 일본주의와 일본사를 강의했다. 오카와 외에도 야스오카, 미쓰카와 가메타로, 나카타니 다케요(中谷武世) 등도 국수적 일본주의와 국가개조에 관하여 강의했다.

훗날 청년장교가 주도한 쇼와 유신운동의 지도자였고, 2-26 쿠데타로 처형된 니시다 미쓰기가 합류하여 쇼와 유신의 씨를 뿌렸다. 니시다의 지도를 받은 후지이 히토시(藤井齊), 고가 기요시(古賀淸志) 등과 같은 청년장교들은 일본 정신, 아시아주의, 국가개조의 논리와 행동의 필요성을 배웠다. 훗날 쇼와 유신이라는 이름으로 쿠데타와 테러를 실행한 많은 인물들이 이곳을 거쳐갔다.

4) 행지사

오카와는 1925년 2월 "일본 혼 속에 숨어 있는 하늘의 이상을 현실 생활 속에서 실현 한다"는 단체인 행지사(行地社)를 결성했다. 일본의 정치, 경제, 사상 등을 순수한 일본적 이상에 따라 개혁하여 새로운 일본을 건설한다는 것을 목표로 삼고 있었다. 즉 하늘의 도리를 땅에 실현한다는 행지(行地) 운동은 곧 쇼와 유신을 의미하고 있었다.

행지사는 일본주의를 확산하기 위하여 기관지「일본(日本)」을 보급하는 한편 순회강연을 실시했다. 특히 오카와는 군부 내의 행지운동에 정성을 들였다. 일찍부터 군부와 관계가 깊었던 오카와는 참모본부의 고급장교나 청년장교들에게 쇼와 유신과 대륙진출을 위한 군의 사명의식을 고취시켰다. 그러나 행지사는 행동 단체가 아니었다. 다만 국가개조 사상을 군부와 유식계급에 확산시켜 쇼와 유신의 저변을 확대한다는 사상단체의 성격이 짙었다.

5) 신무회

1932년 2월 결성된 신무회(神武會)는 이제까지의 조직과 달리 행동을 위한 단체였다. 이 시기는 만주사변(1931), 상하이 사변(1932), 중의원 총선거(1932) 등으로 정국이 대단히 불안했고, 국가주의 사상 또한 사회 저변으로 확대되면서 정치나 사상의 혼란이 노출되기 시작한 때였다. 쇼와 유신의 분위기가 성숙되고 있다고 판단한 오카와는 이를 범국민운동으로 확대시키기 위한 매개체로 신무회를 조직했다.

신무회 결성 취지에 의하면 안에서는 노동자 농민의 궁핍과 실업 인구 증대로 고통의 신음소리가 높고, 밖으로는 국제적 지위가 흔들리면서 일본은 위기에 직면해 있었다. 그럼에도 불구하고 정치는 당리당략에 급급하고, 금융과 산업을 지배하는 정상(政商)과 재벌은 사리사욕에 몰두하여 국리민복을 돌보지 않고 있었다. 게다가 위험사상은 계급투쟁을 부추기고 있었다. 일본은 "태양이 비치는 그 어느 곳에서도 순리와 평안을 찾아볼 수 없었다."[10]

이와 같은 비상시국을 극복하기 위해서 일본은 건국정신으로 돌아가서 기존의 질서와 지배계급을 응징하는 유신 작업이 필요했다. 그리고 안으로 산업 진흥과 통제경제, 관민 협력 일치 체제를 구축하고, 밖으로 국방의 충실도를 다져나가는 것이었다.

신무회는 홋카이도(北海島)에서부터 규슈(九州)에 이르기까지 지방 조직을 확산시켜 지회를 설치했다. 그리고 전국 주요 도시에서 강연을 실시하고, 행지사의 기관지였던 「일본」을 한 달에 두 번씩 발행하는 등 활발한 활동을 전개했다.

신무회가 결성된 직후 5-15 테러가 발생했다. 오카와가 이 사건에 관련되어 구속되었으나 신무회의 활동은 계속되었다. 그러다가 오카와가 1934년 11월 보석으로 석방되었을 때 해산을 결의하여 결성한 지 만 3년이 되는 1935년 2월에 해체되었다. 신무회 해산이 쇼와유신의 결정적 계기가 될 것을 기대하며 오카와는 다음과 같은 시를 남겼다.

꽃은 피고 꽃은 지네.
피고 지는 것은 자연의 이치.
신무회는 매화처럼 피고 매화처럼 지고
펴야 할 때 폈고 져야 할 때 지네.
옛말에
매실은 눈서리보다 먼저, 꽃은 비바람 다음에 피네.
신무회의 해산은 곧 백화분란(百花紛乱)의 봄을 기다리네.[11]

노장회 조직에서부터 신무회의 해체에 이르기까지 오카와의 조직활동에는 일본주의에 대한 확실한 신념이 자리잡고 있다. 즉 일본주의를 바탕으로 군부 중심의 혁신적 국가개혁을 단행하고, 이어서 아시아 제패와 종국적으로 세계 정복이라는 꿈을 실현한다는 일관된 흐름이다. 오카와의 이와 같은 신념과 활동은 1930년대에 구체적으로 나타난 국가개조 사상과 행동의 지도자를 양성하는 저수지의 역할을 담당했다.

3. 일본주의

2010년대에 들어서면서부터 일본 문화계에는 "일본제일주의(日本すごい : 니혼 스고이)"가 선풍을 일으키고 있다. 서점에는 일본인의 '위대성'을 강조하는 책이 넘쳐나고, TV는 "스고이" 프로그램을 연일 방영하고 있고, 일본을 찬양하는 영상이 유튜브와 소셜 네트워크 서비스(SNS)를 타고 사회 저변으로 확대되고 있다. 1920년대 오카와가 주장했던 '일본지상주의'가 되살아난 듯하다.

오카와 슈메이의 중심 사상은 일본 민족의 우월성을 바탕으로 한 국수적 일본주의이다. 오카와는 기타 잇키와 같이 국가개조를 위한 뚜렷한 청사진을 가지고 있지는 않았다. 그러나 일본 민족의 우월성을 강조한 그의 형이상학적이고 철학적인 일본 지상주의 사상은 쇼와 유신을 추구했던 국수주의자와 청년장교뿐만 아니라, 대동아 공영권 사상에도 지대한 영향을 미쳤다.

오카와에 의하면, 일본은 세계에서 비교할 수 없는 훌륭한 국가이고, 일본 국민은 세계를 제패할 수 있는 국민성을 지니고 있었다. 그리고 일본의 황통(皇統)이 단절 없이 3,000년 동안 계속 발전할 수 있었다는 것이 이를 입증해주고 있었다. 일본이라는 국가와 국민이 이와 같이 우수한 이유는 투쟁주의, 국가주의, 이상주의, 정신주의를 생명으로 하고 있는 일본 혼, 즉 야마토 다마시(大和魂)를 바탕으로 하고 있기 때문이었다.

오카와가 설파하는 일본주의의 본질과 특성은 이상과 현실을 조화할 수 있는 능력, 즉 일본 정신에 있었다. 그는 일본 정신의 근원을 동양 문명의 바탕인 중국의 유교와 인도의 불교에서 찾았다. 그러나 불교나 유교는 그 개체로서는 아무런 의미를 지니고 있지 못했다. 왜냐하면 불교가 내세 지향적이고 초월적인 것에 비하여, 유교가 현실 지향적이고 세속적인 속성을 지니고 있기 때문이다. 중국이 정치적 혼란을 거듭하고 있는 것은 이상을 소홀히 취급하고 현실에 집착해 있기 때문이고, 인도가 영국 식민지로 전락하여 고통 속에서 허덕이고 있는 것은 현실을 무시하고 내세 지향적인 데에 치우쳐 있기 때문이었다. 이처럼 정반대 성격의 불교와 유교 사상이 일본 속에 들어와 조화를 이루면서 한편으로는 높은 이상을 추구하면서 또한 결코 현실을 망각하지 않는, 현세의 생활을 엄숙히 살아가면서 또한 항상 이상을 추구하는, 그럼으로써 현실과 이상이 균형을 이루는 '일본 정신'으로 승화했다는 것이다.

일본이 이처럼 아시아 정신의 양극인 이상과 현실을 결합시킬 수 있었던 밑바탕은 유교나 불교 이전부터 일본 정신 속에 내재해 있는 일본 혼이라는 것이다. 그렇다면 일본 혼은 무엇인가? 일본에 유입

된 모든 사상과 문명을 소화하여 새로운 방향을 제시할 수 있는 능력이라고 그는 답하고 있다.

어떠한 문명도 우리 앞에는 비밀일 수가 없다. 어떠한 사상도 우리가 취해서 이해하기 어려운 것이 없다. 옛 것을 잃어버리지 않고 새 것을 포용할 수 있는 발랄한 통합 정신은 우리들로 하여금 아시아 문명의 일체를 섭취하고, 그리고 이것을 국민 생활 속에 부활시킬 수 있었다. 그러므로 한 번 그 뿌리를 우리 속에 내린 문명은 결코 시들지 않고 반드시 아름다운 꽃을 피우고 열매를 맺는다.[12]

일본 혼 속에서는 이질적인 문명을 융합시킬 수 있는 능력이 있기 때문에 외래의 것은 일본적인 것을 손상시킬 수 없었다. 오히려 외래 사상과 문명은 강한 포용력과 재창조의 힘을 가진 일본 혼 속에 용해되어 일본 정신으로 승화하게 될 수밖에 없었다. 오카와가 자부하고 있는 일본 정신의 위대성은 바로 여기에 있었다.

그렇다면 이처럼 위대한 일본 정신의 사명은 무엇인가? 오카와는 세계 통일과 동아시아 건설을 제시했다. 일본 정신이 궁극적으로 완수해야만 할 사명은 서양의 물질문명과 동양의 정신문명을 통합하여 새로운 문명을 창조하는 것이었다. 그의 표현에 의하면, "구라파 문화와 아시아 문화의 통일을 실현하고," 일본 정신을 바탕으로 한 "새로운 세계사의 첫 페이지를 써나가기 시작하는," 일본 중심의 세

계 통일을 이룩한다는 것이었다.[13]

오카와에 의하면, 서양 문명과 역사 진행의 특징은 제도와 조직의 힘을 통한 물질적 생활조건 충실을 지향한 것이라면, 동양의 문명과 역사는 개인의 인격수양을 통한 사회 발전을 추구했고 정신적 생활의 충실을 지향해 왔다. 그렇기 때문에 인류 문명의 완성은 정신을 바탕으로 한 동양 문명과 물질을 중심으로 한 서양 문명이 통합할 때 비로소 이루어진다. 그러나 근본 속성을 달리하고 있는 두 개의 문명과 역사는 갈등과 충돌 속에서 평행선을 달려왔을 뿐 결코 통합되지 않았다. 왜냐하면 세계의 그 어느 민족도 이질적인 두 문명을 포용할 수 있는 능력을 소유하고 있지 못했기 때문에 실패는 불가피했다. 결국 이상과 현실을 아우를 수 있고, 동서양의 문명을 통합할 수 있는 일본 정신만이 가능하고, 이는 일본 민족이 담당해야만 할 "천부의 사명"이었다.

오카와의 역사관에 의하면, 인류 문명의 완성을 위해서 동양과 서양의 두 문명이 결합해야 할 단계에 이르렀다. 그러나 유럽은 유럽의 길을 고집하고 있고, 아시아는 아시아의 길을 가고 있기 때문에 동양과 서양의 대결은 피할 수 없었다. 결국 동양 문명의 대표인 일본과 서양 문명의 대표인 미국은 전쟁이 불가피했고, 필연의 이 전쟁에서 일본이 승리함으로써 새롭고 밝은 세계사가 시작된다는 것이었다. 오카와의 이와 같은 동양과 서양의 대결 논리는 훗날 태평양전쟁을 합리화시키는 이데올로기적 역할을 했다.

세계 통일이 궁극의 목적이었다면, 이를 실현하기 위해서 먼저 아시아 통일이 필요했다. 일본을 중심으로 한 동아시아의 새로운 질서, 즉 "대동아 신질서"를 확립하는 것이 선행 과제였다. 물론 오카와의 동아시아 신질서 이념은 결코 새로운 것은 아니었다. 서양의 아시아 침략이라는 대전제 속에서 운명공동체인 아시아의 모든 민족과 국가는 서구 중압으로부터 해방을 쟁취하기 위하여 일본을 중심으로 통일되어야 한다는 메이지 유신 직후부터 나타난 아시아 연대주의와 그 맥을 같이 하고 있었다.

오카와에 의하면, 동양은 중국과 인도를 중심으로 찬란한 문명을 꽃피웠고 창조적 역사를 만들어왔다. 그러나 서구 물질문명을 접하면서 아시아의 대부분은 서구의 식민지 또는 반식민지로 전락하는 굴욕을 감수해야만 했다. 그러므로 서양으로부터의 해방과 동양 문화의 재현은 아시아 민족의 공통목표였고 시대정신이었다. 문제는 이러한 역사적 사명을 짊어질 주체가 누구냐는 것이다. 이 물음에 오카와는 일본 민족이라고 주저 없이 답했다.

그것은 세 가지 이유에서였다. 첫째는 일본 선각자들은 아시아의 그 어느 민족보다도 먼저 세계사의 흐름을 깨닫고 이에 성공적으로 대응했다. 뿐만 아니라 일본은 유럽의 아시아 침략을 막고, 아시아인의 아시아 건설을 위하여 많은 희생을 감수해왔다. 그러므로 일본은 당연히 아시아의 지도자가 될 수 있는 권리와 의무를 지니고 있다는 것이었다.

둘째는 일본은 러일전쟁에서 승리함으로써 굴욕과 분열, 그리고 비참함과 무감각 속에서 오랫동안 잠자고 있던 아시아의 여러 민족들을 각성시키는 사명을 이미 완수했다. 일본은 아시아를 뒤덮고 있는 어둠 속에 희망의 빛을 던져주었고, 유럽의 속박에서 벗어나 자주독립 민족이 될 수 있다는 것을 보여주었다. 일본은 아시아에서 선각자의 임무를 완수했고 또한 수행하고 있다는 것이었다.

일본이 아시아 신질서 창조를 주도자일 수밖에 없는 셋째 이유는 일본 정신을 가지고 있기 때문이었다. 앞에서도 지적한 것과 같이, 일본은 불교와 유교를 일본 혼 속에 흡수시켜 이상과 현실을 조화시킨 일본 정신을 지니고 있었다. 일본이 곧 아시아였다. 오카와의 표현을 빌리면, "일본인의 의식은 아시아인 의식의 종합이고, 일본 문명은 아시아 전체의 문명의 표현"이었다.[14] 아시아의 모든 것은 일본 정신 속에 녹아 있었다. 이와 같이 위대한 정신을 바탕으로 한 일본 민족이 아시아 문명과 사상을 보호하고 유지하는 주체, 즉 "동아의 맹주"가 되는 것은 당연했다. 이러한 일본 정신을 바탕으로 한 일본주의는 서양 따라잡기가 가져온 1930년대의 정치 혼란과 경제불황을 타개하고 일본의 재도약을 위한 쇼와 유신의 사상적 동력으로 작동했다.

4. 제2의 유신

동아시아의 신질서 건설과 동서 문명의 통일이라는 시대적 사명을 짊어지고 있음에도 불구하고, 오카와의 눈에 비친 일본은 타락과 침체와 부패의 늪 속에서 허덕이고 있었다. 그의 평가에 의하면, 일본의 나라 사정은 마치 커다란 바위가 가파른 언덕을 굴러내려가고 있는 것과 같은 실정이다. 그리고 빈부격차, 노동쟁의, 공산주의를 위시한 위험 사상의 범람 등은 시간이 흘러감과 함께 더욱 심각해지고 있었다.

이처럼 어려운 상황 속으로 빠져 들어가게 된 근본 원인은, 오카와에 의하면, 일본 정신의 망각과 서양 숭배 때문이었다. 러일전쟁까지만 해도 일본은 국가주의에 바탕을 둔 일본 정신에 따라 군민일체가 국가건설에 정진했고, 그래서 반세기도 안 되는 짧은 시간 안에 세계 강국의 대열에 참여할 수 있었다.

러일전쟁 이후 일본 사회는 전혀 다른 모습으로 변했다. 서양의 문화와 생활양식을 맹목적으로 수용하면서 일본 정신이 시들었고, 이러한 현상은 제1차 세계대전 이후 더욱 심각하게 나타났다. 향락주의, 개인주의, 공리주의, 위엄사상 등이 일본 사회 전체를 지배하기에 이르렀고, 국민은 민족적 자존을 잃어버렸으며, 지도계급은 일본 혼을 상실했다. 위기를 극복하고 일본 정신의 재현을 위해서는 "제2의 유신"이 필요했다.

기타 잇키가 구체적 개조안을 제시한 것과 달리 오카와는 유신을 위한 개혁안을 제시하지는 않았다. 다만 1932년에 쓴 것으로 알려진 짧은 내용의 "경제개혁 대강"이 있을 뿐이다.[15] 대단히 추상적이고

100

조잡한 "대강"의 내용은 기간산업 공영, 소작제도 폐지, 협동경영 촉진, 경제통제 기관으로 경제 참의원 창설 등 국가권력에 의한 통제경제를 강조한 경제개혁안이 중심을 이루었다. 그는 개혁방안을 연구하면서 동시에 개혁을 단행할 수 있는 강력한 내각의 출현을 촉진했다.

"경제개혁 대강"에는 경제개혁 외에 만주 문제가 포함되어 있다. 만주국 건설을 적극적으로 지지한 오카와는 일찍부터 만주를 중국으로부터 분할하여 일본의 보호, 통제 아래 독립국가로 만들 것을 강조해왔다. 만주는 일본과 지리적으로 가깝고, 과잉 인구 이주 지역으로 가장 적절하고, 미개발 천연자원의 보고였다. "경제개혁 대강"에 나타난 그의 구상은 일본 본토에는 중농주의를 택하고, 만주에서는 공업을 발전시켜 균형 경제를 이루어나간다는 것이었다. 앞으로 다가올 전쟁을 뒷받침할 수 있는 국방산업 진흥을 위해서도 만주 관리는 철저히 다져나가야만 할 국가적 과제였다.

오카와는 구체적으로 개혁안을 제시하기보다 왜 제2의 유신이 필요하고 어떻게 이루어갈 것인가를 논하고 있다. 앞에서 지적했듯이 오카와는 일본 쇠락의 근본 원인을 서양숭배라고 규명하고 있기 때문에 이를 바로잡는 것에서부터 제2의 유신이 시작된다. 오카와도 메이지 유신 이후 일본이 서양의 기계, 물질문명을 수용하면서 발전의 기틀을 마련한 것을 인정하고 있다. 그러나 러일전쟁 이후 주류로 형성된 무비판적 서양 숭배는 결국 일본 정신의 상실과 일본 혼의 위기를 몰고 왔다는 것이었다. 그의 표현을 빌리면, "일본 정신을 망각한 서양화는 일본 사회에 넘쳐나고 있는 무정부주의, 사회주의, 개인주의, 향락주의 등과 같은 국가를 부정하는 사상을 만들어냈고, 이것이 지금 먹구름처럼 일본을 둘러싸고" 있었다.[16]

서양화의 폐해가 가장 심각하게 나타나는 곳은 메이지 이후 일본이 모방한 서양의 정당정치와 자본주의 경제였다. 정당은 국리민복을 추구하기보다 당리당략과 정권에 몰두해 있고, 서구자본주의 결과로 나타난 재벌은 오로지 축재만을 추구했다. 더하여 정당과 재벌의 결탁은 정치 무능과 경제 부패를 가져왔고, 국민 대중을 곤궁 속으로 몰아넣고, 결국 국가의 운명을 위태롭게 하고 있었다. 이를 타개하기 위한 제2의 유신은 순수한 일본 정신을 바탕으로 천황 친정 체제를 이룩하는 것이었다.

오카와에 의하면, 일본은 천황을 중심으로 생성, 발전해온 국가이고, 그 본래의 모습은 군민일체였다. 건국 이래 일본은 때때로 군민일체의 관계를 일탈하여 황실과 국민 사이에 특권을 누리는 소수자가 출현했다. 그러나 그때마다 유신이 반복되었다. 메이지 유신의 지사가 메이지 천황을 받들어 도쿠가와 막부를 무너뜨린 것도 일본을 건국한 근본정신에 근거한 군민일체를 실현하기 위한 것이었다.

메이지 유신을 통해서 천황은 군민일체의 지위를 다시 확립했다. 그런데 그후 특권계급인 원로 중신, 정당정치인, 재벌이 천황과 국민 사이에 들어앉아 특권을 누리면서 국민을 권력과 금력으로 압박하고 있었다. 일본이 다시 도약하기 위해서는 천황과 국민을 가로막고 있는 특권계급을 제거하고 천황친정으로 돌아가는 또 다른 유신이 필요 했다. 그러므로 메이지 유신의 표어가 존황도막(尊皇到幕)이었듯이, 제2의 유신은 재벌과 번벌 등을 타도하는 흥민토벌(興民討閥)이어야만 했다.

물론 오카와도 제2의 유신은 범국민적이어야 하고 온 국민이 참여할 때 비로소 그 목적을 이룰 수 있음을 강조했다. 그러나 모든 국민운동이나 혁명에는 핵심 세력이 필요하듯이 쇼와 유신도 이를 주도적으로 이끌고 갈 세력이 필요했고, 그 주체는 메이지 유신과 같이 소수의 애국지사와 군인일 수밖에 없었다.

일본 정신에 가장 철저한 집단은 군인이었다. 전통적으로 정치가와 군인의 기능을 포괄한 무사 계급은 문관과 무인의 기능을 겸하고 있었다. 그들은 사사로운 이익을 버리고, 질서와 공정함을 택했고, 통제된 공동체의 생활을 통하여 안으로 번(藩)을 통치했고, 밖으로 다른 번의 침략에 대비했다. 그러므로 무사는 개인을 중요시한 것이 아니라 항상 전체와 통일을 중요시했고, 이러한 사고방식은 궁극적으로 천황에 대한 충성으로 연결되었다.

정치가와 군인의 일체였던 무사는 메이지 유신 이후 정치가와 군인으로 분리되어 각각 다른 기능을 수행했다. 군인은 일본 정신을 계승해나갔고, 일본 정신 위에서 서구의 기술을 받아들여 막강한 힘을 양성했다. 그러나 정치가는 일본 정신을 버리고 정치는 곧 책략이라는 서구의 사상과 제도를 받아들여 정치를 부패시키고 타락시켰다. 그러므로 제2의 유신의 핵심 세력은 막부 말기와 같이 일본 정신을 계승한 군인과 선각자인 우국지사일 수밖에 없었고, 기존 질서를 붕괴시키는 쇼와 유신의 방법은 군부 쿠데타로부터 시작되는 것이었다.

오카와는 이러한 신념으로 쇼와 유신이라는 제2의 유신의 씨를 뿌렸고, 3월과 10월 쿠데타 계획, 5-15 테러, 그리고 2-26 쿠데타에 직간접적으로 관여했다.

제4장

다치바나 고자부로 : 애국혁신

인류의 생산양식과 사회구조가 산업화-도시화로 인해서 변화하기 전까지는 농촌과 농촌경제가 인간 생활과 역사의 중심을 이루었다. 일본도 예외가 아니었다. 메이지 유신 이전까지는 농사가 천하의 근본이었고, 농촌은 사회구조의 바탕이었다. 일본 각처에서 오늘날까지 이어지고 있는 대부분의 마쓰리(祭り)가 풍년을 기원하거나 축하하는 행사와 관계가 있다는 사실만을 보아도 농촌과 농업의 중요성을 잘 알 수 있다.

메이지 유신 후 부국강병이 국가 목표로 설정되면서 농업사회를 지배해온 전통적 가치와 생활양식이 점차 무너졌다. 그동안 사회를 지배해온 농업 중심의 가치관과 사고방식은 때때로 근대 산업국가 건설에 장애요인으로 간주되기도 했다. 식산흥업(殖産興業) 또는 상공입국(商工立國)으로 상징되는 메이지 정부의 상공업 중시 정책은 농촌을 점차 낙후시켰고 농촌경제를 피폐시켰다. 1920년대를 지나면서 심각한 사회 문제로 나타난 농촌경제의 몰락은 반체제적 농본주의를 강화시켰다.

톨스토이적 전원찬미자로 알려진 다치바나 고자부로(橘孝三郎, 1893-1974)는 농본주의를 쇼와 유신운동에 중요한 동인으로 제공했다. 그는 자본주의를 농촌 파괴의 주범으로 비판했고, 농촌과 농민의 전통적 가치를 망각한 채 서양 산업 국가를 모방해가는 일본을 걱정했다.

일본에서도 그동안 자본주의가 성숙되어왔다. 그러나 일본이라는 사회에서 가장 중요한 물건은 무엇인가. 유치원 학생도 잘 알고 있다. 쌀과 생사이다. 누가 생산하고 있는가. 초등학교 1학년생도 잘 알고 있다. 농민이다. 일본에도 자본주의가 찬란하게 꽃피고 있다. 그래서 농민이 망해가고 있다. 그렇다면 일본의 장래는?[1]

다치바나의 농본주의 사상은 서양을 따라가는 일본 자본주의에 대한 '대항 사상(對抗思想)'이었다.

다치바나에 대한 평가는 파시스트 농본주의자에서 변혁의 사상가에 이르기까지 다양하지만, 그의 생활을 통해서 확인할 수 있는 것은 그가 이상주의자인 동시에 행동주의자라는 점이다. 동시대의 대표적 농본주의자로 알려져 있던 곤도 세이쿄(權藤成卿)와 달리 다치바나는 자신의 신념을 실현하기 위하여 농촌에서 생활하면서 이상형 농장을 설립하여 경영했고, 교육기관을 조직하여 농촌의 중요성을 확산시켰다. 그리고 합법적 수단을 통하여 농촌부흥이라는 이상을 실현할 수 없다고 판단했을 때, 테러와 쿠데타에 뛰어들기를

다치바나 고자부로

주저하지 않았다. 그의 소박한 행동력은 쇼와 유신운동에 참여했던 청년장교들에게 많은 영향을 미쳤다.

1. 농촌부흥의 꿈

다치바나 고자부로는 1893년 이바라키 현(茨城縣) 미토(水戸)의 대지주 집안에서 태어났다. 부유하고 평화로운 가정에서 성장한 다치바나는 그의 어릴 때 가정생활이 훗날 그가 지향했던 이상향 농촌의 모델이 되었다. 전후에 다케우치 요시미(竹內好)와 가진 대담에서 그는 "아버지는 명예나 이재를 탐하거나 출세욕이 없는 사람이었고, 어머니는 비할 데 없이 총명한 분으로서 마돈나의 성애(聖愛)를 느낄 수 있을 만큼 사랑이 지극하신 분이었다. 그리고 내 형제들도 모두 진실했다. 그러므로 내가 꿈꾸는 이상형 부락을 건설하려고 할 때, 이러한 가정의 이미지가 강렬했다"고 자신이 꿈꾸었던 농촌을 설명했다.[2]

그는 정규 교육과정을 밟았다. 미토 중학교를 거쳐 1912년 당시 명문이었던 도쿄 제일고등학교 문과에 입학한 철학 지망생이었다. 학생 시절 기타 잇키의 「국체론」에 크게 영향 받은 다치바나는 잠시 정치에도 뜻을 두었으나, 졸업 직전인 1914년에 학교를 자퇴하고 고향으로 돌아가서 농촌생활을 시작했다. 다치바나와 동향이고 동시대의 언론계 출신 정치인이었던 가자미 아키라(風見章)의 표현에 의하면, 다치바나가 자퇴의 이유는 "명예라든가 지위 또는 물질을 추구하여 그것의 노예가 되는 것을 초월하고 인간 생활의 진실을 추구하기 위한 결단이었고," 이러한 결단은 "정좌(靜坐)로 인한 개심의 결과였다."[3]

다치바나는 1915년부터 부친에게서 물려받은 3정보(町步)의 황무지를 개간하며 농촌 생활을 시작했다. 그는 농장을 형제촌(兄弟村)이라고 명명했다. 그렇게 부르게 된 이유는 그저 자신의 형제들이 함께 농장을 꾸려갔기 때문만이 아니라, 대지와 자연의 따뜻한 품속에서 이웃 동지들이 함께 형제처럼 서로 도와서 일하기 위함이었다.

형제촌 농장 또는 문화 농장으로 불렸던 다치바나의 농장은 처음에는 자급자족을 위한 생산부터 시작했다. 그후 농장이 안정되면서부터 농촌문제 연구와 농촌지도자 양성에 힘썼다. 1920년대 중반에 이르러 미토 주민은 물론, 이바라키 현의 청소년에서 노인에 이르기까지 그를 교육자로 인정할 만큼 유명인사가 되었다.

1929년 11월 다치바나는 애향회(愛鄕會)를 조직했다. 애향회의 기본 정신은 세 가지 원칙을 근거로 하고 있었다. 인간은 대지를 떠나서 살 수 없기 때문에 건국의 바탕은 농촌일 수밖에 없다는 "대지주의," 국민은 모두 자기뿐만 아니라 다른 사람을 위하여 진심으로 봉사하고 서로 사랑해야 한다는 "형제주의," 그리고 모든 사람은 자기 직업에 천직 사명을 가지고 열의와 성의를 다 해야 한다는 "근로주의"가 그것이다. 다치바나는 이 원칙을 실현함으로써 일본은 위기를 극복하고 국가 발전의 계기가 이루어질 수 있다고 믿고 있었다.

애향회 결성의 선언문은 "일본은 과거와 마찬가지로 오늘날에도 본질적으로 농촌국가이다. 이 사실은 장래에도 더욱 중요한 불변의 진리임을 단언한다"라고 농촌의 중요성을 강조하며 다음과 같이 개혁을 외쳤다.

앞으로! 흙의 일본을 위하여!
전진! 농민 시대를 향하여!
선택된 영광의 전사는 누구인가!
애향의 진심을 품고 있는 애향자,
애향자의 단결 애향회.[4]

애향회는 두 가지를 목적으로 가지고 있었다. 하나는 농민에게 애향심을 주입시켜 자각된 농민을 육성하고 농민들 사이의 조직적 결합을 통해서 힘을 육성하는 것이었다. 다른 하나는 조합 활동, 의료보험제 등과 같은 경제적 실제운동을 전개하여 황폐해져가고 있는 농촌을 자체적으로 구제하는 것이었다. 농촌을 바탕으로 한 국가 건설이 최종 목표였다.

이 목적을 위하여 애향회는 두 가지 활동을 전개했다. 하나는 농본주의사상과 애향정신을 고취시키기 위한 기관지「농촌연구(農村研究)」를 발행하고, 강연회를 개최하는 등 교육 성격의 활동이었다. 또다른 하나는 농촌경제의 발전을 위하여 애향공제조합을 조직하고 필요한 물품의 공동구입, 농산물 공동판매 등을 실시했다. 이어서 애향공제조합에 의한 보험을 실시하고, 형제촌 주변에 애향진료소를 개설했다. 애향회는 1932년의 5-15 테러 사건으로 활동이 중단되기까지 이바라키 현에 29개 지부와 400-500명 회원을 거느리고 있었다. 그러나 애향회 활동은 이바라키 현을 벗어나지 못했다.

다치바나는 1931년 4월에 애향숙(愛鄕塾)을 설립했다. 농촌지도자를 양성하기 위한 일종의 근로학교였다. 물론 학교의 기본 정신은 농촌에 대한 젊은이의 참다운 애정과 정열을 키우기 위한 것이었다. 학생들은 농장 안에 마련한 기숙사에서 함께 공동으로 생활하며 농촌경제와 농촌사회 문제를 배우는 한편, 농사와 목축 일에 종사하며 농촌의 삶을 체험했다. 그리고 애향정신인 '농혼(農魂)'을 함양시키기 위해서 주기적으로 실시하는 공개 강연회에 참석했다. 애향숙에 서 훈련받은 청년들은 훗날 5-15 테러에 가담했다.

1930년에 접어들면서 다치바나의 애향회에 혁명적 쇼와 유신론자 들이 찾아오기 시작했다. 특히 혈맹단 테러와 5-15 테러의 지도자였 던 이노우에 닛쇼(井上日김)가 자주 찾았다. 1931년부터는 폭력적 쇼와 유신론자이며 5-15 테러의 핵심 인물이었던 해군의 미카미 다 쿠, 고가 기요시, 나카무라 요시오(中村義雄) 등이 다치바나의 농본 주의 철학을 경청했다. 고가 기요시는 훗날 다치바나를 "학자형이면 서 시인 같은 뜨거운 정열을 가진 사람"이라고 평하면서, 그의 가르 침을 통해서 "농촌의 어려움은 재벌의 착취에서부터 시작된다는 것 을 깨우쳤고, 농촌 구제를 위하여 자본주의를 타도하지 않으면 안 된다는 것을 통감했다"고 회상했다.[5]

1931년 8월 26일 도쿄 시의 아오야마(靑山)의 일본청년회관에서 쇼와 유신을 위한 군민통합대회가 열렸다. 니시다 미쓰기가 주도한 이 모임은 그동안 민간인과 육군, 해군 청년장교가 개별적으로 활동 하던 쇼와 유신운동을 유기적 관계를 가진 하나의 통일된 조직운동 으로 발전시키는 계기를 만들었다. 육군의 스가나미 사부로(菅波三 郎), 해군의 후지이 히토시, 민간인의 이노우에 닛쇼 등 쇼와 유신운 동의 핵심세력이 총 결집한 이 회합에서 다치바나는 민간측 책임자 로 선임되었다. 다치바나도 행동을 지향하는 쇼와 유신운동의 최전 선에서 활동하기 시작했다.

앞에서 지적했듯이 다치바나는 인도주의와 사회개량주의 방법에 의한 이상적 농촌공동체 구현을 목적으로 평화로운 애향운동을 이끌었다. 물론 다치바나의 개혁사상도 기타나 오카와와 같이 일본이 직면한 위기의식에서부터 시작했다. 그러나 그는 기타나 오카와와 달리 위기의 근본 원인은 자본주의의 농촌 파괴와 도시화, 그리고 산업화로 인한 사회구조 불균형에 있다고 확신하고 있었다. 그렇기 때문에 그는 농촌 부흥을 통해서 위기를 극복할 수 있다고 믿었고, 또한 평화로운 농촌운동에 진력했다.

그러나 1930년대에 들어서면서 더 깊어만 가는 농촌생활의 어려움과 정치부패, 그리고 정경유착으로 인한 사회혼란을 직시하면서 다치바나는 소극적이고 평화로운 방법으로는 위기를 극복할 수 없다는 결론에 도달하게 되었다. 일본은 문자 그대로 비상시국에 도달했기 때문에 위기극복을 위한 비상한 수단이 필요했다. 그의 음성을 들어보자.

나는 요사이 매일 밤 도쿄에서 커다란 동란이 일어나는 꿈을 꾼다.…… 내일의 일본, 일본을 중심으로 한 내일의 동아시아, 일본을 중심으로 한 동아시아에 의하여 모든 것이 결정된 내일의 세계를 늘 생각해왔다. 내 머리 속의 일본과 동아시아와 온 세계가 풍운의 위험에 빠져 있다. 흐물흐물해지고 있는 것은 아닌가. 때때로 억누르기 어려운 정열 때문에 걸상을 박차고 일어나게 된다. 번거롭게 둘러서 말할 필요가 없다.

행동으로! 행동으로! 전진![6]

평화로운 개량주의 농촌운동을 통한 농촌부흥은 실현이 불가능하
다는 현실을 절감한 다치바나는 결국 폭력을 수반한 직접 행동의 길
을 선택했다. 그가 입신출세의 길이 보장된 명문 제일고등학교를 자
퇴하고 농촌으로 귀향한 사건에서 볼 수 있는 바와 같이, 다치바나
는 결정하면 실천하는 행동주의자였다. 1932년 5-15 테러를 주도하
기 직전 그는, "특권계급, 정당, 재벌 등 소위 지배계급에 속한 무리
들이 거리낌 없이 매국적 행위를 자행하고 나라 일을 걱정하지 않을
때" 그들에게 취할 수 있는 유일한 조치는 "직접 파괴행동"뿐이라고
외쳤다.[7]

당시 많은 지식인들이 정당과 재벌과 특권계급의 타락, 농민의 어
려움, 군축 문제로 인한 국방의 위기를 논했다. 또한 이러한 상태에
서 농민은 구제받을 수 없고 결국 일본은 망하게 된다는 것을 강조
하기도 했다. 그러나 다치바나에 의하면, 실천 없는 이러한 논리와
비판은 그냥 말장난일 뿐 아무런 의미가 없었다. 중요한 명제를 아
무리 강조할지라도 실천이 없을 때는 무의미하고, 그 명제를 실현하
기 위하여 스스로가 몸을 던져 행동하지 않을 때는 아무런 가치가
없다는 것이었다. 사상과 행동의 일치를 요구하고 있다는 점에서 다
치바나는 뒤에서 볼 이노우에 닛쇼의 "사석(捨石)" 주장에 동조했다.

이러한 상황판단과 신념에서 다치바나는 5-15 테러를 주도했고,

그 결과 1934년 종신형을 받았다. 1940년 사면으로 풀려난 그는 1974년에 죽을 때까지 미토의 애향숙에서 농촌문제와 천황론을 가르치며 저술에 몰두했다.

2. 사상 : 애국혁신의 농본주의

다치바나의 삶의 궤적이 보여주는 것과 같이 그의 사상은 농본주의에 근거하고 있다. 그의 농본주의와 개혁 이념을 담은 "일본 애국혁신 본의(日本愛國革新本意)"에 의하면, 대지(大地)는 "모든 인류의 생존의 근본이었고 근거였대[本源根據]. 국토를 떠나 국민이 존재할 수 없고, 국민을 떠나 국민사회가 있을 수 없고, 국민사회를 떠나 인생이 존재할 수 없다." 따라서 "농민 없이는 일체가 있을 수 없고," 또한 "대지를 망치는 것은 일체를 망하게 하는 것이다."[8] 다치바나는 농촌과 농민에 대한 절대적 신념을 위해서 또한 그 신념의 실현을 위해서 행동했다.

다치바나는 농촌 붕괴 과정을 유럽 역사에서 찾았다. 그에 의하면 산업혁명을 계기로 도시화와 산업화가 심화되면서 유럽의 농촌은 점차 황폐해졌고 농민은 궁색해졌다. 그러면서 서구의 물질문명은 서서히 몰락의 길을 걸었다.

유럽 역사는 프랑스 혁명을 계기로 농노는 봉건제도로부터 해방되어 자유이동성을 획득할 수 있었다. 그러나 산업혁명을 맞이하면

114

서 나타난 산업구조의 변화와 더불어, 봉건제도의 멍에에서 해방되었던 농촌은 다시 자본주의의 노예로 전락했다. 이와 같은 변화 속에서 농촌과 농민은 자립을 이룰 수 없었고, 자본주의와 산업에 종속되는 결과를 가져왔다. 다치바나는 이러한 현상을 자본주의의 농촌 파괴성이라고 규정했고, 인류의 비극을 몰고온 근본 원인이 이것이라고 주장했다. 물론 그는 농업과 공업을 적대관계로만 인식하지는 않았다. 농촌과 도시, 농업과 공업 그리고 농민과 도시인은 본질에 서 차이는 있으나, 결코 배타적 관계가 아니라 공동체적 협력관계에 있다는 것을 인정하고 있었다. 달리 설명하면, 농촌과 도시의 삶이 국가라는 사회조직 안에서 균형과 조화가 이루어질 때 비로소 단합된 완전한 국민사회가 형성된다는 것이었다. 농촌을 위한 도시, 도시를 위한 농촌, 그리고 농촌과 도시가 균형을 이루는 사회가 그가 꿈꾸는 이상적 공동체였다.

그러나 다치바나에 의하면, 서양 역사는 자본주의가 발전하면서 농촌과 도시의 균형이 붕괴되는 과정을 보여주고 있었다. "기생충"과 같은 도시가 농촌을 갉아먹으면서 농촌은 피폐해졌다. 산업혁명 이후 농촌은 도시 자본주의로 인하여 황폐화되었고, 농촌과 농민은 도시 자본주의를 위하여 노동력과 시장을 제공하는 자본주의 성립의 목적조건으로 전락했다. 자본주의의 농촌 파괴성은 사회를 병들게 만들고, 서구 물질문명의 몰락을 가져오는 원인이었다.

다치바나의 눈에 비친 일본은 몰락의 길을 걷고 있는 서구 물질문명의 발자취를 따라가고 있었다. 일본은 처음부터 농본주의 국가였고, 국가의 근간은 농민이었다. 그러나 메이지 유신 이후 일본은 무절제하고 무비판적으로 서구 자본주의를 모방하면서 농촌의 몰락을 가져왔다. 일본의 근대화가 공업화를 위한 노동력을 농촌에서 가져왔기 때문에 농촌은 항상 피폐하고, 도쿄나 오사카와 같은 대도시는 농촌을 착취하면서 불건전하게 비대해졌다. 다치바나는 이러한 현상을 다음과 같이 말했다.

> 흔히 도쿄를 세계의 중심이라고 부르고 있다. 그런데 그 도쿄가 내 눈에는 세계적인 도시 런던의 지점처럼 불행한 모습으로 비치고 있다. 하여간 도쿄가 그토록 비상하게 팽창하면 할수록 농촌이 망해가고 있는 현실은 결코 부정할 수 없는 사실이다. 지금처럼 농민이 무시당하고 농촌의 가치가 망각된 적도 없었다.[9]

본질적으로 농업을 바탕으로 한 일본이 오도된 자본주의를 따라가면서 결국 비참한 몰락의 늪으로 빠져들어가고 있었다. 금전만능과 자본주의 사상이 팽배한 사회는 돈 앞에는 동포의식도 애국정신도 없고, 돈을 위해서는 지위, 명예, 지조, 동료, 처자 그리고 나라도 서슴없이 파는 추한 상태를 이루고 있었다. 권력계급은 타락했고, 정당과 재벌은 농촌을 파괴하고, 농민을 착취했다. 일본이 처한 위기는 마치 깊은 계곡 사이에 걸려있는 썩은 외나무다리를 눈먼 장님이 건너가고 있는 것과 같은 상태로 내일의 운명을 알 수 없는 급박한 상황에 놓여 있었다. 더욱이 인류 구제와 인류 해방의 역사적 사명을 짊어지고 있는 일본의 책임은 막중했다. 역사적 사명을 수행하기 위해서는 먼저 자본주의의 서양 유물정신을 극복해야만 했다. 어떻게 할 것인가?

다치바나는 애국혁신의 농본주의가 그 답이라고 주장했다. 인류 생존의 본원근거인 토지로 다시 돌아가는 것만이 유일한 길이고, 이를 위해서 쇼와 유신이 필요하고, 그리고 유신을 주도할 수 있는 계층은 농민과 군인이었다. 그는 "오늘 일본이 직면한 미증유의 위기를 극복하기 위해서 필요한 것은 애국관념과 동포정신이고, 이를 강렬하게 품고 있는 계층은 군인과 농민뿐이다. 그러므로 위기로부터 탈출하고 나아가서 세계혁명을 이끌기 위해서는 병농일치(兵農一致)하여 일본 애국혁신의 국민적 대(大)행동을 수행해야 할 것"이라고 강조했다.[10] 군인과 농민이 연합하여 쇼와 유신을 이끌 때 비로소 진정한 농본주의가 성취되고, 또 다시 일본의 비약을 기대할 수 있다는 것이었다.

그는 폭력적 파괴 행위가 개혁을 위한 바람직한 수단이 아니라는 것을 인정하고 있었다. 그러나 일본이 직면하고 있는 위기는 급박하고도 비상한 것이기 때문에 폭력을 수반한 행동이 불가피하다고 생각했다. 그리고 이 역사적 과제는 군인과 일본 사회에 중추세력인 농민의 몫이었다.

3. 개혁안 : "신일본건설 대강"

다치바나는 국가개조의 청사진으로 "신일본건설 대강(新日本建設大綱)"을 제시했다. 기타 잇키의 「국가개조안」의 영향을 받아 작성한 것이지만 대단히 추상적이고 모호한 내용을 담고 있다.

"신일본건설 대강"은 정치, 경제, 복지, 교육, 국방 다섯 영역을 다루고 있다. 다치바나는 건설안을 설명하기 전에 먼저 가장 시급한 과제인 국내 모순과 부조리를 청산한다는 "국민해방책대요(國民解放策大要)"를 제시했다. 그는 산림의 왕자인 호랑이는 다른 맹수와 싸워서 죽는 것이 아니라 결국 자신의 몸 안에 있는 "벌레" 때문에 죽게 된다고 설명하면서, 일본을 썩고 망하게 하는 것은 결코 외적이 아니라 국내 요인, 즉 벌레 때문이라고 강조했다. 물론 벌레는 정당, 재벌, 군벌, 천황을 둘러싸고 있는 특권층을 뜻했다. 새로운 국가 건설을 위한 첫 과제는 일본이라는 호랑이를 좀먹고 있는 벌레를 철저히 소탕하는 작업이고, 이를 위해서 쇼와 유신이 필요했다.

국민해방정책이라는 제1단계의 개혁 작업이 실현된 후 다치바나는 둘째 단계로 정치, 경제, 복지, 교육, 국방 등의 "신일본건설 대강"을 제시했다. 추상적인 "신일본건설 대강"은 다음과 같은 내용을 포함하고 있다.[11]

―정치조직 : 애국동포주의에 의한 왕도적 국민협동자치조직을 건설한

다. 위에서 국민을 억누르는 정치적 지배를 일소하고 지배 대신에 국민이 협동 자치하는 통치를 수행한다.

—경제조직 : 국민 공동자치체의 유지와 발달에 필요한 일체의 자원, 생산수단, 유통기관의 영리목적을 위한 독점과 운영을 금지한다. 기계적 대공업과 대산업은 국가가 통제하고 경영한다.

—공제조직 : 개인주의-자유주의 사회와 영리주의적 가격경제 생활에서 벗어나 국민적 공동체 사회에서 공영적 후생생활을 실현하기 위하여 공제조직을 실현한다.

—교육조직 : 애국동포주의 정신을 함양하고, 상호신뢰를 바탕으로 신일본의 건설과 동시에 공동자치를 이루어나갈 수 있는 소질과 인생의 진가를 발견할 수 있는 교육을 실시한다.

—국방조직 : 일본 군대의 70퍼센트 이상이 농촌의 자제라는 사실과 강병은 언제나 농촌의 실정에 달려 있다는 역사의 교훈을 염두에 두어야 한다. 장래에 국민적 자강자위의 국민적 대군대를 조직하여 세계평화의 기틀이 되기 위해서는 병농주의(兵農主義)에 입각한 대군대를 조직해야 한다.

기타나 오카와나 마찬가지로 다치바나의 "신일본건설 대강"과 "일본 애국혁신 본의"가 지향하는 최종적 목표는 일본이 지배하는 아시아 건설에 있었다. 그는 세 단계를 거쳐 일본이 지배하는 아시아를 상상했다. 그 첫 단계는 만주를 일본에 흡수하여 단일 통제경제와 통치체계를 확립하고, 둘째 단계는 중국, 시베리아, 인도, 동남아시아 등을 묶어 하나의 대아시아경제연맹을 구축하고, 그리고 최종적으로 대아시아연방 건설이었다. 이 원대한 국민적 사업을 위해서 먼저 국내 부조리를 혁파해야만 했고, 이를 위한 결사적 행동은 일각도 지체할 수 없는 상항이었다. 그의 쇼와 유신은 애국혁신의 대운동이었다.

다치바나는 이러한 논리와 신념 위에서 농민결사대를 조직했고, 청년장교들과 더불어 5-15 테러에 뛰어들었다.

제5장

니시다 미쓰기 : 혼의 전투

니시다 미쓰기(西田稅, 1901-1937)에 대한 쿠데타 동지들의 평가는 다양하다. 2-26 쿠데타의 주역 중의 한 사람이며, 같은 날 함께 형장의 이슬로 사라진 이소베 아사이치에 의하면, 니시다는 "현대 일본의 큰 재목"이고 "골수에서 혈관, 근육, 피부에 이르기까지 온몸 전체가 혁명적이고, 진실하고 성스러운 혁명가"였다. 그러나 5-15 테러를 이끌었던 해군 청년장교 나카무라 요시오에 의하면, 그는 "입만 살아 있는 혁명가이고, 실행력도 없고 실천하려는 의지도 없는" 인물이었다. 이처럼 상반되는 평가와는 달리 니시다가 1920년대 일본 군부 내의 청년장교들 사이에 흩어져 있던 국가개조 의지를 집약하여 쇼와 유신운동을 활성화시킨 주체라는 데에는 이견이 없다. 그러한 의미에서 그는 혁명동지인 스가나미 사부로(菅波三郎)가 밝혔듯이 쇼와 유신을 지향했던 "청년장교 운동의 창시자"라고 할 수 있다.[1]

1. 전투적 인생

1901년 돗토리 현(鳥取縣)의 불상조각가 가정에서 태어나 1937년 2-26 쿠데타로 형장의 이슬로 사라질 때까지 니시다는 자신의 생활철학인 '전투적 인생'을 살았다. "인생은 영원한 전투이다"라고 시작하는 그의 자서전에 의하면, 인간의 삶은 "욕심, 이기, 방종, 안일, 음탕, 교만과 같은 사악을 극복하고 참다운 선을 확립하고 구현하기 위한 혼의 전투"였다.[2] 그는 이성적이라기보다는 정열적인 인간이었다.

고향에서 소학교와 중학교를 졸업한 니시다는 제1차 세계대전 발발 직후인 1915년 히로시마 육군지방유년학교에 입학했다. 그가 삶의 진로로 군을 택한 이유는 충군애국(忠君愛國)의 길을 가기 위해서였다. 세계대전이 끝나는 1918년 그는 3년의 지방유년학교 과정을 수석으로 졸업했다. 그리고 다시 도쿄 이치가야(市ヶ谷)의 육군중앙유년학교(1920년에 법령이 개정되어 중앙유년학교가 육군사관학교 예과로 변경되었다)를 거쳐서 1922년 육군사관학교를 졸업했다. 육군사관학교 34기생이었던 그는 다이쇼 천황의 둘째 황자이자 쇼와 천황의 동생인 지치부노미야 야스히토(秩父宮雍仁)와 동기생이 되었다.

1919년 4월부터 9월까지 6개월 동안, 니시다는 조선의 최북단인 함경북도 나남(羅南)에 주둔하던 기병 제27연대에서 사관후보생으로 복무했다. 중앙유년학교에서의 2년 과정은 학교 교육 18개월과

육군사관학교 시절의 니시다 미쓰기

군부대 파견 근무 6개월로 구성되어 있었다. 그는 파견 근무지로 조선의 함경도 나남의 기병대를 지원했다. 일본이 청진항에서 가까운 나남에 군사기지를 구축한 것은 여기를 대륙진출의 전진기지로 삼기 위함이었다. 대아시아주의 신봉자였던 니시다가 조선의 최북단을 지원한 것은 만주와 몽골에 가까운 곳에 가고 싶은 심정 때문이었다. 그는 그리워하던 대륙의 끝자락에서 국경 경비를 담당하면서 열심히 근무했다.

1920년 10월부터 니시다는 육군사관학교 본과생으로서 본격적인 장교 교육을 받았다. 사관학교 재학 시절 그는 기타 잇키의「국가개조안」에 크게 감명 받고, 국가개조에 깊은 관심을 가지게 되었다. 자서전에 의하면「국가개조안」은 "혼의 투쟁을 위하여 필요한 최후의 날의 무기"였다.

니시다가 자신의 인생행로에 가장 중대한 영향을 미친 기타 잇키를 만난 것은 기타 잇키가 오카와와 더불어 유존사를 이끌던 시절이었다. 그후 두 사람의 관계는 1937년 형장에서 처형될 때까지 "수레의 두 바퀴처럼" 혁명적 동지로 계속되었다. 니시다의 전기 작가는 "기타에게 니시다가 없었다면 기타가 그처럼 청년장교들에게 강력한 영향을 미치지 못했을 것이고, 국가혁신운동 또한 자연히 다른 모습을 띠게 되었을 것이다"라고 평가할 정도로 두 사람의 관계는 긴밀한 것이었다.[3] 기타의 국가개조 이론과 실천 방안은 니시다를 통하여 청년장교들에게 파급되었다.

사관학교 시절부터 국가개조의 뜻을 품고 있었던 니시다는 육군사관학교 34기 동기생으로 같은 중대에 있었던 둘째 황자 지치부노미야(秩父宮)와 '은밀한' 관계를 만들기 위하여 노력했다. 니시다는 지치부노미야를 통해서 쇼와 유신의 당위성과 국가개조의 필요성을 천황에게 전하려고 했다. 그의 표현을 빌리면, "일본은 천황의 나라이다. 내가 지치부노미야에게 접근함은 다만 그에게 접근하는 것만을 의미하는 것이 아니다. 실은 그를 통하여 일본의 최고 지배자, 즉 천황에 접근하는 것이다."

사관학교 졸업 1주일 전인 1922년 7월 21일, 니시다는 그의 동료들과 함께 오랫동안 기대해온 지치부노미야와 비밀 모임을 가질 수 있었다. 이 회합에서 그는 지치부노미야에게 사관학교 안에서 성숙되고 있는 개혁사상과 동지들의 결속, 정치부패와 정치인의 무능, 무정부주의와 공산주의를 위시한 혼돈스러운 사상의 범람, 아시아 정세와 국제 조류 등을 예로 들면서 자세하게 설명했다. 특히 농민을 위시한 국민 대부분의 비참한 생활 모습과 재벌의 독선과 횡포를 강조하며 국가개조의 필요성을 역설했다. 그리고 국가개조를 시급히 수행해야만 하는 이유는 다만 일본의 안전만을 위해서가 아니라 전 세계 노예 민족의 해방을 위하고, 아시아 부흥을 위해서라는 점을 강조했다. 지치부노미야도 개조론에 공감했다.

지치부노미야는 청년장교들에게 "여러분, 황족의 모습을 어떻게 생각하고 있는가? 윗물이 맑지 않으면 아랫물도 맑을 수 없다. 나는 황족의 혁신을 실행할 것이다. 여러분, 내가 행할 일을 잘 살피고 기다려라. 나도 국가개조의 신념으로서 행할 것이다"라고 하며 동조의 뜻을 표했다. 니시다와 그의 동지들은 그에게 기타 잇키의 「국가개조안」과 「지나 혁명 외사」를 한 권씩 전달했다.[4] 사관학교를 졸업하면서 니시다는 그와 헤어졌다. 그러나 지치노부미야는 자신의 측근을 통하여 연락을 계속할 것을 니시다에게 지시했다. 황자는 쇼와 유신 기간 내내 청년장교들의 후원자였다.

사관학교 졸업과 동시에 육군 기병소위로 임관한 니시다는 다시 나남의 기병 제27연대에서 2년, 그리고 히로시마의 기병 제5연대에서 1년을 근무했다. 그러나 결핵으로 인한 흉막염 때문에 1925년 중위로 예비역에 편입되었다. 제대 후 잠시 고향에서 휴양한 후 "혁명

전사(戰士)의 뜻을 품고" 도쿄로 거처를 옮겨 쇼와 유신을 위한 본격적인 활동에 뛰어들었다. 1925년 오카와 슈메이, 미쓰카와 가메타로 등과 함께 행지사(行地社)를 결성한 니시다는 행지사의 청년교육기관이었던 대학료를 맡아 실질적으로 운영하면서 청년들에게 국가주의 사상을 고취했다. 그는 행지사 기관지인 「일본」을 창간하고, 국가개조의 필요성을 강조하는 내용으로 편집하여 청년장교, 소학교교사, 학생 등에게 배포했다. 또한 1926년부터 기타 잇키로부터 「국가개조안」 판권을 위임받아 간행하여 배포했다.

니시다가 주관하는 대학료는 급진 청년장교와 사관후보생의 집합장소가 되었다. 그곳에서 니시다의 영향을 받은 육군의 스가나미 사부로, 오기시 요리요시(大岸賴好), 오쿠라 에이이치(大藏榮一), 무라나카 다카지(村中孝次), 고다 기요사다(香田淸貞), 안도 데루조(安藤輝三), 시부카와 젠스케(澁川善助), 스에마쓰 다헤이(末松太平), 그리고 해군의 후지이 히토시, 고가 기요시, 미카미 다쿠 등은 훗날 청년장교 운동의 핵심 인물로 활동했다. 근대 일본사의 방향을 뒤바꿔놓은 5-15 테러와 2-26 쿠데타는 바로 이들이 준비하고 실천한 사건이다.

2. 대륙진출과 국가개조

니시다가 품고 있는 국가개조의 최종 목표는 일본의 아시아 지배라는 팽창주의에서부터 출발하고 있다. 그는 일찍부터 조선, 만주, 시베리아, 중국 등 대륙에서 활동한 대륙낭인들의 생활모습을 존경하고 동경했다. 자서전에서 그는 "아라오 세이(荒尾精), 도야마 미쓰루, 오카모토 류노스케(岡本柳之助)와 같이 중국과 조선에서 그들이 전개한 활동은 젊은 나의 피를 끓게 했다"고 기록하고 있다.

사관학교 재학 중에도 그는 규슈 제국대학의 가노코기 가즈노부(鹿子木員信)를 통하여 인도의 망명객 라스 비하리 보스와 교류하면서 인도의 사정에 관심을 가졌고, 만주와 몽골 문제를 공부하기 위하여 흑룡회에서 발행하는 정기간행물인 「아세아시론(亞細亞時論)」을 구독했다. 또한 그는 일본의 아시아 진출에 뜻을 같이 하는 사관생도들을 규합하여 청년아세아동맹이라는 모임을 조직했다. 그리고 도야마 미쓰루, 오카와 슈메이, 미쓰카와 가메타로, 야스오카 마사히로, 가노코기 가즈노부와 같은 당대 대표적 우익 지도자이며 아시아주의자들을 초청하여 강연을 듣고 일본이 아시아 진출을 논의했다.

니시다는 아시아주의의 참의미를 다음과 같이 설명하고 있다.

시베리아, 몽골, 중국, 인도, 중앙아시아, 남부의 여러 섬들을 보고 있으면, 나는 이가 갈리는 분함과 비통함을 금할 수 없다. 피부색이 같은 아시아인의 더딤과 어리석음, 또 무기력함을 생각할 때 눈물을 금할 수 없다. 그러므로 동방 제국을 이끌고 개발하여 발전시킬 수 있는 유일한 나라인 일본의 사명은 막중하다고 할 수밖에 없다. 일본은 조선을 대륙의 발판으로 삼아 전 아시아를 통일한다는 이상을 실현해야 할 것이다. 이것이 대아시아주의, 신일본주의의 골자이고 핵심이다.[5]

그가 의미하고 있는 대아시아주의는 기타 잇키와 오카와 슈메이가 강조하는 일본을 축으로 하는 아시아 건설이나 다치바나 고자부로가 제시한 아시아연맹과 다를 바 없었다. 이는 아시아의 일본화를 뜻하는 것이었다.

아시아 통일을 위하여 일본이 수행해야만 할 일차적 과제는 "백인의 재앙"인 서양 세력을 아시아에서 제거하는 작업이었다. 1919년 조선에서 일어난 3-1 독립운동을 "양키의 선동"에 의한 "조선 폭도의 반항"이라고 규정하고 있는 니시다에 의하면, 백인은 황색인종이 겪어야 하는 모든 고통의 근원이었다. 그의 표현을 그대로 인용하면, "백인은 입으로 평화를 노래하고, 자유를 부르고, 그리고 정의, 인도, 박애를 강조하고 있으나 실제로는 악랄하고 신랄한 탄압을 아시아인-아프리카인에게 자행해왔다. 그리고 민족자결과 인종평등도 실제로는 백인 자신을 위한 것"이었다.

니시다는 일본과 미국 사이의 전쟁은 불가피하다고 판단했다. 아시아인을 탄압하는 백인 대표는 미국이고, 일본은 아시아인을 구해야 할 역사적 사명을 가지고 있기 때문이었다. 그는 미국이 국제연맹을 앞에 내세우고, 그 뒤에서 군비를 강화하고 제국주의 팽창을 계속하면서 아시아 지배를 단계적으로 수행해왔다고 비난했다. 아시아가 미국 지배로부터 벗어나기 위해서는 백인의 재앙을 제거하기 위한 정의로운 전쟁의 기수인 일본을 중심으로 하여 결집해야만 했다. 일본이 전쟁에 승리함으로써 아시아의 부흥과 평화가 비로소 시작된다는 것이었다.

그러나 아시아 해방이라는 시대적 사명을 가지고 있는 일본의 현상은 어떤가? 타락과 부패의 극치를 이루고 있었던 일본은 국가개조와 이를 위한 혁신적 조치가 필요했다. 일본의 혁명과 혁명 일본을 주체로 하는 세계 혁명, 즉 아시아 제패와 세계 지배를 위해서는 먼저 국내 재정비가 필요했다. 아시아 지배를 위한 국내 개혁이라는 점에서 니시다 역시 기타나 오카와, 또는 다치바나와 맥을 함께 했다.

이 시기에 니시다가 국내 개혁문제를 시급한 당면 과제로 삼게 된 이유는 당시 쇼와 유신론자들이 공통으로 인식하고 있던 위기의식에서 기인한 것이었다. 니시다가 육군유년학교와 사관학교에서 보낸 시기는 제1차 세계대전이 전후한 때였다. 앞에서 이미 지적한 바와 같이 이 시기에 일본은 정치적으로는 민주주의가 실현되고, 경제적으로는 자본주의가 확립되고, 사회적으로는 다원화가 이루어지는 듯이 보였다. 그러나 실제로는 정치부패, 부의 편재, 외래사상의 범람, 노동쟁의, 소작쟁의 등으로 사회 불안이 조성되었고, 1920년대 중반에 들어서면서부터는 사회 부조리가 구체적으로 노출되기 시작했다. 쌀 소동, 간토 대지진으로 사회 분위기가 비상하게 험악해졌고, 더하여 노동자의 파업과 태업, 정치부패와 버젓한 정경유착은 기존 질서와 체제에 대한 불신과 반감을 강화했다. 니시다는 "어두운 구름이 뒤덮고 있고 썩은 공기가 가득 차 있는 일본은 망국의 절벽에 도달한 위기적 상황에 있다"고 강조하면서, "망국인가 흥국인가? 현재와 같은 상태가 계속된다면 멸망 이외엔 다른 길이 없다. 다만 시기의 문제일 뿐이다"라고 일본이 처한 위기를 경고했다.[6]

멸망의 비운에 빠져들고 있는 일본이 위기를 극복하기 위해서는 일본 속에 뿌리를 내리고 있는 부패를 제거하기 위한 수술이 불가피했고, 수술을 위한 "메스"가 필요했다. 그가 의미하는 수술은 쇼와 유신이었고, 메스는 곧 "폭탄과 칼 그리고 깨끗하고 신성한 피"였다. 쇼와 유신을 위한 쿠데타를 의미하고 있었다.

일본이 직면한 위기 상황에서 탈출하여 최종 목표인 부흥 아시아를 건설하고 아시아 지배를 완수하기 위해서는 국내 개혁이 우선이었고, 이를 위해서는 군이 주도하는 쇼와 유신을 단행하는 길 이외의 다른 것은 없었다. 니시다는 그렇게 믿었다.

3. 천검당 : 쇼와 유신의 전위대

군인 배경과 대학료 시절을 통해서 청년장교들에게 강력한 영향력을 행사할 수 있었던 니시다는 1927년 기타의 지원을 받아 사림장(士林莊)을 결성했다. 육군의 소장군인들에게 쇼와 유신의 이념을

민간인 니시다 미쓰기

본격적으로 불어넣고, 동시에 군 내부의 지지 세력을 확대하기 위한 것이었다. 조선과 대만에 배치되어 있던 군인들까지 포함한 청년장교를 중심으로 한 최초의 국가개조단체였다.

사림장 조직과 병행해서 니시다는 현역장교와 사관후보생들을 중심으로 천검당(天劍党)이라는 비밀결사체를 결성했다. 국가개조를 표방하는 단체가 공개적이었던 것과 달리 천검당은 쿠데타를 위한 육군 내부의 비밀 결사체였다. 결사의 이유는 "일본의 합리적 개조를 수행할 수 있는 근원적 세력의 규합을 목적"으로 하고 있었고, 이는 군을 중심으로 "「일본개조법안 대강」을 경전으로 실행하기" 위함이었다. 니시다는 군인이 취해야 할 행동을 다음과 같이 강조하고 있다.

우리의 천검(天劍)은 시운(時運)의 격류와 더불어 하루 속히 선혈의 결전장이 오기를 바라며 손 안에서 울고 있다. 하늘이 내린 신검이 울고 있다는 것은 과연 무슨 계시인가? 궐기해서 종루(鍾樓)를 두들겨 시국의 위급함을 알리자. 여기저기 흩어져 있는 철혈 동지들이 구름처럼 모여 전진하자. 전선으로! 전선으로![7]

니시다가 작성한 천검당 선언문은 그의 시국관과 사상을 잘 드러내고 있다. 일본은 망국의 위기에 처해 있었고, 그 원인은 나라를 망치고 있는 특권지배 계급이 국민 이익을 무시하고 오직 스스로의 이익만을 극대화하기 위해서 유착하고 투쟁하기 때문이었다. 특권계급은 정우회, 헌정회, 귀족원을 포함한 정치인과, 이들과 결탁한 재벌, 그리고 타락한 군벌이었다. 이들은 일본인 스스로의 발전은 물론이고 세계 인류 구제의 사명을 수행해야 할 야마토 다마시, 즉 일본혼을 황폐시키는 주범이었다.

어떻게 할 것인가? 니시다에 의하면, "멸망의 비운에 직면한 국가의 갱생과 비약을 꾀할 수 있는 혁명 이외에 다른 길이 없었다." 법의 테두리 안에서 제도 개혁과 개선을 통해서 바로잡기에는 망국의 뿌리가 너무 깊었고, 대권을 찬탈한 지배계급의 전횡이 도처에 널려 있었고, 일본을 향한 서양의 압력은 절박했다. 일본은 멸망과 붕괴의 위험에 직면해 있었고, 순리적 개혁을 통한 개선은 기대하기 어려웠다. 나라를 망치고 있는 특권계급과 그들이 의존해 있는 법과 제도를 근본적으로 개혁할 수 있는 혁명이 필요했고, 이를 이루어낼 수 있는 집단은 목숨을 버릴 각오가 되어 있는 군인뿐이었다.

니시다가 강조하는 혁명은 쿠데타를 의미하는 것이었고, 천검당은 그 불씨를 지피기 위해서 조직되었다. 천검당의 사명은 기타가 「국가개조안」에서 밝힌 대로 초법률적 행동으로 특권계급을 분쇄하고, 헌법을 정지하고, 의회를 해산하고, 계엄령을 실시하여 새로운 국가를 건설하는 계기를 만드는 것이었다.

그는 쿠데타를 높이 평가했고, 일본 상황에서는 쿠데타가 절대로 필요하다고 확신했다. 동서고금을 막론하고 성공한 모든 혁명은 군인의 향배에 따라 결정되었다는 역사적 사실을 상기시키면서, 혁명은 군대가 통치권을 탈취하는 것이 불가결의 조건이고, 국가의 혁명은 군대의 혁명으로서 최대의 것이고 최후의 것이었다. 따라서 일본이 치러야만 할 혁명 또한 혁명의 근원적 세력인 군인이 이끌어야만 했다. 더욱이 일본 군대는 국민의 군대이고, 국가권력의 실체이기 때문에 위기 상황에 처해 있는 국가를 구제할 의무와 권리를 가지고 있었다. 그리고 국가개조의 최종 목표인 대아시아주의의 실현을 위해서 청년장교들이 수행해야 할 쇼와 유신은 "칼이고 피고 그리고 쿠데타"였다.

국가개혁!

혁명의 깃발을 높이 들고 전진!

대권 발동에 의한 헌법 정지!

쿠데타! 부정을 깨끗이 씻어버리자!

청년 일본 건설! 대일본주의 확립!

그리고 이를 세계만방에 선포하고 인류를 구제하자.

아아, 때가 왔다, 때가 왔어.

보라, 혁명의 제1탄은 이미 던져졌다.[8]

천검당 결성을 주도한 니시다가 조직을 이끌었고, 대학료 이후 긴밀한 관계를 맺어 온 육군의 스가나미 사부로, 오기시 요리요시, 스에마쓰 다헤이, 해군의 후지이 히토시 등이 핵심세력을 형성했다. 그러나 천검당은 구체적으로 행동에 들어가기 전에 헌병대에 발각되어 니시다와 중심인물들이 수사를 받았다. 관여한 청년장교들은 훈시로 끝났지만, 천검당은 해산되었다.

니시다의 천검당은 아무런 실적도 없이 해체되었다. 그러나 군부 안에 쿠데타를 위한 전투 동지들을 결합시켰고, 그들이 기타의 「국가개조안」에 따라 폭력을 수반한 쇼와 유신, 즉 쿠데타가 청년장교 운동의 근간이 되었다는 점에서 중요한 의미를 지니고 있다. 동시에 니시다를 중심으로 쿠데타를 지향하는 군의 결집이 시작되었음을 뜻하기도 했다.

제6장

청년장교 : 폭력 유신

제1차 세계대전을 전후한 정치, 경제, 사회 소용돌이 속에서 태동하여 1936년 2월 26일 실패한 쿠데타로 막을 내린 청년장교 운동은 일본 근대사의 이정표를 장식하고 있다. "쇼와 유신"과 "국가개조"라는 깃발 아래 뭉쳐 행동한 청년장교의 쿠데타는 일본 국가 진로를 총동원체제로 몰고 가는 데에 결정적인 역할을 했다.

1. "청년장교 운동이란 무엇인가?"

2-26 쿠데타가 일어나기 며칠 전부터 "청년장교 운동이란 무엇인가?"라는 좌담 기사가 실린 「일본평론(日本評論)」 3월호가 전국 서점에서 판매되었다. 좌담회 사회자는 「지지신보(時事新報)」의 와다 히데키치(和田日出吉)였고, 참석자 다섯 명은 익명의 청년장교들이었다. 쿠데타 직후 당국에 의하여 잡지는 발매 금지 및 전량 수거 조치되었다. 좌담은 다음과 같이 시작하고 있다.

문 : 최근 국가개조운동과 함께 청년장교라는 단어가 붙어 있는데, 문 자적 해석 이외에 어떤 의미를 가지고 있는가?

답 : 그것은 우리가 붙인 이름이 아니다. 국가개조를 지향하는 청년장 교 활동을 지칭하기 위하여 여기저기서 필요상 자연발생적으로 붙 여진 이름이다. 우리도 그렇게 사용하고 있을 뿐이다.

문 : 청년장교 운동은 언제부터 시작되었나?

답 : 세상에서는 청년장교 운동이 만주사변 또는 5-15 사건이 일어났 을 때부터 시작되었다고 생각하는 것 같으나, 실은 꽤나 오래된 역사와 근거를 가지고 있다. 우리나라에서 자본주의가 가장 활발 했던 제1차 세계대전과 그 직후부터 일본제국은 자유주의 사상 또는 좌익사상에 의하여 침식당해왔다. 이러한 사회현상은 일반 인뿐만 아니라 군 내부까지 부패시키고 사상적으로 영향을 미쳤 다. 그럼에도 불구하고 군 수뇌부가 이에 적극적으로 대처하지 않 아 군 위상과 군인정신이 크게 위축되었다. 이에 격분한 당시 중 위, 소위 등 청년장교 및 사관후보생은 군 수뇌부에 의존하지 않 고 스스로 일본을 혁신하기 위하여 결집했다. 이것이 국가개조운 동이 발족하는 계기가 되었다. 그러므로 청년장교 운동은 시작된 지 벌써 15-16년이나 지났고, 구체적 현실로 나타난 것이 5-15 사건이다.

문 : 청년장교는 그 운동을 통해서 무엇을 이루려 하고 있는가?

답 : 간단히 말해서 일군만민(一君萬民), 군민일체를 이루는 것이다.

대군(大君)과 함께 기뻐하고, 대군과 함께 슬퍼하는 일본 국민 모두가 천황 아래 진정한 일체가 된다는 건국 이래의 이상을 실현하는 것이다. 진실로 우리는 천황의 적자로서 일본이 세계 최강의 야마토(大和) 민족답게 봉건 자본주의 국가 위에 군림하는 일본제국을 건설하고 세계평화를 이끄는 것이다. 우리는 평화로운 세계가 나타나기를 희망하고 있다. 그렇지만 지금처럼 야마토 민족이 결코 국제사회에서 앵글로 색슨이나 슬라브 민족에게 앉아서 당할 수만은 없다. 오히려 이들을 정복하기 위해서 감연히 돌진해야만 한다. 청년장교들이 절실히 바라는 것은 안심하고 국방 제일선에서 활동하는 것뿐이다. 그러나 오늘처럼 병사의 가정이 피폐하고 고통스러운 상황에서 어떻게 안심하고 전쟁에 나갈 수 있겠는가? 개조가 필요한 명확한 이유가 여기에 있다. 경제 권력은 일부 지배계급이 독점하고 있고, 때때로 그들은 정치와 결탁하여 모든 것을 마음대로 가지고 놀고 있다. 더욱 심각한 문제는 오늘의 지배계급이 말할 수 없이 부패해 있다는 것이다.

문 : 그와 같은 감상은 일반적으로 좌익도 말하고 있다.

답 : 그렇게도 생각할 수도 있다. 그러나 근본적으로 청년장교 운동은 국체 관념에서부터 출발한다는 점에서 좌익과는 자석의 양극처럼 다르다.

문 : 그러면 어떻게 한다는 것인가?

답 : 오늘 일본 국내 사정을 볼 때, 무엇인가 하지 않으면 안 된다는

생각이 일반 국민의 상식이라고 판단된다. 다만 개조 방법에서는 이론이 있지만 이는 일본 건국 이래의 국시(國是)를 생각한다면 자연히 알 수 있다고 생각한다.

문 : 그렇다면 개조 전선에서 청년장교의 역할은 무엇인가?

답 : 건국 이상을 실현하기 위하여 노력하는 것이다. 단적으로 말해서 천황 폐하의 국시를 방해하는 자들을 제거하는 것이다.[1]

훗날 사회자 와다에 의하면 익명의 청년장교들은 2-26 쿠데타의 주역이었던 구리하라 야스히데(栗原安秀), 야마구치 이치타로(山口一太郎), 고다 기요사다, 노나카 시로(野中四郎), 그리고 안도 데루조 다섯 사람이었다. 2-26 쿠데타 주역이 참석한 이 대담은 청년장교 운동의 성격과 그들이 지향하는 목표를 이해할 수 있는 실마리를 제공하고 있다.

쇼와 유신을 지향하는 청년장교 운동의 중심세력이라고 할 수 있는 이들은 부대 안에서 하사관이나 사병들과 고락을 같이 해온 중대장 이하의 젊은 위관급 장교를 가리킨다. 그들은 군부 안에서 출세하기 위해서는 반드시 거쳐야만 하는 군사 관료 양성기구라고 할 수 있는 육군대학을 거치지 않은 군인으로서 사병들과 함께 국방 제일선을 담당하고 있던 장교들이다.

대담에서도 지적하고 있는 바와 같이 소수 청년장교의 특징은 동지적 결합이라는 형태로 형성되었고, 계획적이라기보다는 자연발생적으로 발전되었다는 점이다. 그러한 이유 때문에 그들이 주도한 소위 '유신혁명'은 군이 주도하는 쿠데타였음에도 불구하고 명령체계가 확립되지 않았고, 혁명 후 추진해야만 할 정치 프로그램이 전혀 없었다. 뒤에서 보다 자세히 볼 수 있는 바와 같이, 청년장교 운동이 지니고 있는 이와 같은 특성은 그들이 계획하고 수행했던 여러 차례의 쿠데타가 실패할 수밖에 없었던 근본 원인이기도 했다.

1936년의 2-26 쿠데타로 절정을 이룬 청년장교 운동이 언제부터 시작되었는지는 명확하지 않다. 다만 위에서 인용한 좌담에서도 볼 수 있는 것과 같이 운동이 싹트기 시작한 시기는 정치, 경제, 사회, 사상 등 각 영역에서 모순과 혼란이 분출한 격동기라고 할 수 있는 제1차 세계대전 직후부터라고 할 것이다. 운동의 성숙 단계를 구분해본다면, 대체로 아래의 다섯 단계를 거쳐서 발전했다.

1) 산란기(1920-1925)

청년장교 운동이 태동하기 시작한 때로 볼 수 있는 이 시기에 훗날 쇼와 유신의 중추 세력인 청년장교들이 사관학교에서 개별적으로 개혁의식에 눈을 뜨기 시작했다. 제1차 세계대전 후 일본 사회에 나타난 경제공황, 농촌의 피폐, 정경유착과 정치부패, 군비축소, 사회주의 사상의 범람, 중국 대륙에서 번진 항일운동 등은 당시 사관학교 생도였던 청년장교들에게 위기의식과 혁신사상의 씨를 심어주었다.

청년정교운동의 선구자였던 니시다 미쓰기와 동북세력의 중심이었던 오기시 요리요시, 그리고 해군 청년장교 운동의 효시라고 할 수 있는 왕사회(王師會)를 조직했던 후지이 히토시 등은 이미 사관학교 시절부터 위기의식을 지니고 있었고, 위기의 주범이 귀족, 정당, 재벌이라는 '망국적' 지배계급이라는 점에 공감하고 있었다.

물론 청년장교가 쇼와 유신과 혁신 의식에 눈을 뜨게 된 데에는 민간 국가주의자들의 영향이 컸다. 그들은 오카와 슈메이, 기타 잇키, 미쓰카와 가메타로, 다치바나 고자부로, 이노우에 닛쇼 등의 민간 국가개조론자들과 접촉하면서 위기의식이 고조되었고 개혁의 필요성을 절감하기 시작했다.

그러나 이 시기에는 아직도 청년장교 운동이라는 실체가 형성되거나 구심점이 있었던 것은 아니다. 사관학교 생도였던 청년장교들은 다만 사회 현상을 비판적으로 보았고, 이러한 현상을 타개하기 위하여 개혁이 필요하다는 혁신의식에 눈을 뜨기 시작했을 뿐이었다.

2) 육성기(1925-1927)

니시다 미쓰기가 국가개조운동 일선에 나서면서부터 청년장교 운동은 서서히 그 틀이 형성되기 시작했다. 1925년 군에서 제대한 니시다는 오카와의 행지사 결성에 참여했고, 이 단체의 기관지인 「일본」을 맡아서 편집했다. 그리고 대학료의 강사와 사감으로 있으면서 개혁의 필요성과 논리를 청년장교들에게 강의했다. 니시다가 기숙하고 있던 대학료는 혁신사상에 눈을 뜨기 시작한 청년장교들의 집합장소가 되었고, 그러면서 국가개조를 위한 직접행동이라는 청년장교 운동의 방향이 서서히 그 모습을 드러냈다.

3) 성숙기(1927-1930)

쇼와 유신을 지향하는 청년장교 운동이 조직화되고 구체화되기 시작한 시기로써 청년장교들에 의한 단체가 조직되었고 독자적 운동 방향이 형성했다. 니시다는 1927년 자신의 집에 사림장(土林莊)이라는 간판을 걸고 동지를 규합하면서 폭동과 파괴와 암살을 포함한 '초법률적' 행동을 강조했다. 센다이(仙台)를 중심으로 한 청년장교 운동의 동북(東北) 세력을 이끌고 있었던 오기시 요리요시는 "병화(兵火)"라는 비밀 문건을 작성하여 청년장교에게 배포하면서 행동의 불씨를 지폈다. 해군의 후지이 히토시는 왕사회(王師會)를 결성하고 세력의 규합과 행동을 촉구했다.

그들의 공통된 주장은 "정권에 굶주려 있는 정당, 흡혈귀의 화신인 재벌, 타락한 귀족계급의 정권 농단을 개혁하고, 대륙을 경영하고 대양을 개척하여 백인을 분쇄하고 유색인종의 해방과 독립을 이끌어, 세계 연방국가의 맹주가 될 수 있는 근원적 세력을 양성하는" 것이고, 일본이 직면한 위기를 타개하기 위해서 "수시로 모든 장소에서 폭동, 암살, 파괴, 태업, 점령, 규탄, 선전 등의 전투를 부단히 전개"할 것을 촉구했다.[2] 이 시기에 청년장교 운동은 조직과 함께 쿠데타라는 구체적 행동방향을 확정했다.

4) 통합기(1931)

1931년 8월 26일 도쿄의 아오야마에서 쇼와 유신운동의 통합을 위한 군민합동회의가 개최되었다. 향시회(鄕詩會)라고 알려진 이 모임을 계기로, 육군과 해군 청년장교, 그리고 민간인이 각자 독립적으로 추진해온 국가개조운동이 하나로 통합되었다. 이는 쇼와 유신의 방향과 실행을 통일적으로 계획하고 통제하기 위함이었다. 이 모임에서 청년장교들과 민간 혁신론자들을 중심으로 한 전국의회가 조직되었고, 니시다, 다치바나 고자부로, 이노우에 닛쇼를 중심으로 중앙본부와 각 지방 책임자들이 선정되었다.

5) 행동기(1932-1936)

1920년대부터 움트기 시작한 청년장교의 국가개조운동은 1932년부터 행동으로 나타났다. 혈맹단 테러, 5-15 쿠데타, 신병대(神兵隊) 사건, 육군 팸플릿 사건, 육군성 군무국장 나가타 데쓰잔(永田鐵山) 소장 암살 등으로 이어진 쇼와 유신을 향한 청년장교 운동은 1936년 2월 26일 쿠데타를 계기로 그 절정을 이루었다.

2. 청년장교 집단의 성격

쇼와 유신을 향한 국가개조운동에 동참했던 청년장교들은 연령이나 사회적 배경이 다양하다. 그러나 <표 1>에서 볼 수 있는 바와 같

<표 1> 청년장교 운동의 지도자 명단

육군

성명		출생년도	출신 육군유년학교	육군사관학교 졸업기수	부친의 직업
×니시다 미쓰기	西田稅	1901	히로시마 육군유년학교	34(1922)	불상조각가
오기시 요리요시	大岸賴好	1902	〃	35(1923)	농업
×노나카 시로	野中四郎	1903	도쿄 〃	36(1924)	육군소장
×고다 기요사다	香田清貞	1903	구마모토 〃	37(1925)	농업
×무라나카 다카지	村中孝次	1903	센다이 〃	37(1925)	육군소장
스기나미 사부로	管波三郎	1903	구마모토 〃	37(1925)	변호사 (兄:육군대령)
오쿠라 에이이치	大藏榮一	1903	구마모토 육군유년학교	37(1925)	상업
×이소베 아사이치	磯部浅一	1905	히로시마 〃	37(1925)	농업
스에마쓰 다헤이	末松太平	1905	〃	38(1926)	농업
××안도 데루조	安藤輝三	1905	센다이 〃	38(1926)	대학교수
×※시부사와 젠스케	澁川善助	1905	〃	39(1927)	농업
○고노 히사시	河野壽	1907	구마모토 〃	39(도중 퇴교)	해군소장
×구리하라 야스히데	栗原安秀	1908	일반중학	40(1928)	육군대령
×다케시마 쓰기오	竹島繼夫	1907	도쿄 〃	40(1928)	육군소장
×나카하시 모토아키	中橋期明	1907	도쿄 〃	41(1929)	육군소장
×니부 마사타다	丹生誠忠	1908	일반중학	41(1929)	해군소장
×쓰시마 가쓰오	對馬勝雄	1908	센다이 육군유년학교	41(1929)	상업
×사카이 나오시	坂井直	1910	히로시마 육군유년학교	43(1931)	육군소장
×다나카 가쓰	田中勝	1912	구마모토 〃	45(1933)	상업
×나카지마 간지	中島莞爾	1912	〃	46(1934)	농업
×다카하시 다로	高橋太郎	1913	일반중학	46(1934)	회사원
×야스다 유타카	安田優	1912	일반중학	46(1934)	농업
×하야시 하치로	林八郎	1914	센다이 육군유년학교	47(1935)	육군소장

해군

성명		출생년도	출신 중학교	해군병학교 졸업기수	부친의 직업
△△후지이 히토시	藤井齊	1904	사가 현립중학	53 (1925)	광부
△미카미 다쿠	三上卓	1905	후쿠오카 현립중학	54 (1926)	교육자
△고가 기요시	高賀清志	1908	사가 현립중학	56 (1928)	군인
△나카무라 요시오	中村義雄	1908	불명	56 (1928)	교육자

× : 2-26 쿠데타 실패 후 처형.
○ : 2-26 쿠데타가 실패한 후 자살.
×× : 2-26 쿠데타 이후 자살을 시도했으나 실패하고 처형.
△ : 5-15 테러를 주도한 인물.
△△ : 5-15 테러를 주도했으나, 상하이 전투(1932)에서 전사.
×※ : 육사 본과 재학 중 상관과의 충돌로 졸업 직전에 퇴교.

자료:「思想研究資料特輯」, 제13, 19호; 山崎正男, 「陸軍士官學校」; 水交會, 「海軍兵學校」: 河野司編, 「二-二六事件: 獄中手記遺書」

이 청년장교 운동의 중추적 역할을 한 지도급 인물들은 대체로 1922년에서 1935년 사이에 육군사관학교를 졸업한 육사 34-47기의 장교들과, 1925년에서 1928년 사이에 해군병학교(해군사관학교)를 졸업한 장교들로 구성되었다.

쇼와 유신을 주도한 청년장교 집단의 연령, 교육, 가정 배경 등을 통해서 몇 가지 공통점과 특성을 알 수 있다. 첫째, 대체로 이들은 모두 메이지 말기에 태어나서 급격한 사회 변화가 있었던 다이쇼 시대에 교육을 받으며 성장한 청년들이다. 앞에서 본 바와 같이 이 시기는 메이지 유신 이래 순조롭게 진행되어온 국가 발전이 난관에 직면했던 때이다. 제1차 세계대전 이후 계속된 불황 속에서 나타난 금융공황, 농촌경제 파국, 세계 대공황, 외래사상 범람, 정경유착과 정치적 부패, 군비 축소, 군인의 지위 추락, 중국 대륙에서 진행된 반제국주의 운동과 일본상품배척운동이 강하게 표출되었던 시기였다.

5-15 테러와 2-26 쿠데타가 일어났을 당시 이들 청년장교는 20대 후반 또는 30대 초기의 이상주의에 불타는 정열적이며 행동적인 청년들이었다. 그들은 다이쇼 시대를 지나면서 일본에 나타난 정치, 경제, 사회의 변동을 위기라고 인식했고, 권력과 부에 집착한 지배계급은 위기에 적절히 대처하지 못하고 있다고 판단했다. 동일한 교육 배경과 동시대를 경험한 청년장교들은 일본의 위기 현상을 같은 시

각에서 보았고, 따라서 쉽게 공감대를 형성할 수 있었다.

둘째, 청년장교들은 감수성이 가장 예민한 시기에 집단으로 군대 교육을 받으면서 성장했다. 메이지 유신 이후 서양식 군사제도가 확립되면서 군대, 특히 육군에서 장교로 진출할 수 있는 경로는 세 가지였다. 하나는 육군유년학교를 거쳐 육군사관학교를 졸업하고 소위로 임관하는 길이고, 다른 하나는 일반 중학을 거쳐 육군사관학교를 졸업하는 경로, 그리고 또다른 하나는 육군 하사관에서 선발되어 필요한 교육을 받은 후 소위로 임관되는 길이었다. 그러나 절대다수의 장교들은 첫 번째 경로를 밟은 청년들이었다.

<표 1>에서 볼 수 있는 것과 같이 청년장교 운동의 핵심 인물들은 거의 모두가 육군유년학교를 거쳐 육군사관학교를 졸업한 후 임관된 장교들이었다. 그들은 상당 기간 집단생활을 통한 군사교육을 받은 청년들이었다. 유년학교를 거쳐 장교가 되는 경우 15세에서 17세 사이에 육군유년학교에 입학하여 일반교양과 군대교육을 3년 동안 받게 된다. 일본 육군은 장교가 반드시 구비해야 할 소질로서 고상하고 우아한 기품, 충성, 용기, 절개의 지조 그리고 엄격한 규율과 풍기의 습관 등 세 가지를 철저히 요구했다.

육군유년학교는 이 같은 장교를 양성하기 위한 시발점이었다. "육군유년학교 교습강령"에 의하면 육군유년학교는 "제국 육군의 장교가 될 수 있는 자를 가르쳐 완성시키는 곳이다. 우리 군대의 강약은 그 근본인 장교의 좋고 나쁨에 있고, 장교의 좋음과 나쁨은 교육에

달렸다. 그러므로 제국 군대의 정신력은 유년학교에 뿌리를 두고 있다. 유년학교의 교육 임무는 실로 중대하기 이를 데 없다"라고 밝히고 있다.[3] 장교로서의 엘리트 의식을 위한 정신교육의 시작이었다.

유년학교를 졸업한 후 생도들은 육군사관학교 예과에 입학하여 2년의 예과 과정을 끝내고 사관후보생으로서 각 부대에 배속된다. 부대에 배치된 사관후보생은 약 6개월 동안 상등병 등의 일정한 계급을 거친 후 다시 사관학교 본과에 진학하게 된다. 본과에서 2년 교육을 받은 후 졸업함으로써 비로소 소위로 임관된다. 물론 사관학교에서의 교육도 전술교육과 함께 장교로서의 엘리트 의식과 정신교육을 중요시 여겼다.

감수성이 예민하고 인격형성이 결정되는 시기에 그들은 엄격한 군대교육을 통하여 진충보국, 일본 정신, 천황 사상, 천황의 군대로서의 사명감 등을 철저하게 훈련받게 된다. 어려서부터 7년이라는 긴 기간 동안 군복을 입고 엄격한 집단 규율이 적용되는 병영생활과 군대교육을 통하여 그들은 스스로를 국가의 기간(基幹)이고 국민의 지도자라는 소명의식이 투철해진다.[4]

셋째, <표 1>에서 볼 수 있는 바와 같이 핵심 인물의 가정 배경은 다수가 군인 가정에서 성장했음을 알 수 있다. 아버지나 형의 군인적인 생활태도와 사고방식은 어려서부터 그들의 의식구조 속에 많은 영향을 끼쳤다고 쉽게 추측할 수 있다.

넷째, 청년장교 운동의 중심인물은 대체로 군인 또는 도시의 중류 이상의 가정환경에서 성장했으나, 그들과 함께 군대교육을 받은 상당수의 동료들은 농촌 배경을 가지고 있었다. 통계에 의하면, 1920년 이후 육군사관학교 생도의 40퍼센트 이상이 농촌에서 충원되었다.[5] 더욱이 전체 사병의 75퍼센트가 농촌 출신이라는 것을 고려할 때 그들에게 농촌의 어려움은 심각한 문제가 아닐 수 없었다. 농촌을 배경으로 가진 동료들과 농촌 출신의 부하들을 거느리고 있었던 청년장교들에게 농촌의 몰락은 그들의 소명의식을 자극하는 것이었다. 그들은 죽음으로써 국가에 보답한다는 신념을 가지고 국방의 제일선을 담당해야 할 군대가, 멀리 떨어져 있는 가정의 어려운 형편을 염려해야 한다는 것이 매우 위험하다고 판단했다. 육군 인력 공급원이라고 할 수 있는 농촌의 빈곤은 청년장교들에게 급진 혁명사상을 심어준 중요한 요인의 하나였다.

청년장교들의 이와 같은 교육, 가정, 배경 등은 그들로 하여금 국가가 위태로울 때 국가 진로를 바로잡아야 한다는 사명감을 가지게 했다. 1933년 청년장교들 사이에 널리 확산된 "괴문서"에 의하면, 청년장교들의 신념은 "쇼와 일본의 신명이고," 그들의 행동은 "쇼와 일본의 동향이며," 그들은 "지성과 뜨거운 피를 뿌려" 부패한 일본을 "황국 일본의 참모습을 되찾아야 할 역사적 사명을 짊어지고" 있었다.[6] 황국 일본의 참모습으로 돌아가는 길은 오직 행동을 통한 유신뿐이었고, 유신의 주체는 청년장교들인 자신들이라고 믿었다.

3. 쇼와 유신의 정신

청년장교 운동은 쇼와 유신을 뜻했고, 이는 소수 특권지배계급에게 탈취당한 황권을 되찾아 천황에게 바침으로써 국체를 바로잡는 것이었다. 그러나 쇼와 유신이 지향하는 최종 목표는 일본 국내문제를 넘어서 세계 지배에 있었다. 쇼와 유신의 이념을 정리한 한 문건에 의하면 "쇼와 유신은 다만 일본 국내 문제만의 해결을 위함이 아니라, 세계 인류의 국토와 일체가 되어 세계 정의의 구세주가 되는 데에" 있었다. 그리고 이를 위해서 일본은 "러시아를 격파하여 북만주와 시베리아를 빼앗고, 영국을 분쇄하여 호주를 장악하고 인도를 독립시키고, 미국을 응징하여 그들이 강탈하여 쌓아놓은 부를 탈환해야 한다"는 것을 명확히 했다.[7]

'세계통일'이라는 인류사적 사명을 지니고 있음에도 불구하고, 청년장교들의 눈에 비친 일본은 타락과 파멸의 길을 가고 있었고, 그 근본 원인은 천황을 둘러싸고 있는 소수 특권집단이 천황의 이름으로 황권을 행사하고 있기 때문이었다. 천황의 병마대권은 원로, 중신, 군벌이, 정치대권은 정당과 재벌이 장악했기 때문에 발생하는 위기였다. 따라서 청년장교들의 사명은 천황을 둘러싸고 있는 간신배를 토벌하고, 그들이 만든 기존 질서를 파괴하여, 천황 친정을 위한 폭력혁명을 수행하는 것이었다.

그러나 그들은 쇼와 유신을 구체화할 수 있는 정치적 프로그램을 지니고 있지 못했다. 물론 기타, 오카와, 다치바나, 이노우에 등과 같은 급진 혁명주의자들에게서 영향 받은 청년장교들은 메이지 유신 재현, 특권계급 파괴, 농본주의, 만세일계 황통사상 확립 등과 같은 추상적 언어를 강조했다. 그러나 실천 방안은 공허했고 계획은 허술했다. 다만 천황을 둘러싸고 있는 간신배를 제거하면 곧 유신이 실현된다는 막연한 생각을 지니고 있었을 뿐이었다. 청년장교들이 남긴 일기, 수기, 격문, 선언문, 신문조서 등을 통해서 쇼와 유신의 정신과 논리를 재구성해보자.

1) 신국의 위기

청년장교들이 품고 있었던 쇼와 유신의 대전제는 일본이 위기에 직면해 있다는 위기의식과 이를 극복하기 위해서 자신들이 궐기해야만 한다는 소명의식에서부터 출발하고 있다. 일본은 도쿠가와 막부 말기와 같이 흥망의 기로에 서 있고, 자신들은 막말(幕末)의 지사들처럼 위기를 극복해야 할 시대적 사명을 짊어지고 있다는 것이 청년장교들의 확신이 있었다.

그들은 외부로부터의 위협과 안으로부터의 대응을 우려했다. 특히 국방의 최전선으로 간주해온 만주와 몽골에서 거세게 일어난 항일 분위기와 일본상품 배척운동을 심각한 위기로 받아들였다. 그러나 정부와 정당은 평화외교라는 이름으로 국제무대에서 일본의 지위와 국익을 크게 위축시키고 있다고 판단했다.

국제정세의 흐름을 나름대로 분석한 청년장교는 제2의 세계대전이 반드시 일어날 것이라고 믿었다. 그리고 전쟁을 주도할 강대국의 목표는 일본을 파멸시키는 데에 있는 것으로 판단했다. 1933년 육군 도야마학교(陸軍戶山學校)의 청년장교들이 작성한 문건에 따르면, 중국은 서방 여러 나라들과 국제연맹을 등에 업고 중국 대륙에서 일본 세력을 약화시키기 위한 항일 대공세를 준비하고 있었다. 미국은 무기와 군비를 비밀리에 중국에 지원하고 있고, 또한 태평양을 제패하고 일본을 괴멸시키기 위하여 해군과 공군을 태평양에 집결시켰다. 제1차 5개년 국가 발전계획을 끝낸 소련은 제2차 계획을 실행하면서 일본과의 전쟁 준비를 완료했다. 세계 대전이 임박했고 일본은 영원히 침몰하느냐 또는 비약하느냐의 분기점에 서 있었다. "제국의 앞길은 다사다난하고, 위급존망의 시기에 직면하고" 있었다.[8]

국제 위기가 고조되고 있음에 반해서 국내 상황은 더욱 어둡게 전개되고 있었다. 해군 청년장교 후지이 히토시의 표현을 빌리면 대다수의 농민들은 "초근목피로 생명을 연장하는 빈궁한 삶을 살았고, 그나마 생명을 지속하기 위하여 딸까지 창녀촌에 팔아야 하는 참혹한 상황이 일본 국민의 참모습"이었다. 그럼에도 불구하고 "정치는 부패의 지경을 넘어 말할 수 없이 타락했고, 재벌은 민중의 피와 뼈를 갉아 먹는 악귀로 변했고, 군인은 정당과 재벌의 주구로 전락했다."[9]

민본주의, 사회주의, 공산주의, 무정부주의 등 사상적 혼란은 위기를 더욱 악화시켰다. 심지어는 천황주권설을 배격하고 천황은 국

150

가의 여러 기관들 중에서 최고의 기관에 불과하다는 천황기관설과 같이 국가의 근본을 부정하는 사상까지 등장하여 일본정신을 파괴하고 있었다. 일본의 국내 상황은 마치 도도한 시운의 큰 파도가 망국의 절벽으로 몰고 가고 있는 것과 같았다.

스스로를 국가의 기간(基幹)이라고 자부하고 있던 청년장교들은 국가의 생존과 발전을 위해서는 지배계급을 제거하고, 그들을 보호하기 위해서 만들어진 체제를 파괴하지 않으면 안 된다는 결론에 도달했다. 쇼와 유신은 시대적 요구였고 이를 위한 청년장교들의 행동은 역사적 사명이었다.

2) 정신혁명과 간신 제거

국내 모순을 제거하고 국제 위기를 극복한다는 쇼와 유신은 일본 혼의 각성과 존황토간(尊皇討奸)으로 표현된다. 정신 퇴폐와 타락을 타락으로 깨닫지 못하고 있는 일본 혼의 각성이 무엇보다 시급한 과제였다. 청년장교들에 의하면 도쿠가와 체제를 무너뜨리고 천황 친정의 메이지 국가를 건설할 수 있었던 유신의 일본 혼은 다이쇼 시대에 접어들면서 점차 타락했고 국민정신은 나태해졌다. 일본은 유물주의와 향락주의, 그리고 사치와 음란과 무기력의 기풍 속으로 빠져들고 있었다. 이러한 정신 타락은 국민으로 하여금 망국 현상을 깨닫지 못하게 하고 있었다. 2-26 쿠데타의 핵심 인물이었던 무라나카 다카지는 "국난이라고 불리고 비상시국이라고 일컬어지는 우환은 외부로부터 오는 것이 아니라, 실은 우환을 우환으로 비상시국을 비상시국으로 깨닫지 못하는 국민정신 바로 거기에 있다"고 주장했다.[10] 일본이 직면한 위기의 본질은 정치나 경제, 또는 국방이 아니라 "국민 혼"의 비상(非常)이라는 것이었다. 따라서 필요한 것은 일본 혼의 각성이었다.

일본 혼의 각성을 위한 첫 과제는 존황토간이었다. 유신론자들이 공통으로 지니고 있었던 문제의식은 천황을 둘러싸고 있는 특권계급과 파벌이 권력과 부를 독점하고 있다는 현실이다. 특권지배계급은 천황의 이름으로 권력을 행사했고, 그것은 국리민복(國利民福)을 위함이 아니라 자신의 권력과 부를 보호하고 확대하기 위한 것이었다. 일본이 처한 위기의 근본은 바로 여기에 있었다. 그러므로 천황을 둘러싸고 있는 특권계급을 제거하는 것은, 일군만민의 국체를 다시 찾는 첫 과업임과 동시에 특권계급에 억눌려 쇠약해진 국민 혼을 각성시키기 위한 필연의 작업이었다. 결국 쇼와 유신은 니시다의 "천검당 전투 지도강령"이 밝히고 있는 바와 같이 "천황으로부터 통치 대권을 도적질하여 모든 국민 위에 앉아서 정의롭지 못하고 교만 방자한 행위를 행하고 있는 망국적 무리를 제거하는 것"이었다.

국민 혼을 각성시킬 존황토간을 담당할 수 있는 집단은 청년장교 자신들밖에 없다고 믿었다. 왜냐하면 그들은 민중과 함께 살아가고 있고, 천황의 뜻을 가장 순수하게 이어 받고 있고, 또한 언제나 죽을 각오가 되어 있기 때문이었다. 5-15 테러 직후 청년장교들 사이에 회람된 한 문건(마쓰우라 쓰구루[松浦邁] 중위 집필)은 청년장교의 신념과 행동은 곧 쇼와 일본의 신념과 동향임을 강조하고 있다. "오직 지성지순(至誠至純)한 우리의 혼만이 황도정신을 품고 있다. 사욕과 사심 없는 지사의 동향은 실로 존엄한 국체의 구체적 표현이다. 모든 것을 희생하고 오직 천황에게 돌아가려는 우리들 청년장교의 신념이야말로 바야흐로 옛 껍질을 깨고 새로운 천지에 갱생해야 할 쇼와 일본의 신념이다." 그리고 청년장교가 취할 행동은 "천황의 위엄을 가리는 궁궐 속 여우와 사회의 쥐새끼들, 국가 파멸이라는 절박한 지경에까지 이르게 한 망국 계급의 존재를 토멸하는" 것이었다.[11] 청년장교들의 이러한 신념과 행동은 폭력과 쿠데타를 당연시했다.

3) 폭력 유신

황권 회복과 국체 확립이라는 대명제는 특권 지배계급을 응징한다는 청년장교들의 폭력을 정당화했다. 청년장교들은 군대의 임무는 다만 군무(軍務)에만 국한한다고 해석하지 않았다. 국방의 요체는 국가 자위와 국민 생존을 완전히 보장해야만 하기 때문에 진정한 군대의 임무는, 무력에만 국한되는 것이 아니고 사상, 정치, 경제 등 정무도 포함하고 있다. 군무와 정무(政務)를 구분할 수 없다는 논리였다. 국방과 국민 생존을 보장하기 위해서 필요하다면 군인도 정치 문제에 관여할 수 있다는 확신이었다. 제1차 세계대전 후 총력전 개념은 군무와 정무의 구분을 더욱 어렵게 만들었다.

이에 근거하여 청년장교들은 상명하복을 절대 원칙으로 받아들이지 않았다. 물론 그들도 "군인칙유(軍人勅諭)" 제2조가 상관의 명령은 곧 천황의 명령이므로 하급자는 이에 복종할 것을 요구하고 있음을 잘 알고 있었다. 그러나 "군인칙유"가 무조건 상관 명령에 복종을 요구하는 것이 아니라 그 명령이 오직 천황 의지를 대변할 때 복종한다는 것이기 때문에, 달리 설명하면 상관 명령이 천황 의지에 배타될 경우에는 복종할 필요가 없다는 것이었다. 앞에서 인용한 "좌담회"에서 익명의 청년장교는 "우리들은 천황 폐하의 군인일 뿐 상관 개인의 부하가 아니다. 요컨대 상관 명령이 폐하 명령이라고 확신될 때 비로소 부하는 물불을 가리지 않고 행동하게 된다"고 상관과 부하 사이의 명령관계를 정의했다. 청년장교들은 군 규율에 복종하는 것이 아니라 천황에게 복종한다는 것이다.

따라서 그들은 천황 의지인 국체 관념이 뚜렷하지 못한 상관 명령은 따를 필요가 없음은 물론, 한걸음 더 나가서 국체를 바로잡기 위해서는 상관을 응징하는 하극상도 정당한 행위로 평가했다. 뒤에서 살펴보겠지만, 1935년 아이자와 사부로(相澤三郎) 중령이 육군 통제파의 우두머리로 알려졌던 육군성 군무국장 나가타 데쓰잔 소장을 그의 집무실에서 살해한 하극상도 이러한 논리에 근거한 '정당한' 행위였다.

청년장교들에게는 군부 내의 하극상뿐만 아니라, 간적(奸賊)'을 제거하기 위한 모든 폭력 역시 정당했다. 5-15 쿠데타 선언문은 "건설을 원한다면 먼저 파괴이다. 현존하는 모든 추악한 제도를 파괴하자. 위대한 건설을 위해서는 철저한 파괴가 필요하다"고 주장하여 기존 질서에 대한 폭력과 파괴를 요구했다. 2-26 쿠데타 주역의 한 사람이었던 이소베 아사이치는 천황 측근과 그들을 보호하는 기존 질서를 파괴하는 "도덕적 대역살(大逆殺)을 위한 폭동, 방화, 살인은 정당하다"고 주장하면서, "애국, 충성, 자주, 자각의 국민은 직접 폭동을 무기로 삼아 권력자들을 토벌하고 파괴하자. 이것이 진정한 충의의 최상이다"고 폭력 유신을 외쳤다.[12]

폭력과 파괴를 강조하는 청년장교 운동의 약점은 건설을 위한 청사진을 제시하지 않고 있다는 점이다. 그들은 개혁 주체가 군부여야 한다는 점은 명확히 했다. 그러나 그들은 건설을 위한 계획도 없었고, 또한 스스로를 새로운 체제 건설 주역으로 인식하지도 않았다. 5-15 테러 당시 수상 이누카이 쓰요시를 저격했던 해군 청년장교 고가 기요시는 훗날 "우리는 먼저 다만 파괴를 생각했을 뿐이었다. 우리는 건설의 임무에 관해서는 전혀 생각하지 않았다. 일단 파괴가 성취되면 건설을 주도할 집단이 나타난다고 믿었다. 다만 계엄령 선포 이후 군사정부가 들어선다고 생각했을 뿐이다"라고 회상했다.[13] 자신의 행동이 쇼와 유신의 대의를 밝히고, 단서를 열어놓고, 일본혼을 각성시키는 데에 의미가 있었다는 무라나카 다카지는 건설계획의 불필요성을 다음과 같이 설명하고 있다.

사람들은 건설계획 없는 파괴는 무모한 짓이라고 말하고 있다. 무엇이 건설이고 무엇이 파괴란 말인가? 우리의 주장은 파사현정(破邪顯正)이다. 사악함의 파괴[破邪]는 곧 올바름의 드러냄[顯正]이다. 파사현정은 결코 분리될 수 없는 사물의 표리이다. 그러므로 국체 파괴의 원흉을 죽여 없애고 대의를 확립하여 민심이 점차 바로 잡히면, 이것이 곧 건설이고 유신이다. 유신의 첫 걸음이 근본이다. 토간과 유신은 결코 다른 것이 아니다.[14]

권력장악을 목표로 하지 않았다는 점에서 청년장교들의 쇼와 유신은 순수했고 그들의 행동은 우국적이었다고 평가할 수도 있다. 그러나 기존 질서가 파괴된 후 일본이 직면하게 될 사태를 전혀 예측하지 않았고, 또한 새로운 체제 건설을 위한 아무런 정치 프로그램 없이 쿠데타를 감행했다는 것은 무책임하고 비합리적인 행동이라고 하지 않을 수 없다. 구체적 사건을 통해서 볼 수 있는 바와 같이 그들의 사고와 행동은 이성적이고 합리적이라기보다는 감상적이며 관념적이었다. 이와 같은 청년장교들의 환상적인 사고와 행동은 「아사히 신문(朝日新聞)」이 50년 후 2-26 쿠데타를 평하여 쓴 "사설"에서 밝힌 것과 같이 "결국 일본을 군국주의화의 길로 진전하게 하는 결정적 요인이 되었다."[15]

제II부 쇼와 유신을 향하여

1921년 9월 28일 아침 야스다 재벌의 총수인 야스다 젠지로가 자택에서 암살되었다. 암살자는 제1차 세계대전 참전했던 31세의 청년 아사히 헤이고였다. 그로부터 약 한 달 후인 11월 4일 현직 수상인 하라 다카시가 도쿄 역에서 살해되었다. 범인은 18세의 우익 청년 노동자 나카오카 곤이치(中岡艮一)였다. 1923년 9월 16일에는 무정부주의자 오스기 사카에 부부가 살해되었다. 범인은 아마카스 마사히코(甘粕正彦) 헌병 대위였다.

1930년 11월 14일에는 수상 하마구치 오사치(濱口雄幸)가 도쿄 역에서 22세의 우익 청년 사고야 도메오(佐鄕屋留雄)의 총격을 받았다. 생명은 구했으나 총상으로 인해 다음 해에 사망했다. 테러의 시대가 막을 열었고, 그동안 뿌린 쇼와 유신의 씨앗이 꽃을 피우기 시작했다.

제7장

쇼와 유신의 서막:
3월 쿠데타 음모, 만주사변, 10월 쿠데타 음모

1930년대의 일본은 런던 해군군축조약 조인을 기점으로 강화된 군부의 정치공세, 하마구치 내각의 긴축재정으로 나타난 경기 불황, 그리고 무능한 정당정치가 한데 엉켜 혼미 속으로 빠져들고 있었다. 쇼와 유신을 향한 정치 폭력, 암살, 쿠데타의 시대가 시작되었다. 3월과 10월 쿠데타 음모와 그 사이에서 벌어진 만주사변이 서막을 열었고, 그 중심에 사쿠라 회(櫻會)가 있었다.

1. 사쿠라 회

1930년 4월 런던 해군군축조약 조인을 계기로 육군성과 참모본부에 속했던 영관급 중견 참모장교들은 쇼와 유신을 행동으로 옮기기 위한 조직체를 결성했다. 사쿠라 회로 알려진 이 단체는 쿠데타라는 형식을 통한 국가개조를 기도한 최초의 군 조직체였다. 사쿠라 회는 미수로 끝난 3월과 10월 쿠데타 음모 주역이었고, 만주사변과도 밀접한 관계를 맺고 있었다.

사쿠라 회를 주도한 인물은 참모본부 제2부 러시아반 책임자인 하시모토 긴고로(橋本欣五郎) 중령이었다. 육사(23기)와 육군대학(32기)이라는 엘리트 코스를 거친 하시모토는 1918년 일본군의 시베리아 출병 이래 참모본부에서 소비에트 연구를 담당했다. 그는 1927년부터 3년 동안 터키 주재 일본공사관 무관으로 근무했다. 그곳에서 그는 터키 공화국의 창건자인 케말 파샤의 혁명사상에 심취하면서 혁명에 몰두하게 되었다. 스탈린, 무솔리니, 히틀러 등의 혁신정치를 지켜보면서 그는 유럽 강대국은 민주주의에서 거국일치의 강력한 국가통제체제로 전환하고 있다고 판단했다.

1930년 귀국한 하시모토 눈에 비친 일본은 유럽과 달리 자유주의를 최상의 가치로 믿고 있었고, 공산주의를 비롯한 위험 사상에 젖어 있었다. 일본 혼은 극도로 쇠잔해져 있었고 개인주의가 도처에 충만해 있었다. 그의 표현을 빌리면, "정치는 국민의 행복을 위한 것이 아니라 정권 쟁탈을 위한 것이고, 정당은 자본가의 주구로 전락했고, 경제는 부패한 자본주의의 극치에 도달했으며, 그리고 추종과 타협만을 일삼는 외교관은 국제 창녀로 타락해" 있었다.[1] 일본의 장래는 암담했고, 국체는 위태로웠다.

1930년 10월 1일 결성된 사쿠라 회는 일본이 직면한 국내 위기를 극복하기 위한 것이었다. 중령 이하의 현역 육-해군장교 60여 명이 참석했다. 사쿠라 회 결성과 3월과 10월 쿠데타 음모에 깊숙이 관여

사쿠라 회를 결성하고 3월 쿠데타와 10월 쿠데타 음모의 기안자 하시모토 긴코로

했던 다나카 기요시(田中淸) 소령의 "수기"에 의하면 사쿠라 회는 "국가개조를 최종 목적으로 삼고," 국가개조의 수단으로 "무력을 행사한다"는 목표와 방법을 처음부터 명시했다.[2]

사쿠라 회의 관심사는 지배계층의 부패, 군비축소, 만주와 몽골의 배타적 지배권을 공고히 한다는 만몽 문제(滿蒙問題)의 세 가지였다. 정당정치의 부패와 자본주의 경제의 모순은 정치 불안, 불경기, 황폐한 농촌경제, 불건전한 문화 등을 유발시켰고, 이 모든 부조리의 근본은 천황을 둘러싸고 있는 지배계층에 있었다. 그러므로 국가개조의 가장 중요한 과제는 천황을 둘러싸고 있는 간신배 제거와 천황 친정체제의 확립이었다.

육군 중견 참모장교들은 런던조약 이후 정부가 단행한 해군 군비 축소와 같은 조치가 육군에도 불어닥칠 수 있다는 불안감을 지울 수 없었다. 그들은 해군을 겨냥했던 정당 정치인의 군축이라는 "독 묻은 칼"이 머지않아 육군을 겨냥할 것으로 판단했다. 그들은 해군 군축 문제와 같은 사태가 육군에서 벌어지는 것은 어떻게 해서라도 막아야 했고, 이를 위해서는 해군군축의 주역이었던 정당 정치인들을 제거하는 것을 사명으로 삼았다.

만몽 문제 또한 중요한 과제였다. 만주와 몽골은 일본이 러일전쟁의 승리로 획득한 권리일 뿐만 아니라, 오래전부터 일본은 그곳을 국방의 제일선으로 간주하고 있었고, 그 권익을 옹호하기 위해서는 어떠한 희생도 감수해야 한다고 믿고 있었다. 그러나 정당과 정부는, 문화외교 또는 평화협조외교라는 이름으로 국익을 양보하고 군축을 단행하는 굴욕외교를 수행하고 있었다. 더욱이 군부는 정부가 중국 대륙에서 일어나고 있는 배일운동(排日運動)에 적절히 대처하지 못함으로써 국방의 제일선이 무너지고 있다고 판단했다. 따라서 군부는 국방정책의 가장 긴급한 당면과제인 군축과 만몽 문제를 해결하기 위해서는 국가개조가 선결되어야 할 과제라는 결론에 도달했다.

사쿠라 회의 결성 선언문은 이와 같은 어려움을 타개해나가야 할 책임이 군인에게 있다는 것을 강조하며 다음과 같이 끝을 맺고 있다.

내치와 외교가 오늘처럼 막다른 길에 다다른 것은 정당 정치인의 사리

사욕 때문이다. 그들에게는 단 한 조각의 봉공(奉公)이나 대계(大計)
도 없다. 우리는 국민과 함께 진정으로 천황 중심의 활기차고 밝은 나
라의 모습을 갈망하고 있다. 군인이 국정에 관여하는 것은 바람직하지
못하다. 그러나 국가에 보답하는 맑은 지성이 무너진 오늘에 이르러
우리는 군인정신을 되살려 위정자를 바로잡고 국세 신장의 거름이 되
어야만 할 것이다. 우리는 국세를 개탄하고 스스로를 되돌아보며 군인
의 지조를 경계하면서도 개혁 또한 우리가 수행해야만 할 영역이 아니
겠는가?[3]

하시모토를 위시한 사쿠라 회 핵심 멤버가 속해 있는 참모본부 제2
부가 작성한 1930년 "정세판단서"에는 이례적으로 국가개조와 만몽
문제의 상관성을 포함하고 있었다. 참모본부에서 정보를 주관하고
있는 제2부의 통상적인 정세판단은 단순한 작전자료로서 가상적국을
목표로 한 군사전략이었다. 그러나 1930년의 정세판단은 예년과 달리
만몽 문제 해결을 위한 국방 태세 확립과 이를 위한 군부 중심의 국내
개혁이 선행되어야 한다는 정치 문제를 추가하고 있었다.

다나카 기요시의 "수기"에 의하면 사쿠라 회를 결성 당시 국가개
조의 수단과 방법에서 국내 개혁이 우선이냐, 아니면 만몽 문제가
우선이냐에 의견이 일치하지 않았다. 그러나 내선외후(內先外後)를
주장하는 과격파의 견해가 점차 굳어지면서, 사쿠라 회는 국내에서
먼저 국가개조를 위한 쿠데타를 실행하면서 동시에 만몽 문제를 중

시한다는 방침에 따랐다. 사쿠라 회가 3월과 10월 쿠데타 음모를 주도하면서 그 사이에 벌어진 만주사변에도 깊숙이 관여한 것은 국내 개혁과 아울러 만몽 문제 해결이라는 이중 목적을 완수하기 위함이었다. 전후 도쿄 전범재판 과정에서 하시모토와 더불어 10월 쿠데타 음모를 주도했던 조 이사무(長勇) 대위는 사쿠라 회의 목적은 국내 혁명과 만몽 문제의 해결이라는 두 가지였다고 증언했다.

사쿠라 회의 탄생은 쇼와 유신을 향한 국가개조 운동사에 두 가지 중요한 의미를 지니고 있다. 하나는 국가개조라는 정치적 성향의 조직체가 군에 공공연하게 존재할 수 있다는 점이다. 이는 현역 장교가 정치문제에 관여할 수 있음을 인정한 것이고, 군부의 정치 불간여라는 전통과 원칙의 커다란 변화였다.

1930년대에 이르기까지 군인의 정치논의와 정치개입은 법과 제도에 의하여 엄격히 통제되었다. 그러나 1930년대에 들어서면서부터 점차 국방이 정치에 선행한다는 논의가 등장했고, 1931년 우가키 가즈시게 육군대신이 이를 공식화했다. 우가키는 1월 전군에게 보낸 비밀 "훈시"에서 군인이 세론에 현혹되어 정치에 간여해서는 안 된다는 것이 "군인칙유"에 명시되어 있지만, 군인의 가장 중요한 사명은 국가의 국방을 담당하는 것이기 때문에 국방문제를 논의하는 것이 정치 간여라고 할 수는 없다고 정의했다. 그러면서 국방은 항상 정치에 선행하는 것으로 이해해야 한다는 점을 강조했다. 현역 장교가 국가개조를 논의하는 것은 국방을 전제로 한 것이기 때문에 이를 위한 조직 결성 또한 용인된다는 해석이 가능해진 것이다.

사쿠라 회 결성이 시사하는 또 하나의 중요한 의미는 이 조직체에 청년장교들도 참여했다는 점이다. 청년장교들은 사쿠라 회가 결성될 당시까지만 해도 니시다 미쓰기를 중심으로 군대 밖에서 비밀리에 모임을 가지고 쇼와 유신을 논의해왔다. 그러나 그들이 사쿠라 회에 참여함으로써 쇼와 유신운동을 전개할 수 있는 공인된 무대를 찾게 되었고, 이는 쿠데타를 지향하는 청년장교들에게 큰 힘이 아닐 수 없었다.

3월과 10월 쿠데타 음모는 군이 시도한 최초의 쿠데타 음모였고, 두 음모 사이에 벌어진 만주사변 또한 음모와 밀접한 연관을 맺고 있었다.

2. 3월 쿠데타 음모

1931년의 3월 쿠데타 음모는 하시모토 긴고로를 중심으로 한 사쿠라 회의 강경파, 민간 우익 지도자 오카와 슈메이, 그리고 사회민중당의 가메이 간이치로(龜井貫一郎) 세 집단이 연합하여 우가키 가즈시게 육군대신을 수상으로 옹립한다는 쿠데타 음모였다. 그 음모는 미수로 끝났으나, 철저한 언론통제와 군부의 은폐로 태평양 전쟁이 끝날 때까지 사건은 알려지지 않았다. 도쿄 재판에서 사건 전말이 드러났고, 음모를 주도한 하시모토 긴고로는 A급 전범으로 기소되어 종신형을 받았다.

사쿠라 회는 출범하면서부터 국내체제 변혁을 우선시했다. 즉 먼저 국내개조를 단행하고, 그 여세를 몰아서 대외정책을 고려한다는 내선외후 노선을 지향했다. 그러다 앞에서 지적한 우가키 육군대신이 전군 지휘관에게 보낸 비밀 "훈시"를 기점으로 체제 변혁을 지향하는 쿠데타 음모를 본격적으로 추진했다.

정치적 성향이 강한 우가키는 처음부터 군의 정치진출에 긍정적인 입장이었다. 다나카 기요시의 "수기"에 의하면, 1930년 말 충격을 받은 하마구치 수상이 중상을 입으면서 정국이 몹시 소란해지자, 우가키는 정계진출을 적극적으로 구상하게 되었다. 그는 1월 13일 스기야마 하지메(杉山元) 육군차관, 니노미야 하루시게(二宮治重) 육군 참모차장, 고이소 구니아키(小磯國昭) 군무국장, 다테카와 요시쓰구(建川美次) 정보 제2부장, 하시모토 긴고로 등을 대신 관저로 불러 군을 중심으로 한 국가개조에 관하여 광범위한 협의를 가졌다. 또한 대표적 우익인 오카와 슈메이를 만나 정치변혁의 필요성과 군의 정치 개입을 강조했다. 이와 같은 우가키의 적극적인 태도는 사쿠라 회뿐만 아니라 오카와로 하여금 쿠데타 음모에 적극적으로 가담하게 했다.

2월 7일에 구체적이고도 최종적인 쿠데타 계획이 확정되었다. 거사일은 의회에서 노동법 상정이 예정되어 있던 3월 20일로 결정되었다. 쿠데타 계획은 다음과 같았다. 먼저 거사일 전에 분위기를 조성하기 위하여 가메이 간이치로가 노동당, 농민당, 사회민중당의 세 무산정당 연합을 주도하여 대규모 내각 규탄대회를 히비야(日比谷) 공원에서 개최하고, 오카와는 "1만 명의 데모대"를 유도하여 의사당을 포위하고, 시미즈 고노스케(淸水行之助)가 이끄는 우익집단이 정우, 민정 양당본부와 수상 관저에 폭탄을 투척하여 공포 분위기를 조성한다는 것이었다. 이어서 군부는 의회를 보호한다는 명목으로 의사당을 포위하고, 혁신 장교가 의회에 출두하여 의원과 내각의 총사직을 유도하고, 같은 시간에 원로 사이온지 긴모치를 통하여 천황이 우가키 대장에게 새로운 내각의 구성을 지시하도록 공작한다는 것이었다.

그러나 계획은 순조롭게 진행되지 않았다. 무산정당들은 가메이가 제시하는 쿠데타 계획에 동조하지 않았고, 오카와가 장담한 1만 명 동원이라는 것도 허구였다. 자금 조달 또한 계획대로 이루어지지 않았다. 우가키와 니노미야는 오카와에게 대중 동원 및 활동에 필요한 경비로 육군 기밀비에서 30만 엔을 지원할 것을 약속했으나, 활동 초기에 "수천 엔"이 지원되었을 뿐 더 이상 지속되지 않았다.

대중 동원, 무산정당들의 연합, 자금 조달 등 계획에 차질이 있었지만, 3월 20일을 거사일로 결정한 쿠데타 계획은 그런대로 진행되는 듯했다. 그러나 3월에 접어들면서 나타난 군 내부의 분열과 우가키의 '변심'은 결국 쿠데타를 무산시켰다.

1) 좌절

쿠데타에 적극적이었던 우가키 육군대신은 3월에 들어서면서 태도를 완전히 바꾸었다. 그는 스기야마 차관과 고이소 군무국장에게 그동안 군부가 개입한 쿠데타 계획 진행을 완전히 중단할 것을 명령했다. 쿠데타는 불발로 끝날 수밖에 없었다. 쿠데타가 계획이 이처럼 중도에서 무산된 것은 복합적 요인의 결과였지만, 결정적인 이유는 군부 안의 반대와 우가키의 기회주의적인 태도였다.

쿠데타 계획이 점차 구체화되자 군부 내에서도 반대가 나타나기 시작했다. 특히 통제파의 핵심이라고 할 수 있는 육군성 군사과장인 나가타 데쓰잔을 위시한 일석회(一夕會) 중심의 엘리트 참모장교들은 시기상조라고 하면서 강력히 반대했다. 물론 시기상조론자들이 국가개조 그 자체를 반대한 것은 아니었다. 그들도 쿠데타 계획자들과 같이 국가개조의 필요성을 인정하고 있었으나, 지금이 그 시기는 아니라는 것이었다. 그들은 일본이 직면한 국내외의 특수한 상황을 고려할 때 쿠데타라는 폭력적 방법은 국가를 더욱 궁지로 몰아간다고 생각했다. 개혁은 점진적이고 합법적이어야 한다는 것이 그들의 논리였다.

시기상조론자들이 문제시한 또 하나의 중요한 과제는 만몽 문제였다. 그들은 국내개조에 앞서 만몽 문제를 먼저 해결해야 한다고 믿고 있었다. 일본의 관동주(關東州 : 만주의 랴오둥 반도[遼東半島] 남부의 일본 조차지[1898-1943년 존속]) 조차(租借)는 러일전쟁에서 승리하면서 러시아로부터 인계받은 권리로서, 본래의 조차 기간은 1934년에 끝나는 것으로 약정되어 있었다. 제1차 세계대전 중 일본이 강행한 소위 21개조 조약(1915)에 의하여 조차 기간이 다시 99년간으로 연장되었으나, 실질적으로 연장이 확보된 것은 아니었다. 제1차 세계대전 이후 중국은 21개조 조약이 일본의 무력에 의하여 체결된 것이라는 점을 강조하면서 조약 파기를 주장했고, 미국을 위시한 서방국가들 또한 중국 주장을 지지하는 편으로 기울었다. 이와 동시에 중국에서는 배일 민족주의가 요원의 불길처럼 번져나가고 있었다. 일석회를 중심으로 한 엘리트 참모장교들이 중심인 시기 상조론자들은 만몽 문제를 국내개조에 우선해서 1934년 이전에 해결해야 한다고 믿고 있었다. 그들은 내선외후론자와 달리 외선내후(外先內後), 즉 만몽 문제가 국내문제에 우선해야 한다고 판단했고, 이러한 군 고위층의 이견은 쿠데타 실행을 어렵게 만들었다.

그러나 3월 쿠데타가 미수로 끝나게 된 가장 중요한 원인은 쿠데타를 통하여 정권 장악을 꿈꾸었던 우가키 대장의 변심이었다. 앞에서도 지적한 바와 같이 우가키는 육군대신으로 취임한 후 여러 차례 지휘관 회의와 대외비 지휘문서를 통해서 국방은 정치에 우선한다는 점을 명확히 하면서 군의 정치개입 가능성을 내비쳤다. 또한 그는 측근들과 함께 국가개조를 위한 방법과 수단을 협의하기도 했고, 일본의 앞날을 위해서 앉아서 기회가 도래할 것을 기다리고만 있을 것이 아니라 스스로 나서서 계기를 만들 것을 다짐하기도 했다.[4] 그는 정치 변혁의 필요성을 인식하고 있었을 뿐만 아니라 자신이 그 변혁의 주체가 될 뜻을 육군의 고위층은 물론 오카와나 하시모토 등의 쿠데타 계획자들에게 확실히 했다.

그럼에도 불구하고 쿠데타 계획은 우가키 자신의 명령에 의하여 중지되었다. 그 이유는 2월 말부터 정계에서는 총격으로 중상을 입고 사실상 총리직을 수행하지 못하고 있는 하마구치 오사치 대신에 우가키를 민정당 총재에 옹립하여 정권을 담당하게 해야 한다는 움직임이 있었다. '정치군인'이었던 우가키는 쿠데타라는 모험을 택하지 않고서도 정권을 장악할 수 있는 가능성이 짙어졌다고 판단했고 쿠데타 실행을 중단하게 했다.

우가키의 변심은 오카와 슈메이가 우가키에게 보낸 사신에서 잘 볼 수 있다. 쿠데타 추진을 중단시킨 직후인 3월 6일 우가키에게 보낸 편지에서 오카와는 "지금 천하의 기대는 각하에게 모여 각하를 받들고 쇼와 유신의 대업을 이루기를 고대하고 있습니다. 물론 정당인들도 각하를 옹립하여 구세력을 유지하려고 기도하고 있습니다. 그러나 기성 정당은 철저히 신뢰를 잃었고 국민들은 의회정치를 저주하고 있습니다. 시국을 수습할 큰 재목이 오늘처럼 절실히 필요한 시기도 없습니다. 각하 이외에 과연 누가 황국의 어려움을 짊어질 수 있겠습니까?"라고 하며, 그를 향한 기대를 강조했다. 그러면서 "진실로 천명이 각하에게 내리는 것이 바로 눈앞에 다가왔습니다. 희망하건데 자중자애하시어 대업의 지도자가 될 각오를 하시고 함

부로 정당인들에 의하여 옹립되는 일이 없도록 하십시오"라고 당부하고 있다.[5]

우가키의 기회주의적 변심은 그후 군부 안에서 우가키 불신의 원인이 되었고, 그가 끝까지 수상 자리에 오를 수 없는 결정적 요인으로 작용했다.

3월 10일을 전후하여 우가키는 측근인 고이소 군무국장을 통하여 하시모토를 위시한 쿠데타 계획 입안자들에게 중단할 것을 공식으로 명령하는 한편, 오카와에게도 쿠데다 중단의 뜻을 확실히 전했다. 오카와를 중심으로 한 민간 참여자들은 강행을 고집했으나 군부의 지원 없는 행동은 현실적으로 불가능했다. 쿠데타 계획은 18일 불발로 끝났다.

2) 군의 정치 개입

3월 쿠데타 음모는 미수로 끝났다. 그리고 오랫동안 공개되지 않았다. 그러나 이 사건은 일본이 태평양 전쟁에 도달하게 되는 "출발점"이 되었다. 쇼와 유신이라는 이름으로 전개된 모든 테러와 쿠데타는 3월 쿠데타 음모가 깔아놓은 레일 위를 달리면서 벌어진 사건들이었다. 비록 쿠데타 음모가 불발로 끝났으나 천황 측근인 기도 고이치(木戶幸一)가 지적하고 있는 것처럼 "이 사건은 육군이 정계에서 추진력을 가지고 개혁운동에 손을 대기 시작한 첫 신호였고," 또한 "그후 우리나라를 괴롭히는 오늘의 비참한 상태까지 끌고온 하

극상의 시작이라는 점에서 주목해야만 할 중요한 사건"이었다.[6]

3월 쿠데타 음모가 국내 정치나 군부 내에서 당장 드러나는 뚜렷한 영향을 미치지는 않았다. 그러나 그후 전개된 정치변동에는 몇 가지의 중요한 영향을 미쳤다. 첫째는 기타 잇키를 위시한 국가개조론자들이 줄기차게 주장해온 쿠데타가 정치변동의 한 수단으로 공인되었다는 사실이다. 앞에서 본 바와 같이 사쿠라 회가 민간 우익과 함께 구상한 쿠데타 계획은 우가키를 위시한 군부 내 고위층의 적극적인 지지를 받으면서 진행되었다. 이는 폭력을 수반한 군부의 정치개입이 정당한 것으로 받아들여졌고, 또한 군부가 정치 일선에 나서야 한다는 데에 군부와 민간 유신론자들이 의견을 같이했다는 점이다. 이후 전개된 모든 테러와 쿠데타 계획은 이 틀 안에서 진행되었다.

둘째, 3월 사건을 계기로 청년장교들은 국가개조를 위한 군 상층부의 동기를 의심하기 시작했다. 그들은 군 상층부도 쇼와 유신이 필요하다는 현실에는 공감하고 있었으나, 의도와 방법에서는 근본적으로 차이가 있다는 점을 깨달았다. 3월 쿠데타 음모계획과 포기 과정을 통해서 청년장교들은 군 상층부가 정치인과 밀접한 관계를 가지고 있다는 것을 확인했다. 그리고 그들은 국가를 위한 쇼와 유신을 고민하기보다는 자신의 권력 획득이나 영향력 확대라는 측면에서 계획을 검토하고 있는 것으로 판단했다. 청년장교들이 우가키 대신의 쿠데타 계획 포기 과정을 지켜보면서 일본이 필요로 하는 진정한 의미의 쇼와 유신은 군 상층부에 의하여 이루어질 수 없다는 것을 깨닫기 시작했다. 이는 뒤에서 살펴볼 10월 쿠데타 계획에서 다시 확인되었다. 그후 2-26사건에 이르기까지 군부의 쇼와 유신운동은 위관급 청년장교들에 의하여 진행되었고, 동시에 '하극상' 경향을 나타낸 것은 상부에 대한 불신에서 기인한 것이었다.

셋째, 3월 쿠데타가 미수로 끝난 후 이 문제를 처리하는 과정에서 처벌받은 사람이 한 사람도 나타나지 않았다는 사실이다. 이는 쇼와 유신이라는 동기를 가지고 군이 쿠데타와 유사한 음모를 기도하는 비합법적 수단도 묵인될 수 있다는 선례를 남겨주었다. 이는 군부 내의 규율을 문란하게 하는 한편, 청년장교들의 행동을 부추기는 결과를 가져왔다.

또다른 영향은 그동안 기타 잇키나 오카와 슈메이와 같은 민간 초국가주의자들이 뿌린 쇼와 유신의 씨앗이 꽃을 피우기 시작했고, 쇼와 유신의 논리가 군의 추진력을 통하여 행동에 옮겨지는 계기를 만들었다.

3. 만주사변

사건 당일 펑톈(奉天, 오늘의 선양[瀋陽])에 체류하고 있던 「지지신보」의 기자 미시마 야스오(三島泰雄)가 남긴 기록에 의하면, 1931년 9월 18일 밤 "10시 30분과 33분 두 차례 지축을 흔드는 큰 폭음이 일어났다. 지진인가 하고 느낄 정도로 강한 쇼크가 있었고, 창문의 유리창이 부서져 사방으로 흩어질 정도의 요란한 소리였다."[7] 이른바 만주사변(滿洲事變)의 시작이었다.

만주 점령을 위한 군사행동의 구실을 찾기 위하여 만주 주둔의 관동군이 계획적으로 만주철도를 폭파한 이 사건은 일본 국가 진로의 분수령을 이루었다. 밖으로는 제1차 세계대전 이후 만들어진 베르사유-워싱턴 체제의 붕괴를 뜻했고 15년 동안 계속된 중일전쟁의 시발점이 되었다. 안으로는 다이쇼 데모크라시로 알려진 정당정치와 협력외교의 종식을 의미했다. 그리고 정당내각이 군부를 통제할 수 없다는 것이 입증되면서 쿠데타의 서막이 열렸고, 일본 전체가 국가 총동원체제의 길로 들어서게 되었다. 그런 의미에서 만주사변은 루이스 영(Louis Young)이 표현하고 있는 것처럼 "속성 군국주의(go-fast imperialism)"를 촉진시킨 '촉매'로 작용했다.[8]

만주사변의 동기나 전개 과정, 만주사변이 몰고온 국제정세의 변화, 만주국 건설을 위한 음모와 진행 등은 옆으로 밀어놓기로 하자. 여기서는 만주사변을 중심으로 한 관동군 참모들과 사쿠라 회의 상호작용, 일본 정부의 대응, 그리고 이어지는 10월 사건과의 연관성에 초점을 맞추기로 한다.

1) 만주국을 향하여

앞에서 지적한 바와 같이 일본 군부 안에는 국가개조의 방법에서

'대륙선행론[外先內後]'과 '내지선행론[內先外後]'이라는 서로 다른 두 견해가 병존하고 있었다. 물론 대륙선행론자들도 국내개조의 필요성을 인식하고 있었고, 내지선행론자 또한 만주 지배의 절박성을 잘 알고 있었다. 다만 우선순위의 문제였다. 대륙선행론자들은 먼저 만주를 점령한 후 그 여파를 국내 개혁으로 파급시킨다는 것이었다. 만주 점령을 국가개조의 최우선으로 정한 것이다.

3월 쿠데타 음모가 보여준 바와 같이 내지선행론자들은 먼저 군부 중심의 강력한 정권을 수립하여 국내 개혁을 단행한 후 그 여세를 몰아 만주 장악과 대륙진출을 추진한다는 입장이었다. 그러나 내선외후 구상은 일단 3월 쿠데타 계획에서 실패로 끝났다.

처음부터 만주사변의 기획과 실행에 참여했던 관동군 정보기관의 실무 책임자 하나야 다다시(花谷正)에 의하면, 만주 점령계획은 소수 인물들에 의하여 "주도면밀하게 계획되고 전광석화와 같이 강력히 실행된 군사작전"이었다.[9] 소수 인물들이라고 함은 대륙선행론자이며 관동군 참모인 이타가키 세이시로(板垣征四郎) 대령, 도이하라 겐지(土肥原賢二) 대령, 이시하라 간지 중령, 특무기관의 하나야 다다시 소령 등이었다.

그러나 만주사변은 관동군 자체의 힘만으로 이루어진 것이 아니었다. 도쿄의 내지선행론자와 긴밀한 협조와 군 중앙부의 묵시적인 승인 아래 실행되었다. 특히 사쿠라 회의 내지선행론자는 만주에서 관동군이 군사행동을 개시하면, 이에 호응하여 국내개조를 유도하기 위한 적절한 행동을 취할 것을 긴밀히 협의했다. 관동군의 이타가키, 이시하라, 하나야는 사쿠라 회의 하시모토 긴고로, 시게토 치아키(重藤千秋), 네모토 히로시(根本博)와 만주사변을 전후하여 안과 밖에서 행동을 위해서 긴밀한 연락을 취했다. 뒤에서 살펴볼 10월 쿠데타 계획은 이와 같은 맥락 속에서 추진되었다.

육군의 참모본부와 정보기관은 1928년 소련이 경제개발 5개년계획을 시작할 때부터 만주와 몽골 점령을 위한 군사행동을 심각하게 검토해왔다. 세 가지로 집약된 그 이유는 이시하라 간지가 정리한 주장에 잘 나타나 있다. 첫째, 닥쳐올 세계 최종전쟁에 대비하기 위해서 소련보다 먼저 만주와 몽골을 점령해야 하고, 둘째, 거세지고 있는 중국인의 배일민족운동은 만주에서 일본의 지위를 위태롭게 하고 있었으며, 셋째, 중국 대륙의 일본 권익의 본거지라고 할 수 있는 만주와 몽골에서 기존 권익을 보호하고 더욱 확장하기 위한 것이었다.

그러나 그들은 당시 국내외 정세와 정부 능력을 고려해볼 때 만주와 몽골 지배라는 목표가 정당정치인과 관리가 주도하는 외교를 통해서 성취할 수 없다고 평가했고, 따라서 독자 행동이 불가피하다고 판단하고 있었다. 만주사변의 기안자라고 할 수 있는 이시하라 간지는, 일본이 머지않아 직면하게 될 제2차 세계대전을 준비하기 위해서는 식량, 자원, 인구 등의 문제를 먼저 해결해야만 하는데, 이를 위한 유일한 방안은 만주와 몽골 개발 이외에는 다른 길이 없다고 주장했다. 이를 위해서는 만주와 몽골을 일본이 지배해야만 했다. 그는 일본의 정당한 기득권을 옹호하고, 전쟁에 대비하기 위해서는 만몽 지역에 보다 강력한 조치를 강제해야만 한다는 것을 강조했다.[10]

좌절된 3월 쿠데타 음모 직후인 1931년 4월 참모본부는 "정세판단서"를 작성했다. 이 판단서는 만몽 문제의 해결책으로 친일정권 수립, 독립국화, 만몽 완전장악이라는 3단계의 해결요령을 제시했다. 그리고 제3국이 일본의 해결책을 방해할 경우 무력항쟁도 불사한다는 것을 명시했다. 이어서 6월에는 육군성과 참모본부가 합동으로 만주문제의 근본적 해결을 위한 "만주문제 해결방책 대강"을 작성했다. 이 "대강"에서는 정세판단의 3단계 해결요령을 재확인하고, 만몽 문제를 무력으로 해결하기에 가장 적절한 시기를 1932년 봄으로 결정하고 있었다. 그리고 군사행동 때에 필요한 병력과 조치를 관동군과 협의하여 작전부에서 구체적으로 계획을 수립할 것을 명시했다.[11]

우가키의 후임으로 1931년 6월 육군대신에 취임한 미나미 지로(南次郎) 대장도 군축론과 만몽 문제에 대한 정부의 무기력한 대책을 통렬히 비난하며 군부의 관여 의지를 명확히 했다. 8월 3일과 4일 이틀간 계속된 군사령관-사단장 회의에서 미나미는 정부에서 논의되고 있는 군축론은 문외한 또는 무책임한 위치에 있거나 국방에 관심이 없는 사람의 주장이라고 비판하면서, 군인은 만몽지방의 정세가 일본에게 대단히 불리하게 진전되고 있는 사태의 중대성을 인식하고, 본분을 다할 수 있는 준비를 항상 갖추고 있어야 한다고 강조했다. 이례적으로 미나미의 "훈시"는 언론에 보도되었다. 8월 5일 「도쿄 아사히 신문(東京朝日新聞)」은 "육군대신의 입에서 이처럼 당당하게 만몽론을 토로하는 것은 정치의 기강을 문란하게 하는 언행"이라고 비난하는 사설을 개재했으나, 정부는 더 이상 문제 삼지 않았다. 군 수뇌부는 언론의 비난을 개의치 않고 관동군이 행동할 때에는 조선 주둔군도 출병한다는 것까지 검토했다. 이미 이 시기에 육군 내부에서는 만주에서의 군사행동이라는 원칙에 합의가 이루어져 있었다. 다만 결정적인 행동의 시기만이 남았을 뿐이었다.

1927년 5월 이타가키 세이시로, 그리고 10개월 후 이시하라 간지가 관동군의 고급참모로 임명되면서 '지모의 이시하라'와 '실행의 이타가키'의 만몽 점령계획은 본격적으로 추진되었다. 혼조 시게루(本庄繁)가 신임 관동군 사령관으로 임명된 1931년 7월에는 이미 모든 계획이 완료되었고, 도쿄의 지원자들과 만주 점령을 위한 행동계획을 협의하고 있었다. 펑톈(奉天) 특무기관의 하나야 소령은 7월 비밀리에 도쿄를 방문하여 하시모토, 네모토, 시게토 등을 만나서 만주에서의 군사행동계획을 전달하고 국내에서의 협조를 당부했다. 8월 초에는 사단장 회의에 참석하기 위하여 도쿄에 온 이타가키는 니노미야, 고이소 등 군 수뇌부의 고위층을 만나 만주문제를 협의했다. 하나야에 의하면 이 모임에서 이타가키는 니노미야로부터 군사행동을 관동군에게 일임한다는 승낙을 받았다. 하나야는 8월 말 다시 도쿄를 방문하여 하시모토 등에게 준비가 완료되었기 때문에 예정대

만주사변의 기안자 이시하라 간지

로 결행한다는 관동군 행동계획을 재확인시켰다.

관동군의 이타가키와 이시하라는 9월 28일을 거사일로 예정했다. 관동군의 심상치 않은 동태를 감지한 펑톈 주재 총영사는 관동군의 움직임을 외무성 본부에 통지했고, 시데하라 기주로(幣原喜重郎) 외상은 미나미 육군대신에게 관동군의 자중을 요구했다. 미나미 육군대신은 9월 15일 관동군의 동태를 시찰하고 상황을 파악하기 위하여 다테카와 참모본부 제1부장을 펑톈으로 파견했다.

도쿄의 움직임을 감지한 하시모토는 이타가키에게 사태의 진전을 통지했다. 15일 다테카와가 펑톈으로 출발하자 하시모토는 연이어서 "계획이 알려졌으니 즉시 결행," "다테카와가 펑톈 도착 전 결행,"

"국내는 걱정 말고 즉시 결행"이라는 암호 전문을 세 차례 타전했다. 도쿄의 움직임을 파악한 이타가키, 이시하라, 하나야는 계획을 앞당겨 다테카와가 도착하는 18일 행동하기로 결정하고 준비를 마쳤다.

관동군은 예정대로 18일 밤 만주작전을 개시했다. 이마다 신타로(今田新太郎) 대위는 만주의 낭인들을 지휘하여 루탸오후(柳條湖) 부근의 철도를 폭파하고, 펑톈 군벌의 주둔지인 베이다잉(北大營)을 공격했다. 19일 관동군은 펑톈을 완전히 장악하고 펑톈 특무기관장 도이하라 겐지 대령을 임시 시장으로 임명했다. 일단 군사행동을 시작한 관동군은 만주 전역을 점령하기 위하여 작전을 전개했다. 관동군으로부터 지원을 요청받은 하야시 센주로(林銑十郎) 조선군 사령관은 도쿄의 지시 없이 독단으로 39여단을 펑톈으로 파견했다.

도쿄의 가나야 한조(金谷範三) 참모총장은 19일 관동군에게 군사행동을 중지하고 원위치로 복귀할 것을 명했다. 그러나 관동군은 만몽 문제의 근본적 해결을 위하여 "다만 작전과 용병(用兵)이라는 전략을 넘어 많은 정략적 사안을 수시로 결정해야 할 시기"에 일일이 참모본부의 지시를 따를 수 없다고 도쿄로 타전했다.[12] 관동군은 이미 군 중앙부와 정부 지휘권에서 벗어났다.

행동을 개시한 관동군은 "만주행진곡"을 부르며 점령지역을 넓혀나갔다.

지난날 일로전쟁에서

용사의 뼈를 묻은

충혼탑을 우러러보라

붉은 피 빛에 물들어

석양을 받으며 하늘 높이

천리 광야에 우뚝 솟았네

동양 평화를 위하는 것이라면

우리들은 생명도 버릴 수 있네

무엇과도 바꿀 수 없는 일본의

생명선이 이곳에 있네

8천만의 동포와

함께 지켜야만 할 만주[13]

관동군은 1932년 초에 만주 전 지역의 점령을 끝냈다. 만주사변으로부터 1년 후인 1932년 9월에는 청나라의 마지막 황제인 푸이(溥儀)를 내세워 만주국(滿洲國)이라는 괴뢰 국가를 세워 처음 의도했던 대로 만주를 중국 본토에서 분리시켰다.

2) 무기력한 정부

만주사변 당시 외무대신이었던 시데하라 기주로는 뒷날 "일본의 패전은 물론 태평양 전쟁의 결과이지만, 그 태평양 전쟁은 루거우차오(蘆溝橋) 사건에서 일어난 중일전쟁(支那事變)이 발전한 것이고, 중일전쟁은 류타오우에서 발화한 만주사변에서 시작되었다"고 회상했다.[14] 만주사변은 태평양 전쟁과 그 패전의 시발점이었다.

19일 아침 사건 발생을 알게 된 시데하라 외상은 즉시 와카쓰키 레이지로(若槻禮次郎) 수상에게 보고하고, 긴급 각료회의를 소집했다. 각료회의는 불확대 방침을 확정하고 이를 미나미 육군대신을 통하여 관동군에게 지시했다. 조선주둔군의 출동도 중지할 것을 명령했다. 그러나 관동군은 정부의 결정과 훈령을 무시하고 계획대로 북만주 장악을 위하여 군사행동을 확대했다. 조선군 사령관 하야시 센주로도 출동중지 명령을 묵살하고 9월 21일 압록강을 넘어 펑톈으로 그의 부대를 진격시켰다.

국제연맹과 미국은 일본이 만주에서 전개한 군사행동을 강력히 항의하고 조속한 원상회복을 요구했다. 일본 정부는 9월 24일 만주 사태에 대한 1차 공식 성명을 발표했다. 일본군의 행동은 중국 군대가 남만주철도를 파괴하고 일본 수비대를 습격한 것에 대한 자위 행위로서 불가피한 것이라고 설명하고, 관동군은 이미 관할지대로 복귀하고 있다는 내용이었다. 그리고 일본 정부는 만주의 영토 지배에 대한 어떠한 욕망도 가지고 있지 않다는 것을 강조했다.

정부 발표와는 달리 관동군은 점령지역을 계속 넓혀 나갔다. 국제적으로 입장이 어려워진 일본 정부는 10월 26일 다시 2차 성명을 발표했다. 만주사변은 전적으로 중국 군대의 도발 행위에서 기인한 것이므로, 일본 국민의 생명과 재산을 보호하기 위하여 군사행동을 취하지 않을 수 없다는 내용이었다. 결국 정부는 관동군의 행동을 옹호하고 침략의 정당성을 강조하기에 이르렀다. 군부는 민간 정부 통제로부터 완전히 벗어나 있음을 보여주었다.

이미 정부는 수습 능력을 상실했다. 21일 각료회의에 참석했던 이노우에 준스케(井上準之助) 대장대신이 마키노 노부아키(牧野伸顯) 내대신에게 내각회의의 분위기는 "육군대신의 의견은 오락가락했고, 이미 각의에서 결정된 방침도 부하들에게 설명하고 그들이 항의하면 없었던 것으로 하는 것과 같이 명령이 서지 않았다"고 전했다. 두 사람의 대화는 사태를 우려하고 탄식하는 것으로 끝났다.[15]

수상 와카쓰키는 주도적으로 사태를 수습하려는 의지를 전혀 보이지 않았다. 궁내대신 기도 고이치는 수상에게 "오늘의 난국을 맞아 내각은 몇 번이라도 회의를 반복하여 국론 통일을 위하여 노력하고, 내각 자체가 확고하고 통일된 강력한 태도를 취할 것을 권유하면서, 내각이 의연한 태도를 취하지 않으면 결국 정권은 군부로 옮겨가게 될 것"이라고 충고했다.[16] 그러나 수상은 여전히 사태 수습을 위한 적극적인 자세를 보이지 않았다.

수상의 리더십 부재는 내각의 의견일치를 어렵게 만들었다. 미나미 육군대신은 이미 사태가 벌어진 이상 일본인의 보호뿐만 아니라 만주와 몽골의 특수 권익 확보를 위하여 정부는 결단을 내려야 할 때가 왔다고 강조하면서 관동군의 행동을 지지했다. 국제관계를 우려한 시대하라 외무대신과 이노우에 준노스케 대장대신만이 관동군의 독자적 군사행동을 비판하며 사태 불확대를 주장했다. 대부분의 각료들은 침묵으로 일관했다.

야당과 재계는 관동군의 행동을 지지하면서 만몽 문제의 근본적 해결을 촉구하고 나섰다. 거의 같은 시기에 정가에 나돌기 시작한 10월 쿠데타설은 군부의 행동을 두려워하는 정치인들을 더욱 위축시켰다. 결국 와카쓰키 내각은 12월에 붕괴되었고, 최후의 정당내각인 이누카이 쓰요시(犬養毅) 정부가 성립되었다. 관동군의 만주 점령과 만주국 건설은 기정사실로 확정되었다.

군부의 독자적 행동과 정부의 무기력과 통제력 상실은 엄청난 결과를 가져왔다. 만주사변은 시게미쓰 마모루가 회고하고 있는 것처럼 "안으로는 완전한 전체주의적 혁신 실행을 목적으로 했고, 밖으로는 극단적인 팽창정책을 꿈꾼 이상화된 나치적 사건"이었고 "일본 개조운동의 진원지"가 되었다.[17]

4. 10월 쿠데타 음모

만주사변 직후 원로 사이온지 긴모치의 최측근인 하라다 구마오(原田熊雄)는 귀족원의 한 좌담회에서 "만주사변을 그저 외교문제라고 생각하면 큰 잘못입니다. 실은 육군 쿠데타의 서막이라고 할 수 있습니다. 금년 3월 20일 의회를 습격하려다가 사전에 진압당한 일부 육군의 계획이 만주로 비화하여 폭발한 것으로 보입니다. 육군은 정부를 철두철미 우습게 보는 것입니다. 위험한 것은 일부 군인이 만주에서 성공했기 때문에 반드시 내지에서도 군의 행동이 잘 될 것으로 확신하게 된 것입니다"라고 발언했다.[18]

하라다의 예상은 적중했다. 만주사변 직후 국내에서는 군부 혁신파 장교들에 의한 두 번째 쿠데타 계획이 추진되고 있었다. 소위 10월 쿠데타 음모였다. 핵심 인물은 3월 쿠데타 계획을 주도했던 하시모토 긴고로, 시게토 치아키, 조 이사무 등이었다. 앞에서 인용한 다나카 기요시의 "수기"에 의하면 10월 쿠데타 계획은 만주사변 계획이 마무리된 1931년 8월에 접어들면서부터 본격적으로 추진되었다.

8월 4일 하시모토 중령은 3월 쿠데타를 도모할 당시 계획안 수립을 담당했던 다나카 기요시에게 관동군이 9월 중순경 '모종의 음모'를 꾸며 만몽 문제 해결의 길을 모색하고 있다는 정보를 제공했다. 그러면서 국내에서도 이 기회를 이용하여 근본적인 국가개조를 단행해야만 하고, 참모본부 수뇌진도 이를 충분히 이해하고 있다고 군 상층부의 분위기를 전했다. 그리고 군부 중심의 정권탈취 계획안을 9월 초까지 작성할 것을 지시했다.

쿠데타 추진계획은 하시모토와 그의 측근에 의하여 은밀히 추진되었다. 3월 쿠데타 계획이 군부의 고위층과 민간인 등 여러 사람이 관여함으로써 실패했다고 판단한 하시모토는 계획을 군 간부와 민간 우익은 물론 사쿠라 회의 온건파에게도 일정 기간 비밀로 했다.

10월 21일을 거사일로 정한 쿠데타 실행계획은 사쿠라 회 장교 120명과 근위사단의 보병 10개 중대를 주력으로 하고, 기관총 1개 중대, 제1사단 보병 제3연대, 육해군 폭격기 10여 기 등을 동원하기로 했다. 거액의 준비금은 관동군으로부터 전달되었다. 오카와 슈메이, 기타 잇키, 니시다 미쓰기 등 민간인의 합류도 계획했다. 행동시 공격대상은 수상 이하 모든 각료, 원로, 실업가, 궁내대신을 살해하고, 경시청과 신문 및 보도통신기관을 점령하며, 육군성과 참모본부를 통제하기로 했다. 거사일의 암호는 "천황-중심"으로 정했다.

쿠데타가 성공하면 군사정권을 수립하고 수상 겸 육군대신에 아라키 사다오(荒木貞夫), 대장대신 오카와 슈메이, 내무대신 하시모토 긴고로, 외무대신 다테카와 요시쓰구, 해군대신 고바야시 세이자부로(小林省三郎), 척무대신 후지타 이사무(藤田勇), 경시총감 조이사무로 확정했다. 관동군의 이타가키 세이시로는 기밀비에서 20만 엔을 쿠데타 자금으로 지원했다.

1) 좌절

거사일 직전인 10월 17일 하시모토를 포함한 12명의 주도세력이 헌병대에 체포되면서 10월 쿠데타 계획도 3월 사건과 마찬가지로 중도에서 좌절되었다. 10월 쿠데타 계획도 처음부터 좌절할 수밖에 없는 이유를 가지고 시작되었다. 무엇보다 중요한 첫째 원인은 쿠데타 계획을 주도한 세력이 보여준 쿠데타의 명분과 현실의 괴리였다. 다나카 기요시의 "수기"에 의하면 쇼와 유신이라는 이름으로 쿠데타를 계획했던 참모장교들이 보여준 무절제한 사생활과 권력지향적인 태도는 쿠데타 반대론자는 물론이고 계획에 동참했던 청년장교들의 불신과 지탄을 불러왔다. 하시모토를 위시한 강경론자들은 메이지 유신 당시의 지사들을 "흉내내면서," 풍부한 자금을 가지고 매일 밤 도쿄의 아카사카(赤坂), 신주쿠(新宿), 요쓰야(四谷) 등의 고급 요정에서 호화롭게 즐겼다. 그들은 쿠데타 계획에 가담한 위관급 청년장교들을 교대로 초대하여 사기를 고무한다는 명목으로 술판을 벌였다. 그들은 주지육림 속에서 혁명을 장담했다.

쿠데타 계획을 주도한 참모장교들은 청년장교들에게 논공행상을 장담하면서 성공하면 2계급 승진을 약속하기도 했다. 청년장교들의 눈에 비친 하시모토를 위시한 강경론자들의 행동계획은 나라를 위한 것이 아니라 자신의 영달을 위한 것이었다. 10월 쿠데타 계획에 처음부터 가담했다가 크게 실망한 청년장교 스에마쓰 다헤이는 "우리들에게 혁신은 곧 죽음을 의미하고 있다. 간신배와 폐하의 중신을 죽이고 자결할 각오를 가지고 있다. 실패하면 물론이지만 성공해도 죽는다고 생각하고 있다. 살아서 2계급 승진해서 공신이 된다는 것은 생각지 않는다"고 주장하면서, "매일 밤 요정에서 여자들을 거느리고 술을 마시며 말로만 하는 혁신과, 병사와 더불어 땀과 먼지투성이가 되어서 생각하는 혁신과는 거리가 있다"고 청년장교들과 참모장교들의 차이점을 강조했다.[19]

청년장교들은 참모장교들이 보여준 신념과 행동의 이중성을 비판했고, 그들을 불신하면서 혁명대열에서 이탈했다. 10월 쿠데타 음모 이후 청년장교들은 참모장교들과 결별하고 쇼와 유신을 위한 독자적 운동을 추진하게 되었다.

좌절할 수밖에 없었던 둘째 원인은 쿠데타 계획의 핵심 세력이었던 사쿠라 회의 분열이었다. 앞에서 지적한 바와 같이 쿠데타의 시기와 방법에서 사쿠라 회의 지도층이 끝까지 의견 일치를 이룰 수 없었다. 쿠데타 음모에 가담했던 온건론자들은 계획이 성숙되면서 강경론에 반대했고, 강경론자들은 온건론자들을 설득하지 못했다. 강경론자들이 쿠데타 강행을 주장하자 온건론자들은 상부에 쿠데타 계획을 보고하고 물리적으로 중지시킬 것을 요구할 정도로 분열되었다. 결국 쿠데타 추진세력이었던 사쿠라 회 안에서의 이견과 대립은 쿠데타 실행을 현실적으로 어렵게 만들었다.

셋째 원인은 민간인들의 분열이었다. 다나카의 "수기"에 의하면, 쿠데타 계획이 발각된 원인이 기타-니시다 파가 정우회에게, 그리고 오카와가 천황 측근에게 쿠데타에 관한 정보를 제공했기 때문이라고 밝히고 있다. 사실은 확인할 수가 없으나, 확실한 것은 처음부터 융합될 수 없는 네 개의 이질적인 집단, 즉 참모장교들, 청년장교들, 기타-니시다 파, 오카와 파가 서로 '동상이몽'을 꿈꾸며 쿠데타를 계획했다는 사실이다. 계획이 진행되는 과정에서 이들 사이에 주도권 선취를 위한 갈등과 암투가 나타났다. 특히 쿠데타 이후 구성될 내각의 명단을 알게 된 기타-니시다의 추종 세력은 쿠데타가 성공하면 국가개조운동 주도권을 하시모토와 오카와 파에 빼앗긴다고 판단했다. 이러한 주도권 투쟁은 쿠데타의 동력을 약화시키고 분열을 조장하는 결과를 가져왔다.

끝으로 10월 쿠데타가 실패할 수밖에 없었던 가장 중요한 원인의 하나는 육군성과 참모본부의 실권을 장악하고 있는 통제파 핵심세력의 태도였다. 그들이 가지고 있었던 개혁의 기본 방향은 3월 쿠데타 음모 당시 보여주었던 것과 같이 점진적이고 합법적 노선이었다. 물론 통제파 고위층도 국내의 정치, 경제, 사회 등 모든 부문에서 개혁이 필요하다는 것을 충분히 인식하고 있었다. 또한 만주에서도 군사행동이 필요하다는 당시 상황에 동조하고 있었고, 그래서 배후에서 만주사변을 여러 가지로 지원했다. 그러나 그들은 체제와 제도적 개편이 불가피한 총체적 개혁은 기존의 법질서 안에서 수행되어야 하고 또한 그것이 가능하고 믿고 있었다. 더욱이 만주에서 일어난 군사행동에 국내는 물론이고 국제 관심이 집중되어 있는 시기에 군의 비합법적 쿠데타는 국내정국의 혼란은 물론이고 국제 위상을 크게 추락시킨다고 판단했다.

군 고위층의 지지 없는 쿠데타는 성공할 수 없었다. 2-26 쿠데타를 포함하여 그후 전개된 모든 행동이 군 고위층의 지속적이고도 통일된 지지를 받지 못하여 실패로 끝났음이 이를 잘 보여준다.

2) 군부의 영향력 확대

10월 쿠데타 계획도 3월 음모와 마찬가지로 미수로 끝났다. 표면적으로는 조용히 끝났고 권력의 본질적 변화도 없었다. 그러나 만주사변에 이어서 노출된 10월 쿠데타 음모는 만주국 건설에 기여하는 한편 국내정치 동향에 충격을 주었다. 앞에서 지적한 이유들로 인하여 10월 쿠데타는 실패했다. 그러나 대아세아협회(大亞世亞協會)를 통하여 우익진영에 영향력을 행사했던 나카타니 다케요가 회상하고 있는 것처럼 10월 음모는 "중앙 정부가 관동군의 기정계획수행을 추수하는" 결과를 만들었다. 쿠데타는 실패했지만, "역으로 만주에서 군이 기정방침대로 작전행동을 수행할 수 있게 했고, 이어서 만주독립국 건설의 추진력을 작용한 것은 논의의 여지가 없는 사실"이었다.[20]

국내 정국에도 커다란 충격을 안겨주었다. 정치권에서 정당내각을 넘어 비상시 강력 내각의 구상이 대두했다. 쿠데타 음모의 진행과 좌절 후 처리과정에서 보여준 정당내각의 무능과 무기력은 군부의 영향력 확대와 본격적인 정치 테러의 길을 열었다.

물론 정계와 재계는 의회정치를 파괴하는 쿠데타를 반대했다. 그러나 그들은 그 반대를 집약적이고 적극적인 행동으로 나타내지 못했다. 10월 쿠데타 계획은 이미 9월 말 경부터 정계 원로와 천황 측근에게 알려진 듯하다. 천황의 최측근인 기도 고이치, 고노에 후미마로(近衛文磨), 하라다 구마오는 물론 정부도 참모장교들이 정당 정치를 종식시키는 쿠데타를 계획하고 있음을 알고 있었다. 또한 쿠데타 계획이 실행되면 나라의 상황은 더욱 어려워지고, 따라서 적절한 대책이 필요하다는 것도 잘 알고 있었다. 그러나 그들은 사태의 진전만을 우려했을 뿐 누구도 권력의 권위를 확립하기 위한 적절한 대책을 강구하지 않았다. 하라다에 의하면, 모두 "이를 대단히 작은 문제로 취급하려고 했고, 총리도 대단히 약한 입장"이었다.[21]

뿐만 아니라 쿠데타 음모가 발각되고 중심인물들이 체포된 후에도 정부는 주도적으로 적법한 사후처리를 집행하지도 못했고, 군부에 책임을 묻지도 않았다. 헌병대에 의하여 구속된 쿠데타 지도세력은 약 2주일간 요코하마 등 몇몇 곳의 여관에 분산, 연금되었다. 그러나 연금된 2주일간의 생활은 국기를 문란하게 한 범죄인이라고는 도저히 상상할 수도 없을 정도로 호화롭고 자유로웠다. 그들은 근신하기보다는 도쿄에서 기생을 불러 유흥을 즐기는 "방종, 불근신한 생활"을 했다. 헌병장교로서 사상, 정치사범을 수사하는 특별고등경찰[特高]의 주임으로 수사를 담당했던 고사카 게이스케(小坂慶助)는 "연금 십수 일 아침부터 밤까지 술! 술!, 밤에는 여자! 여자! 마치 주지육림 속에서 호탕하고 즐겁게 노는 것과 같았다"고 보고서를 작성했다.[22]

3월 음모와는 달리 10월 쿠데타 계획은 언론에 공개되었고 주모자들도 구속되었다. 그럼에도 불구하고 뒤처리는 3월 사건과 같이 간단히 끝났다. 하시모토는 20일간, 그리고 조 이사무와 다나카 와

타루(田中弥)는 10일간 중근신 처벌이 전부였다. 연금되었던 모든 장교들은 처벌 없이 부대로 복귀했다. 육군대신 미나미 지로도 각료 회의에서 쿠데타 음모를 단지 나라를 걱정하는 정열의 발로라고 동기의 순수성을 강조하는 것으로 끝냈다. 이는 정부가 국가권력 주체로서의 통제력을 상실했고, 반면 군의 정치적 영역은 넓어졌음을 뜻하는 것이었다.

10월 쿠데타 계획을 전후해서 정치권에서도 군부에 동조하는 세력이 서서히 움트기 시작했다. 만주사변과 이어진 10월 쿠데타 사건 이후 정치권에서는 군의 힘을 빌려 정권을 장악하려는 움직임이 두드러지게 나타났다. 사건 당시 내무대신이었던 아다치 겐조(安達謙藏)는 정치 위기를 타개하고 사회 불안을 극복하기 위해서 정당 중심 의원내각제를 중단하고 민정당, 정우회, 군부가 협력하여 거국일치 협력 내각을 구성할 것을 제안했다. 정치권에서 이러한 움직임은 국가권력 내부에서부터 점진적 군국화 현상이 나타나고 있음을 암시해주고 있었다.

10월 쿠데타 음모는 군의 쇼와 유신운동에도 예상치 않았던 영향을 미쳤다. 이제 청년장교들은 이 사건을 계기로 국가개조를 표방하는 중견 참모장교들을 총체적으로 불신하고, 독자적인 운동 방향을 모색하게 되었다. 앞에서 살펴본 것과 같이 대체로 10월 사건 전까지 청년장교들은 외부로부터 오카와, 기타, 니시다, 다치바나, 이노우에 닛쇼 등 민간 우익 국가개조론자들의 지도를 받으면서, 안으로

횡적 동지결합을 단계적으로 발전시켜왔다. 청년장교들은 처음부터 군 중앙의 중견 참모장교들과는 별개의 국가개조운동을 추진해왔다. 그들이 행동으로 국가개조운동에 적극적으로 참여하기로 결정한 것은 10월 쿠데타 음모가 처음이었다. 그러나 계획과 행동 추진 과정에서 경험한 중견 참모장교들의 유흥적 태도와 행동력 결여는 청년장교들로 하여금 참모장교들이 가지고 있는 국가개조의 동기와 능력을 불신하게 했다. 청년장교들은 자신들이 가지고 있는 순수한 개혁의지가 참모장교들에 의하여 이용당했고, 또한 배신당한 것으로 판단했다. 10월 쿠데타 음모는 오쿠라 에이이치가 선언한 것처럼 청년장교들에게 중대한 사상적 분수령이었다.[23] 청년장교들은 10월 사건을 계기로 쇼와 유신운동을 독자적으로 추진해야 한다고 믿게 되었다.

좌절된 10월 쿠데타 음모는 민간 우익세력에게도 영향을 미쳤다. 1919년 유존사 결성 이래 쇼와 유신을 위한 민간 우익 활동은 대체로 기타-니시다와 오카와를 중심으로 한, 2대 조류가 형성되어 있었다. 오카와는 참모본부와 관동군의 영관급 이상 장교들과 밀접한 관계를 맺고 있었고, 기타-니시다 주위에는 육해군 청년장교들이 모여 있었다. 국가개조운동의 주도권을 놓고 이들 두 파는 눈에 보이지 않는 암투가 계속되었으나, 10월 쿠데타 계획 이후 오카와와 영관급 참모장교들은 쇼와 유신운동의 전면에서 점차 사라졌다. 그 대신에 기타-니시다를 둘러싼 청년장교들이 중심으로 진입했다.

10월 쿠데타 음모도 3월 사건과 같이 미수로 끝났고 권력구조 변화에 전혀 영향을 미치지 못했다. 그러나 사건 처리는 이후 폭력과 쿠데타로 전개된 쇼와 유신운동을 촉진시켰고, 또한 군부가 정치권력을 장악하는 서막을 장식했다. 훗날 특별고등경찰의 고사카는 10월 사건과 그 후유증을 다음과 같이 회고하고 있다.

지금에 와서 생각해보면, 그때 사건을 철저히 척결하고, 그 뿌리를 잘라냈다면 2-26 사건도 일어나지 않았을 것이고, 중일전쟁은 물론 대동아전쟁에도 빠져 들어가지 않았을 것이다. 따라서 패전의 쓰라림도 없었을 것이고 국민을 전쟁의 화로부터 구할 수 있었을 것이라는 생각이 이어진다.[24]

제8장

일인일살 : 혈맹단 테러

"인내와 불굴의 정신으로 관민이 마음을 합하여 난국타개"를 다짐한 수상의 신년사와 달리 1932년은 정치폭력과 함께 막을 열었다. 2월 9일 대장대신이었던 이노우에 준노스케가 선거 연설장 입구에서 오누마 쇼(小沼正)에게 암살당했다. 그로부터 한 달 후인 3월 5일에는 일본 재계의 대표 인물이며 민정당 후원자인 미쓰이 재벌 이사장 단 다쿠마 남작이 미쓰이 은행 현관 앞에서 히시누마 고로에 의하여 살해되었다. 3월 6일 「도쿄 아사히 신문」의 보도에 의하면 오누마와 히시누마로 이어지는 일련의 암살은 우연이 아니라, "5인으로 구성된 기괴한 암살단"이 계획적으로 실행한 것이었다. "기괴한 암살단"은 훗날 "일인일살(一人一殺)"을 목표로 하는 혈맹단(血盟團)으로 밝혀졌다.

수사결과 암살당한 두 사람 뿐만 아니라 사이온지 긴모치를 비롯한 원로와 귀족, 이누카이 수상을 포함한 정치인과 관료, 이케다 시게아키(池田成彬) 등 재계 요인들이 암살 대상자에 포함되어 있었다. 그리고 이 사건을 총지휘한 인물이 이노우에 닛쇼(井上日召)로 밝혀졌다.

1. 이노우에 닛쇼 : 무법의 애국자

이노우에 닛쇼는 1886년 4월 군마 현(群馬縣) 가와바무라(川場村)의 의사 집안에서 태어났다. 1905년 고향에서 중학을 졸업한 후 그의 생활은 마치 유랑민과 같았다. 1908년 다쿠쇼쿠 대학(拓殖大学)의 전신인 동양협회전문학교(東洋協會專門學校) 중국어과에 진학했으나 끝마치지 못하고 자퇴했다. 방황 속에서 삶의 탈출구를 찾기 위하여 그는 1910년 중국 대륙으로 건너갔다. 중학교 졸업 이후 중국 생활에 이르기까지는 그의 생활은 무절제의 연속이고, 자포자기의 시절이었다.

중국에서 보낸 10년 동안의 이노우에 생활은 무질서했고 직업도 다양했다. 철도역에서 잡부로 일하기도 했고, 밀수상인으로 마적단과 거래하기도 했다. 한때는 일본 육군의 첩보원으로 혁명[辛亥革命]과 전쟁[靑島戰爭]에 참가했고, 통역관으로도 활동했다. 소위 지나 낭인 또는 만주 낭인으로 비정상적이고 굴곡이 심한 삶을 체험했다. 오랜 객지 생활은 그에게 강한 국수주의 사상을 심어주었다. 이노우에는 중국에서 생활하면서 가슴에 품고 있던 일본에 대한 심정을 다음과 같이 기록하고 있다.

이노우에 닛쇼

나의 중국 생활 10년은 '술과 번민' 바로 그것이었다. 당시 중국에 머물렀던 일본인, 특히 청년들은 서로 알던 모르던 만나면 먼저 등색(橙色)이 짙은 일본 술에 만취했다. 그리고 큰 소리로 조국 일본의 우수한 국체, 국토의 아름다움, 인정의 두터움, 청결한 물 등을 수백 번씩 외쳤다. 청년들은 모두 가슴 속에 일본이라는 절세미인을 연인으로 간직하고 있었다. 또한 때때로 친구들과 함께 영사관 지붕에서 휘날리는 일장기를 멀리서 바라보며 나도 모르게 눈물을 흘리곤 했다.[1]

1920년 이노우에가 귀국해서 본 "연인"은 그가 10년 동안 중국 대륙에서 눈물을 흘리면서 그리워하던 모습과는 너무나 달랐다. 이념적으로 사회주의와 공산주의가 범람했고, 경제적으로 빈부격차가 심화되었고, 정경유착과 정치부재 현상으로 일본은 혼돈과 부패 속으로 빠져들고 있었다. "창녀"로 전락한 "연인"의 모습을 보면서, 그는 "누가 나의 연인을 이렇게 더럽혔냐?"고 절규하며 울분을 토로했다.

귀국한 이노우에는 고향의 한 암자에서 3년에 걸친 참선과 사색의 시간을 가졌다. 그러면서 그는 일본이 당면한 위기의 근원을 검토하고, 일본이 가야 할 길과 자신의 역할이 무엇인지 고민했다. 그는 1924년 가을 도쿄로 거처를 옮기고, 다치바나 고자부로, 곤도 세이쿄, 니시다 미쓰기, 해군 청년장교 후지이 히토시 등을 만나 일본이 직면한 문제와 진로를 토론했다. 이러한 과정을 통해서 이노우에는 일본은 총체적 혁신이 필요하다는 결론에 도달했다.

1924년 당시만 해도 이노우에가 지향하는 혁신은 물리적이거나 비합법적 방법에 의한 것이 아니었다. 다치바나 고자부로가 합법적인 농촌부흥운동을 통하여 사회개혁을 꿈꾸었던 것처럼, 이노우에도 종교적이고 합법적인 방법을 모색했다. 국민정신에 국체 관념을 철저히 심어주는 종교적 국민운동을 전개한다는 것이었다. 국민운동을 발전시켜 많은 동조자를 확보함으로써 총체적 개혁이 가능하다는 비교적 이상적이고도 계몽적인 방법을 생각하고 있었다. 그러나 쇼와 유신운동에 직접 참여하면서 개혁 방법은 물리적인 정치폭력으로 발전했다.

1) 군민일체

이노우에의 신념은 군민일체(君民一體)의 황국(皇國) 일본이라는 국수적 국가관에 기초했다. 그에 의하면, 일본은 만세일계의 황통과 군민일체라는 세계 어디에서도 볼 수 없는 우수한 국체를 지니고 있었다. 인간 육체의 모든 지체가 머리에 의하여 대표되지만 머리와 지체가 불가분의 관계에 있는 것처럼, 일본 국체는 천황과 국민이 하나인 군민일체였다.

일본의 군민일체는 중국의 황제와 신하, 또는 유럽의 황제와 인민의 관계와 같은 대립과 타협의 산물이 아니었다. 그에 의하면 일본에서 통치자인 천황과 피치자인 국민의 관계는 천황을 정점으로 이어지는 가족관계이고, 따라서 모든 국민은 천황의 적자이므로 갈등과 분쟁은 있을 수 없는 체제였다. 일국일가(一國一家), 군민일체를 이루고 있기 때문에 일본은 갈등과 투쟁이 있을 수 없는 완전한 국가를 형성하고 있었다.

이노우에가 문제 삼고 있는 것은 이와 같이 우수한 국체가 파괴되고 있는 현실이었다. 그는 두 가지 원인을 지적했다. 하나는 지배계급이 서양의 제도와 학문을 무비판적으로 추종하고 있는 것이다. 그에 의하면, 메이지 이후 지배계층은 무비판적으로 서양을 추종했고, 전통적 요소를 과소평가함으로써 일본 고유의 민족정신과 일본 혼을 파괴하고 있었다. 특히 천황 친정이라는 전통적 통치제도가 있음에도 불구하고 정당정치나 의회정치라는 서양 정치를 모방하고 있었다. 정치뿐만 아니라 경제와 학문도 마찬가지로 서양을 모방하고 있었다. 경쟁적 자본주의 경제는 화합과 협동을 근간으로 하고 있는 농촌경제를 파괴하고 있고, 서양의 지적 풍토는 위험 사상이 뿌리를 내릴 수 있는 토양을 제공하고 있었다. 황금만능의 자본주의 사상은 권력과 금력의 결탁을 낳았으며, 이는 총체적 사회 부패의 근원이었다. 이노우에는 이와 같은 일본의 서양화를 보면서 "우리 일본 민족은 과연 언제까지 서양인의 때[垢]만 핥고 있어야 할 것인가?"라고 탄식했다.

국체가 파괴되고 있는 또 하나의 중요 원인은 지도계급의 무자각성이었다. 물론 이노우에가 지적하는 지도계급이란 원로와 정당과 재벌을 의미하고 있었고, 자각이란 군민일체의 참뜻을 깨닫는 것이었다. 지도계급은 천황과 인민 사이에 벽을 쌓아 군민일체의 전통을 파괴하고 있었고, 천황을 빙자하여 자신들을 특권계급화하고 있었다. 그는 "지배계급 여러분! 당신들은 자기 자신을 무엇보다 소중히 여기고 있겠지. 그리고 자신의 부모와 자식들을 무한히 사랑하고 있겠지. 그렇다면 왜 그와 똑같은 눈으로 국민 대중을 볼 수 없는가?"라고 하면서 지배계급의 자각을 촉구했다.

일본이 직면한 모든 위기는 바로 지배계급의 무자각에서부터 시작되었고, 그들은 자신의 무자각을 깨우치지 못하는 데에 있었다. 지배계급의 무자각을 깨우치기 위한 가장 신속하고도 효과적인 처방은 그들의 생명을 위협하는 길이라는 것이 이노우에의 생각이었다.

일인일살주의는 결국 지도계급을 자각시키기 위한 수단이었다. 그는 "지배계급의의 금성철벽에는 언론도, 지사의 성의도 무력하기 그지없다. 나는 그들의 자각을 유도할 수 있는 유일한 길은 오직 그들이 가장 소중히 여기는 생명에 위협을 가하는 한 길 외에는 없다고 생각한다"고 주장하면서, 생명을 위협하는 것이 "선이냐 악이냐를 따질 것이 아니라 일본의 국가 발전을 위해서 반드시 필요한 과정"이라고 강조했다.[2]

이노우에는 지배계급의 생명에 타격을 주는 테러, 그의 표현을 빌리면, "외과적 치료" 그 자체가 모든 병폐를 일소할 수 있다고는 생각하지는 않았다. 다만 테러가 지배세력을 자각시키고 쇼와 유신을 앞당길 수 있는 기폭제로서의 역할을 할 수 있다는 데에 의미를 부여했다. 그는 청년장교와 농촌 청년에게 "사석(捨石)," 즉 버림돌이 되어 쇼와 유신이라는 제단의 제물이 되고, 기폭제로서 기존 질서 파괴의 전위대가 될 것을 요구했다. 이노우에에 의하면, 파괴 그 자체가 혁명이고 건설이었다.

혁명이란 무엇인가? 그것은 병아리가 껍질을 깨고 새 생명이 태어나는 것이다. 풀의 새싹 또한 땅을 뚫고 나오게 마련이다. 기본 질서를 부수는 것은 곧 파괴를 의미한다. 병아리가 태어나는 것이나 새싹이 밀고 나오는 것은 곧 건설을 뜻한다. 기본 질서를 파괴하지 않고서는 새로운 생명이 태어날 수 없는 것처럼, 혁명 또한 파괴 없이 건설이 있을 수 없다. 병아리가 껍질을 파괴했을 때 비로소 자신의 생명이 태어날 수 있는 것과 마찬가지로 파괴는 그 자체가 이미 건설을 뜻하고 있다. 혁명은 파괴이고 이것은 곧 건설을 의미한다.[3]

쇼와 유신이라는 제단에 제물이 될 것을 강조한 이노우에의 사석 논리는 추종 세력에 많은 영향을 미쳤다. 대장대신 이노우에 준노스케를 살해한 오누마 쇼는 재판정에서 "우리들의 이상은 이노우에 선생이 '일본 정신 속에서 살자'라고 가르치신 것과 같이 완전한 국가를 건설하는 데에 있었다. 건설한다는 것은 곧 파괴를 의미하고 있었고, 파괴 그 자체가 곧 건설로 이어진다"고 믿었고, 이를 위하여 "사석이 될 것을 각오했다"고 진술했다.[4]

2) 추종 세력

이노우에의 주변에는 그의 신념과 폭력적 국가개조를 추종하는 사람들이 모여들었다. 이들은 대체로 세 종류로 분류된다. 첫 번째 집단은 오아라이 구미(大洗組)라는 이바라키 현의 지방청년들이었다. 이노우에는 1928년부터 1930년까지 3년 동안 궁내대신을 역임한 다나카 미쓰아키(田中光顯) 백작의 권유와 후원으로 이바라키 현 오아라이(大洗)에 위치한 호국당(護國堂)에 머무르면서 지방청년들을 가르쳤다. 그는 호국당 시대를 통하여 후루우치 에이지(古內榮司), 오누마 쇼, 히시누마 고로 등과 같은 초등학교 교사와 농촌 청년들을 충성스러운 추종 세력으로 육성할 수 있었다. 그들에게 군민일체의 국가관과 사석의 혁명관을 심어주었다. 이노우에를 우두머리로 삼은 이들은 자신의 모임을 오아라이 구미라고 부르고, 쇼와 유신을 위한 사석이 될 것을 각오하고 있었다. 이들이 혈맹단 사건의 주역이었다.

이노우에를 추종한 두 번째 집단은 해군 청년장교들이었다. 1930년 1월부터 급진주의자인 후지이 히토시 중위를 위시한 해군 청년장교들이 호국당에 출입하기 시작했다. 이노우에는 해군에서 최초로 쇼와 유신운동을 주도한 후지이를 통해서 해군 청년장교에게 군민일체와 사석 논리를 전했다. 5-15 테러 주역인 미카미 다쿠, 고가 기요시, 나카무라 요시오, 스즈키 시로(鈴木四郎) 등이 그들이었다.

이노우에의 이념에 공감하여 그를 추종한 세 번째 집단은 혁신 사상을 지닌 젊은 대학생들이었다. 1930년 호국당 시대를 마감하고 도쿄에 정착한 이노우에는 전통적 일본주의자이며 금계학원(金鷄學院) 설립자인 야스오카 마사히로의 지원을 받으면서 젊은 대학생들을 포섭했다. 도쿄 제국대학 법학부의 요쓰모토 요시타카, 문학부의 이케부쿠로 쇼하치로, 교토 제국대학 문학부의 다쿠라 도시유키, 법학부의 모리 겐지 등이 그들이었다. 이노우에의 풍부한 인생경험과 그 경험에서 우러나오는 인간적 매력은 순진한 학생들을 감동시키기에 충분했다. 감수성이 예민한 대학생들은 이노우에의 사석 논리에 깊이 심취되었고, 그의 심복이 되었다. 이들은 혈맹단 사건 당시 직접 행동에는 참여하지 않았으나 정계, 재계의 중요 인물 암살계획에 깊이 관여했다.

이노우에는 쇼와 유신으로 표현되는 변혁을 고대하고 있는 대중은 마치 목마른 사람이 샘물을 찾고 있는 것과 같은 심정이므로 누군가가 일어나 개조의 봉화를 높이 들면 반드시 커다란 호응이 있을 것이라고 확신했다. 그는 추종 세력과 더불어 지도계급의 자각을 촉구하고 국가개조를 위한 사석이 되기 위하여 일인일살주의를 바탕으로 한 정치폭력을 계획하고 실행했다.

2. 혈맹단원의 사회인식 : 부패와 폭력혁명

<표 2>에서 볼 수 있는 것과 같이 혈맹단 사건에 가담하여 실형을 받은 인물들은 이노우에 닛쇼와 후루우치 에이지를 제외하고는 모두 20대의 젊은 청년들이었고, 대부분이 대학생, 교사, 노동자, 농민들이었다.

혈맹단원들이 이노우에 닛쇼의 영향을 받아 행동대열에 가담했음은 두말할 필요도 없다. 그러나 비록 그것이 정제된 것은 아니지만 그들이 이노우에를 접하기 전부터 사회현상에 대한 문제의식을 가지고 있었음을 알 수 있다. 물론 그들의 문제의식이 당시 청년 및 학생 전체를 대변하고 있다고 단정할 수는 없으나, 젊은 계층이 가지고 있었던 사회의식의 한 단면을 볼 수 있다. 그러한 문제의식이

<표 2> 혈맹단 사건 가담자들의 형량

이름		나이	직업	형량
이노우에 닛쇼	井上日召	48	무직	무기징역
후루우치 에이지	古內榮司	33	초등학교 교사	15년
오누마 쇼	小沼正	23	점원	무기징역
히시누마 고로	菱沼五郎	23	농민	무기징역
구로사와 다이지	黑澤大二	24	농민	4년
이토 히로시	伊藤廣	22	농민	3년
요쓰모토 요시타카	四元義隆	26	도쿄제대 법학부	15년
이케부쿠로 쇼하치로	池袋正釟郎	29	도쿄제대 문학부	8년
구키타 스케히로	久木田祐弘	24	도쿄제대 문학부	6년
다나카 구니오	田中邦雄	25	도쿄제대 법학부	6년
다쿠라 도시유키	田倉利之	26	교토제대 문학부	6년
호시코 다케시	星子毅	26	교토제대 문학부	4년
모리 겐지	森憲二	23	도쿄제대 법학부	6년
스다 다로	須田太郎	26	고쿠가쿠인 대학	6년

이노우에의 가르침을 받으면서 결집된 행동으로 나타났다.

사건 이후 나타난 혈맹단원의 공판기록과 진술서를 보면 그들은 당시 일본이 직면했던 정치부패, 사회불안, 경제위기, 국제사회에서의 일본의 위상 등 모든 분야에 깊은 관심을 가졌음을 알 수 있다. 그러나 핵심 관심은 역시 정치문제였다.

1) 부패한 사회

혈맹단원, 특히 대학생들이 품고 있었던 문제의식은 이노우에의 근본 사상인 군민일체라는 국가 근본이 파괴되고 있다고 보는 것에서부터 출발했다. 교토 제국대학 문학부 학생이며, 요쓰모토 요시타카와 함께 천황의 최측근인 내대신 마키노 노부아키를 살해하기로

했던 다쿠라 도시유키가 주장하고 있는 것처럼 천황과 국민은 "의(義)는 군신, 정(情)은 부자와 같고, 천황은 국민을 적자와 같이 보살피고, 국민은 천황을 현인신(現人神)으로 받들고 존경함으로써 지속되는 관계"였다.[5] 즉 군(君)과 민(民)은 분리될 수 없는 일체였다. 그러나 메이지 유신 이후 원로를 위시한 소위 특권계급이 형성되면서 천황과 국민 사이에 벽이 생겼고, 천황과 국민의 소통이 단절되었다. 일본이 직면한 모든 위기는 바로 여기에서 시작되었다는 것이다.

그렇다면 군민일체를 파괴하고 있는 주범은 누구인가? 의회정치 제도와 의회정치의 주체인 정당과 재벌이었다. 의회는 위로 천황을 받들고 아래로 국리민복을 증진시키는 기관이어야만 했다. 그러나 현실은 달랐다. 혈맹단의 눈에 비친 의회는 매국노의 무리로서 사자의 몸속에 있는 벌레와 같은 집단이었고, 이곳에서 이루어지는 정치는 국민을 위한 것이 아니라 당리당략과 자본가를 위한 금권정치였다. 달리 설명하면 의회정치에 참여하고 있는 정치인들의 일차적 관심사는 국리민복이 아니라 이권획득이었고, 이를 위해서 수단과 방법을 가리지 않는 집단이었다. 결국 의회는 증오와 파괴의 대상이었다.

정당과 재벌의 결탁은 정치의 부패를 더욱 심화시켰다. 미쓰이 재벌의 총수 단 다쿠마를 암살한 히시누마 고로는 법정에서 "국정을 심의하는 대의사(代議士)는 국민의 대표로서 무엇보다도 엄정하고 공평한 선거에 의하여 선출되지 않으면 안 된다는 것은 두말할 필요도 없다. 그러나 현실은 어떤가? 완전한 부패선거이다. 어떤 사람은 매수로 득표하고, 또다른 사람은 관헌을 사주하여 선거인을 위협, 회유하는 등 온갖 추악한 수단을 사용하여 목적을 성취하고 있다"고 강조했다. 특히 그는 정치와 재벌의 결탁을 비판했다. 그에 의하면, 선거비용의 많고 적음이 당락의 운명을 결정하기 때문에 정치인은 재벌의 지원을 필요로 했고, 재벌은 정치인을 통해서 합법적으로 축재하는 관계가 형성되어 있었다. 정치인은 지조를 간단히 팔아넘기는 창부보다 못한 존재였고, 재벌은 자신의 이익만은 지상목표로 추구하는 집단이었다.[6] 그러므로 재벌의 상징인 단 다쿠마를 살해한 것은 지배계급을 각성시키기 위한 '의거'였다.

혈맹단 테러에 가담한 청년들은 정치구조를 정당은 재벌에게, 재벌은 관료에게, 관료는 정당에게 상호 의존하는 삼위일체의 먹이사슬 관계라고 인식했다. 이러한 구조 속에서 이루어지는 정치는 특권계급의 이익을 보호하고 확대하는 것이 일차적 목적이었다. 국리민복은 부수적인 과제였을 뿐이다. 그렇기 때문에 국체를 파괴하고 정치부패만을 생산하는 정치제도는 개조되고, 정치인과 재벌과 관료의 먹이사슬 관계는 단절해야만 했다. '파괴적 혁명'이라는 이 과업이 그들의 역사적 소명이었다.

2) 폭력혁명

혈맹단이 주장하는 개조와 개혁은 폭력적인 파괴 행위를 뜻하고 있었다. 의회는 부패한 정당으로 구성되어 있고, 타락과 부정선거로 형성된 집단이므로 이미 개혁의 정당성을 상실하고 있었다. 여론을 이끄는 지도자가 올바른 국가관을 가지고 있지 못하므로 여론을 통한 개혁 또한 기대하기는 어려웠다. 또한 교육을 통해서 국민을 계몽하여 선거에서 훌륭한 대표를 선출하고 그 힘으로 개혁을 실행해 나간다는 것은 "꿈과 같은 공론"이라고 할 수 있었다.

일본은 비상시국을 맞이하고 있었다. 비상시국이기 때문에 개혁 또한 폭력이라는 비상수단에 의존할 수밖에 없었다. 폭력적 개혁은 결코 국체에 위배되는 것이 아니었다. 군민일체가 파괴되고 있음에도 국가조직이 이를 바로잡지 못할 때, 폭력은 시대정신이고 국민의 당연한 사명이라고 그들은 생각했다. 원로 사이온지의 암살자로 정해졌던 이케부쿠로가 심문 과정에서 "언론은 무력하고, 의회를 통한 개혁이 불가능하다고 판단될 때, 개조는 반드시 무력에 의존할 수밖에 없고," 국민의 생활이 궁핍해지면 "힘을 써서라도 반드시 혁명을 수행해야만 한다"고 주장하는 것도 같은 맥락이었다.[7]

혈맹단은 현실이 이처럼 급박함에도 불구하고 국가개조를 위한 행동이 구체화되지 않고 있다는 점을 주시했다. 이는 결국 이노우에닛쇼가 강조하는 자기 존재를 부인하고 사석이 되겠다는 사람이 없기 때문이었다. 개혁의 필요성에 대해서는 이미 공감대가 형성되어 있으나 사석이 되려는 인물이 없기 때문에 개혁의 불길이 일어나지 않았다. 다만 누군가가 사석이 되어주기를 기대하는 '사이비' 혁명가가 있을 뿐이었다. 이노우에 준노스케를 살해한 오누마에 의하면 "혁명을 외치는 대부분의 사람이나 집단들은 정신이상자로서 '혁명, 혁명' '애국, 애국'을 밥 먹듯이 외치나 무엇 하나 실행하는 것이 없는 '애국 장사꾼들'이었다." 그들은 일부 권력계급과 결탁하여 혁명을 통하여 자기의 권력 확대를 노리는 자들이었다.

일본이 필요로 하는 "기폭제"가 되었고, "사석"이 되어 자신을 불태우는 인물이었다. 오누마와 히시누마가 이노우에와 단을 암살한 동기도 쇼와 유신을 위하여 희생하는 사석이 되기 위함이었다.

3. 계획과 실행

앞에서 지적한 바와 같이 10월 쿠데타 계획이 무산되면서 쇼와 유신운동의 주류 세력도 재편성되었다. 청년장교들은 3월과 10월 쿠데타를 기획했던 참모장교들과 결별하고 독자 노선을 택했다. 오카와, 기타-니시다, 이노우에 등이 이끄는 민간 집단들도 복잡한 이합집산을 거쳤다. 그 과정에서 이노우에 그룹은 즉시 행동을 주장하는 해군 청년장교 집단과 합류했다.

이노우에는 해군 청년장교와 민간인이 연합하는 테러를 계획했다. 그는 1932년 1월 고하 기요시를 중심으로 한 해군 청년장교들과 후루우치 에이지가 이끄는 오아라이 구미와 함께 모임을 가지고 쇼와 유신의 새로운 진로를 논의했다. 이 자리에서 그들은 쇼와 유신이라는 대업은 간단히 성취되지 않는다는 것, 유신을 위해서는 기폭제가 필요하다는 것, 그리고 모두 사석이 될 각오를 가지고 "개조의 횃불"을 들어야 한다는 데에 합의했다. 최종적으로 (1)오아라이의 민간인과 해군 청년장교가 연합하여 진무 천황(神武天皇)의 즉위일인 기원절(紀元節, 2월 11일)을 기하여 정계와 재계의 거물을 암살하고, (2)암살 무기는 권총을 사용하고, (3)후지이 히토시 등 지방에 있는 해군 동지들에게 이와 같은 결정을 전달하고 해군의 동참을 촉구하기 위하여 도쿄 제국대학 법학부의 요쓰모토 요시타카를 파견한다는 세 가지 사항을 결정했다.

그러나 암살 프로젝트는 수정이 불가피했다. 1932년 1월 28일 상하이 사변(上海事變)이 발발하면서 행동에 동참하기로 했던 후지이 히토시를 비롯한 해군 청년장교들이 전쟁터인 상하이로 파송되었다. 테러 계획에 참가키로 했던 해군 청년장교들은 본의 아니게 행동대열에서 이탈하게 되었고, 따라서 기원절 계획도 재검토가 필요했던 것이다.

상황변화에 따라 이노우에는 테러 계획을 두 단계로 나누어 진행하기로 했다. 1차로 민간인 주도로 일인일살주의에 따라 거물 암살 프로젝트를 기존의 계획대로 수행하고, 해군 청년장교들은 상하이에 출정했던 동지들이 귀국할 때를 기다려 육군 청년장교들과 연합하여 2차로 테러를 결행한다는 것이었다. 고가 기요시 등 전쟁터로 출정하지 않은 해군 청년장교들은 민간인과 함께 암살 프로젝트에 참가할 것을 강력하게 희망했으나, 이노우에는 보다 효과적이고 지속적인 행동을 이끌기 위하여 그들의 참여를 반대했다. 고가를 위시한 해군 청년장교들은 이노우에의 결정대로 제1차 행동에는 가담치 않고, 제2차 행동을 위한 준비를 착수했다.

이노우에는 추종자들과 함께 보다 구체적인 계획을 세웠다. 테러 계획의 요점은 (1)이노우에가 제1진과 제2진의 테러를 총체적으로 지휘하고, (2)혈맹단원은 일인일살주의에 따라 각자 기회를 포착하여 암살을 감행하고, (3)암살 행동은 2월 7일 이후로 정하고, (4)이노우에가 활동하기 어려운 상황에 처하면 각자 판단에 따라 행동한다는 것이었다. 최종적으로 확정한 암살 대상자는 원로 사이온지 긴모치를 포함한 4명의 특권계급, 수상 이누카이 쓰요시와 민정당 간사장 이노우에 준노스케를 포함한 7명의 정당 정치인, 미쓰이 등의 재벌총수를 포함한 10명의 재계 인물이었다.[8]

계획대로 오누마는 2월 10일 이노우에 준노스케를, 히시누마는 3월 5일 단 다쿠마를 암살하는 데에 성공했다. 수사기관도 민첩하게 움직였다. 단의 암살 직후 수사기관은 사건의 전모를 파악한 듯하다. 3월 7일 「도쿄 아사히 신문」 보도에 의하면, 경시청은 만주 낭인 이노우에 닛쇼, 후루우치 에이지, 구로사와 다이지(黑澤大二) 등 관련자들의 명단을 파악하고 검거하기 위한 수사를 본격적으로 착수했다. 암살 프로젝트는 중단될 수밖에 없었다.

혈맹단의 테러가 시작되면서 이노우에 닛쇼는 우익의 대부인 도야마 미쓰루의 아들 도야마 히데조(頭山秀三)가 경영하는 천행회 (天行會) 도장(道場)에 숨어서 계획을 지휘했다. 그러나 단 다쿠마 살해 이후 가담자들이 속속 구속되고, 자신에 대한 수사도 더욱 강화되자 이노우에는 3월 11일 경시청에 자진 출두했다. 이노우에가 자수함으로써 혈맹단 사건이라고 알려진 암살 테러는 일단 끝나게 되었다.

이어진 혈맹단 테러에 대한 재판은 2년 반 동안 계속되었고, 최종 판결은 1934년 11월 22일 무기징역(이노우에, 오누마, 히시누마)에서 3년에 이르는 실형이 언도되는 것으로 종결되었다. 대부분 형기를 채우기 전에 석방되었으며 그후 사회활동을 계속했다.

오누마는 전후 출판사 업계공론사(業界公論社) 사장으로 우익활동을 계속하면서 1978년 「일살다생(一殺多生)」을 출간했다. 히시누마는 오바타 고로(小幡五朗)로 개명하고 1958년 이바라키 현의원에 당선된 후 8기 연속 당선되어 현의회장을 역임하는 등 1990년 사망할 때까지 현 정계의 실력자로 활동했다. 도쿄 제국대학 법학부 출신인 요쓰모토 요시타카는 출옥 이후 이노우에와 함께 고노에 후미마로의 보살핌을 받았고, 그후 스즈키 간타로(鈴木貫太郎) 수상의 비서로 정치에 관여했다. 전후에도 정계에 깊숙이 관여하여 정계의 '흑막'으로 알려졌다. 특히 호소카와 모리히로(細川護熙) 정권에서는 '그림자 나침판'으로 알려졌다. 이노우에 닛쇼는 하마구치 수상을 저격했던 사고야 도메오와 함께 우익단체[護國團]를 조직하여 61세

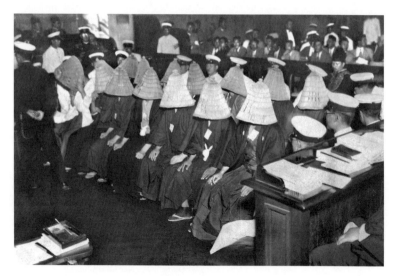

혈맹단 재판 광경

에 죽을 때까지 활동했다.

　혈맹단 사건은 근대 일본 정치사와 쇼와 유신운동에 중요한 전환점을 이루고 있다. 1920년대부터 싹터서 성숙된 국가개조운동이 행동으로 나타난 최초의 사건이다. 1930년대에 들어서면서부터 민간인과 참모장교들을 중심으로 쇼와 유신을 위한 쿠데타가 적극적으로 검토되었으나, 3월과 10월 쿠데타 계획에서 에서 볼 수 있듯이 실행에 옮겨지지 않고 다만 음모로만 끝났을 뿐이었다. 혈맹단 테러가 비록 두 사람을 암살하는 데에 그쳤지만, 행동으로 실천함으로써 이노우에가 주장한 사석으로서의 기폭제 역할을 충분히 수행할 수 있었다.

　3월 8일자 「도쿄 아사히 신문」이 보도하고 있는 것처럼 혈맹단 사건을 기점으로 "테러 공포시대"가 그 막을 열었다. 혈맹단 테러는 곧 해군 청년장교들의 5-15 테러로 이어졌고, 2-26 쿠데타로 발전했다.

제9장

쇼와 유신의 횃불 : 5-15 쿠데타

정국의 소용돌이 속에서 와카쓰키 내각이 총사퇴하고, 이누카이 쓰요시를 수상으로 하는 정우회 내각이 출범했다. 1931년 12월 13일 이었다. 이누카이는 수상으로 취임하면서 의회를 해산하고 총선거를 실시하여 정우회가 반수가 넘는 다수 의석(301석)을 확보하여, 국민 지지기반을 다지면서 당면과제를 해결하려고 했다. 그는 '경제 해결사'로 알려진 다카하시 고레키요(高橋是淸)를 대장대신으로 기용하여 금수출재금지(金輸出再禁止)와 태환(兌換) 정지를 단행하는 등 적극재정 정책을 택하여 불황 타개를 시도했다. 황도파 청년장교의 신망이 두터운 아라키 사다오를 육군대신으로, 그리고 군부 내의 급진파와 긴밀할 관계를 맺고 있는 모리 가쿠(森恪)를 내각서기관장으로 임명하여 군부 안에서 거세게 일어나고 있는 혁신운동을 통제하려고 했다. 만주사변 처리문제를 위해서도 나름대로의 길을 모색했다. 그는 군부 주도의 만주국 승인에 소극적 입장을 취하면서 현양사(玄洋社) 출신의 대륙낭인 가야노 나가토모를 내세워 중국국민당과 협상을 벌였다.

이누카이의 적극적인 정책은 정국을 안정시키는 듯했으나, 혈맹단 테러와 이어진 5-15 쿠데타는 의회정치의 조종(弔鐘)을 울렸다. 정치권력은 군부로 넘어갔고, 일본은 위기의 시대로 접어들면서 파국을 향하여 행진했다.

「도쿄 아사히 신문」은 1932년 5월 16일 새벽 "지난 밤 제도(帝都) 미증유의 불상사"라는 제목의 호외를 발행했다. 호외에 의하면, 수상 관저에서 군인의 습격을 받은 이누카이 쓰요시 수상은 자정을 넘기지 못하고 숨을 거두었고, 마키노 노부아키 내대신 관저도 습격당했으며, 경시청, 정우회 본부, 미쓰비시 은행, 도쿄 변두리의 발전소 등이 파괴되었다. 육-해군 청년장교와 다치바나 고자부로를 중심으로 한 농민결사대가 연합하여 쿠데타를 기도한 행동이었다. 훗날 '5-15 사건'으로 알려진 정치 테러는 혈맹단 테러가 던진 기폭제의 결과였다.

1. 쇼와 유신에 횃불을 당기는 거사

혈맹단의 일인일살에 이은 5-15 쿠데타는 격문이 강조하고 있는 것처럼 "쇼와 유신에 횃불을 당기는 거사"였다. 스스로를 국가개조를 위한 국민전위당(國民前衛黨)이라고 부른 그들은 일본의 흥망이 거사의 성사에 달렸다고 주장하며 행동에 나섰다.

쇼와 유신의 중심 세력이 육군 청년장교들이라는 데에는 청년장

事祥不の有會未都帝夕昨

東朝日新聞

號外

各方面襲撃の實相
—首相官邸 內府邸 警視廳
日銀 三菱銀行 政友會本部

首相遂に兇手に倒る

昨夜十一時廿六分絕

5-15 테러와 이누카이 수상의 사망을 알리는 호외

교들 사이에서도 이론이 없었다. 또한 육군 청년장교들 스스로도 자신들이 쇼와 유신의 주체라고 자부하고 있었다. 그럼에도 불구하고 해군 청년장교들이 쇼와 유신의 횃불을 먼저 당기게 된 데에는 몇 가지 '상황적' 이유가 있었다. 첫째는 이노우에 닛쇼와의 친분과 혈맹단 테러의 연속이었다는 점이다. 후지이 히토시를 비롯해서 고가 기요시, 미카미 다쿠, 나카무라 요시오 등 해군 청년장교들은 1930년 이후 이노우에 닛쇼의 호국당에 출입하면서 그의 기폭제 이론에 공감했고, 그런 연유로 그들은 일인일살 테러를 이노우에와 함께 계획했다. 그러나 후지이 히토시를 위시한 일부 해군 청년장교들이 상하이 전투에 파견되면서 물리적으로 참여할 수 없게 되었고, 쿠데타 계획을 두 단계로 나누어 실행했다. 해군 청년장교들이 중심이 된

5-15 쿠데타는 혈맹단 테러에 이어서 진행된 제2차 행동이었다.

둘째 이유는 당시 육군 청년장교들이 처해 있었던 상황이다. 앞에서 지적했듯이 이누카이가 내각을 꾸리면서 군부 안에서 거세게 일어나고 있는 혁신운동을 통제하기 위하여 황도파 청년장교들의 신망이 두터운 아라키 사다오를 육군대신으로 기용했다. 뿐만 아니라 아라키 육군대신의 지원을 받고 있는 무토 노부요시(武藤信義)가 교육총감 자리를 차지하고 있었다. 황도파 후원세력이 내각의 중심부를 이루면서 육군 청년장교들은 변혁을 기대했고 당장 폭력을 수반하는 행동에 소극적 입장이었다.

이와 더불어 가장 중요한 이유는 행동의 시급성이었다. 앞에서 지적했듯이, 3월 11일 이노우에 닛쇼가 자수하고 이어서 혈맹단 테러에 가담했던 사람들이 모두 검거되었다. 혈맹단 테러에 사용되었던 권총과 탄환은 후지이 히토시가 상하이에서 비밀리에 보낸 것으로서 미카미 등 해군 청년장교를 거처 혈맹단에 전달된 것이었다. 수사가 진행되면 결국 해군 청년장교들과 혈맹단의 관계가 밝혀지게 될 것이고, 해군 청년장교들의 구속 또한 시간문제였다. 전후 고가 후지토(古賀不二人)로 개명한 고가 기요시가 설명하고 있는 것처럼 이러한 급박한 상황이 해군 청년장교들로 하여금 혈맹단에 이은 테러를 서둘러 추진하게 만들었다.[1]

1) 계획

혈맹단 테러에 깊숙이 관여했던 미카미, 고가, 나카무라 등 해군 청년장교들은 3월 13일부터 본격적으로 쿠데타 실행에 필요한 세력 규합에 나섰다. 그들은 먼저 육군 청년장교들과 연합을 추진했다. 고가와 나카무라는 육군 청년장교들의 중심인물이었던 오쿠라 에이이치와 무라나카 다카지 등을 찾아가서, "혈맹단의 성과는 여러분이 아는 그대로이다. 우리는 이 기회에 속히 전과(戰果)를 확대하여 유신에 돌입해야만 한다고 판단하고 있다. 해군은 궐기할 결의가 되어 있다. 육군도 우리와 같이 궐기하기를 바라고 있다"고 설득하며 육군 청년장교들이 동참할 것을 촉구했다. 그러나 답은 부정적이었다. 오쿠라는 "우리 육군 측 판단은 시기상조라고 생각한다. 해군도 자중해야만 하는 것이 아닌가? 비합법적 수단에는 신중해야만 한다"라며 해군 측 요구에 응하지 않았다.[2] 당시 육군 청년장교들은 새로 육군대신에 임명된 아라키의 개혁에 기대를 가지고 있었기 때문에 자중하는 입장이었다.

해군 청년장교들은 육군의 협조를 포기하지 않았다. 이노우에 닛쇼와 밀접한 관계를 맺고 있는 고토 에이한(後藤映範), 사카모토 겐이치(坂元兼一) 등 육군 사관후보생들을 접촉하여 그들의 지원을 당부했다. 1931년 가을 육군사관학교 본과에 입교한 이들은 스가나미 사부로를 통하여 국가개조운동에 눈을 뜨게 되었고, 다치바나 고자부로와 이노우에 닛쇼를 접하면서 쇼와 유신의 꿈을 키운 청년장교들이었다. 이들 사관후보생은 10월 쿠데타가 중도에 좌절된 것은 참모장교들의 사욕과 군부 내의 주도권 쟁탈 때문이었다는 것을 알게 되면서 이노우에가 주장한 "사석"과 "기폭제" 논리에 동조했다.

해군 청년장교들은 사관후보생들에게 혈맹단의 기폭제가 결실을 거두기 위해서는 특권계급을 향한 지속적 테러가 필요하다는 것, 분위기가 성숙되었다는 것, 육군에서도 사석의 존재가 필요하다는 것 등을 설명하면서 동참을 촉구했다. 육군 사관후보생들은 동의했고, 쿠데타에 참여하기로 결정했다.

다치바나 고자부로가 이끄는 애향숙을 중심으로 한 농민도 참여했다. 이노우에 닛쇼는 농촌구제를 위하여 농촌에서 농본주의를 실천하고 있는 다치바나를 존경했고, 그가 파괴 이후의 건설 과정에 크게 기여할 인물로 판단하고 있었다. 이노우에는 파괴는 자신의 몫이고 그후의 건설은 다치바나가 이끌어줄 것을 당부했을 정도로 그의 능력을 평가했다. 혈맹단 테러 이후 이노우에가 구상한 제2진 테러가 추진되고 있을 때 다치바나도 참여하기로 했다. 다치바나는 애향숙 회원을 중심으로 농민결사대를 결성하고 도쿄 주변의 발전소 파괴 임무를 맡았다.

해군 청년장교들은 오카와 슈메이 등 우익 지도자들을 접촉하여 도움을 요청했다. 그들도 적극적으로 동조하며 테러에 필요한 무기와 자금을 마련해주겠다고 약속했다.

네 개의 다른 집단의 세력 규합을 완료한 해군 청년장교들은 5월 13일 이노우에 닛쇼의 추종 세력, 사관후보생, 애향숙의 대표들과 함께 최종 행동계획을 수립했다. 거사일을 5월 15일 오후 5시 30분으로 확정한 쿠데타 계획에 따르면, 해군 청년장교들과 육군 사관후보생들은 수상, 내대신 등의 정치인들과 천황 측근들을 암살하고 화족회관과 정우회와 민정당 본부를 습격하고, 이어서 형무소를 습격하여 구속된 혈맹단원을 해방시킨다는 것이었다. 애향숙을 중심으로 한 농민결사대는 도쿄 시내의 발전소를 파괴하는 임무가 담당하기로 했다. 그리고 러일전쟁의 영웅 도고 헤이하치로(東鄕平八郎)를 추대하고 계엄정부를 구성하고 농본주의에 근거한 국가개조를 단행한다는 것이었다.*³ 그러나 계엄정부 구성을 위한 어떠한 수단이나 계획도 준비하지 않았다.

모든 것이 확정된 후 고가는 오카와와 다치바나를 방문하여 행동계획을 보고하고 동의를 받았다. 오카와는 찾아온 고가에게 권총 5

---

* 쇼와 유신운동 기간 내내 내대신(內大臣) 등 '궁중 그룹'으로 알려진 천황의 최측근이 공격 대상이 된 것은 그들이 천황의 이름으로 국정을 농단한다고 판단했기 때문이었다. 메이지 헌법에 의하면 천황은 통치권의 총람자이며 동시에 국가 신도의 제사(祭司)이며 황실의 가장이기 때문에 궁중은 내각과 별도로 천황을 보좌하는 측근들로 구성된 막강한 조직을 거느리고 있었다. 궁중 안에서 항상 천황을 보필하며 내대신부(內大臣府)를 총괄하는 내대신(內大臣, 내각의 내무대신과 구별), 시종장(侍從長), 군사적 업무를 보좌하는 시종무관장(侍從武官長), 내각과의 협조를 위한 궁내대신(宮內大臣), 황태자를 보좌하는 동궁시종(東宮侍從) 등이 대표적 기구이다. 헌법에 기초한 천황대권이 방대하고 절대적이었기 때문에 국정의 중요문제에 관하여 항상 조정이 가능했다. 따라서 천황 측근들이 정치 문제에 관여할 수 있는 여지가 많았고 또 천황을 내세워 많은 영향력을 행사했다. 전후 천황의 정치적 권한이 소멸되었고 또한 국가 신도(神道)도 해체되면서 전전의 기구는 폐지되었고 대신 최소한의 조직인 궁내청이 설치되었다.

정과 탄환과 활동비로 현금 1,500엔을 전달했다.

최종으로 확정된 쿠데타 계획의 특징은 5-15 사건의 부산물이라고 할 수 있는 니시다 미쓰기 암살이 포함되었다는 점이다. 나카무라 요시오 심문조서에 의하면 해군 청년장교들이 니시다 암살을 구체적으로 논의하기 시작한 것은 4월 상순부터였다. 앞에서도 지적한 바와 같이 니시다는 청년장교 운동의 선구적 인물이고 쇼와 유신의 원동력이었다. 그러나 해군 청년장교들은 두 가지 이유에서 니시다를 제거하기로 결정했다. 하나는 니시다를 '사이비' 혁명가로 평가했기 때문이었다. 그들은 니시다를 혁명 브로커, 혁신운동의 장애물, 또는 군벌과 결탁한 선동가로 단정했고, 또한 5-15 쿠데타 계획에 육군 청년장교들이 가담하지 않도록 작용한 것도 니시다의 책략이라고 믿었다.[4] 니시다를 제거하는 것은 사이비 혁명가 출현을 방지하고 쇼와 유신 추진력을 강화하기 위함이었다.

니시다 암살을 결정한 또 하나의 중요한 이유는 니시다는 해군을 무능한 집단으로 비난했을 뿐만 아니라 정보를 누설하여 해군청년장교들의 행동을 방해하고 있었기 때문이었다. 나카무라의 표현에 의하면, 그는 "계획의 방해꾼"이었다. 해군 청년장교들은 쿠데타 계획을 누설하고 사관후보생들의 5월 쿠데타 참여를 끝까지 방해한 니시다를 제거하는 것이 쿠데타 목적인 쇼와 유신의 성공을 위해서 필요한 조치라고 판단했다.[5] 고가 등 해군 청년장교들은 다치바나와 사관후보생 고토 에이한과 협의하여 니시다 암살을 최종계획에 추가했다. 다치바나와 이노우에의 동지로서 니시다를 잘 알고 있는 혈맹단원 가와사키 나가미쓰(川崎長光)에게 제거임무를 맡겼다.

2) 테러

군인과 민간인으로 구성된 행동대는 1932년 5월 15일 당리당략에 눈이 먼 정당, 정당과 결탁한 재벌, 그리고 지배계급을 옹호하는 관리를 응징하기 위한 테러를 실행했다. 이는 고가의 표현을 빌리면 "일본 사회에 만연한 퇴폐사상을 몰아내고 위대한 일본 건설을 위한 쇼와 유신의 서막"이었다.

행동은 계획대로 진행되었다. 미카미 다쿠가 이끄는 제1팀의 목표는 이누카이 쓰요시 수상이었다. 4명의 해군 청년장교들과 고토 에이한을 포함한 5명의 육군 사관후보생들로 구성된 제1팀은 5월 15일 오후 5시 야스쿠니 신사에 집합하여 두 대의 자동차에 나누어 타고 수상 관저로 향했다. 한 대는 수상 관저 정문에, 그리고 다른 한 대는 뒷문에 도착했다. 정문으로 들어선 미카미 일행이 식당에서 저녁 식사를 시작하려는 수상을 발견했다. 식당으로 들어서면서 한 명이 느닷없이 권총을 발사했으나 불발이었다. 수상은 천천히 손을 흔들면서 "기다리게. 총은 언제든지 쏠 수 있으니 먼저 저쪽으로 가서 이야기하세" 하면서 응접실로 향했다. 그들이 자리잡고 앉았을 때 뒷문으로 들어온 해군 중위 야마기시 히로시(山岸宏)가 응접실에 들어서면서 더 이상 대화가 필요 없다는 뜻의 "문답무용(問答無用),

발사!" 하는 호령과 함께 미카미 다쿠와 구로이와 이사무(黑岩勇)의 권총이 이누카이의 머리와 복부를 향하여 불을 뿜었다. 77세의 늙은 수상은 다다미 바닥 위에 붉은 피를 토하며 쓰러졌다. 화약 냄새가 응접실에 가득했고, "화약연기와 함께 정당정치가 사라졌다."[6]

　해군의 고가가 이끄는 제2팀은 사관후보생 4명을 포함하여 다섯 명으로 구성되었다. 권총과 수류탄, 군도로 무장한 다섯 명의 공격 목표는 "간신의 우두머리"로 지명된 마키노 노부아키 내대신이었다. 예정대로 다카나와(高輪)에 위치한 센가쿠지(泉岳寺)에 모여서 마키노 관저를 향했다. 목적지에 도착한 그들은 관저 앞에서 수류탄 두 개를 던져 현관을 부수고 당번 순경을 저격했다. 그러나 그들은 내대신을 살해하기 위한 적극적인 행동을 취하지 않고 "일본 국민에게 고함"이라는 격문을 길거리에 뿌리면서 경시청으로 향했다. 관저 안에 있던 마키노는 전혀 다치지 않았다. 경시청에 도착한 그들은 나머지 두 개의 수류탄을 던지며 권총을 난사했다. 수류탄은 모두 불발이었고 발사한 권총에 경시청 직원과 「요미우리 신문(讀賣新聞)」의 기자 한 명이 다쳤다. 제2팀도 경시청을 퇴각하여 헌병대에 자수했다.

　나카무라가 지휘하는 제3팀은 세 명의 사관후보생을 포함하여 4명이었다. 계획대로 그들은 신바시(新橋) 역에 집합하여 습격 목표 건물인 정우회로 향했다. 정우회에 도착한 그들은 정문을 향하여 수류탄을 던져 정문과 발코니를 파괴하고 철수했다. 그들도 경시청에 도착하여 수류탄을 투척하고 격문을 길거리에 뿌리고 헌병대에 자수했다.

이노우에 닛쇼의 추종 세력으로 구성된 제4팀은 계획시간보다 훨씬 늦은 오후 7시 30분경에 미쓰비시 은행 본점에 수류탄을 던져 정문을 파괴하고 도주했다.

다치바나 고자부로의 애향숙 생도들로 구성된 농민결사대는 도쿄 암흑화계획에 따라 주변의 발전소 6곳을 선정하고 파괴를 시도했다. 그러나 사전 준비가 철저하지 못했을 뿐만 아니라, 전기기술도 없고 발전소 내용도 전혀 몰라 발전소 가동을 중단시키지 못하고 다만 설비의 일부만을 파괴했다. 계획 당시에 의도했던 도쿄 암흑화는 실효를 거두지 못하고 실패했다.

해군 청년장교들에게 선동가, 스파이, 배신자로 낙인찍힌 니시다 미쓰기를 제거할 임무를 맡은 가와사키는 혈맹단원 3명을 대동하고 오후 7시경 니시다의 집으로 찾아갔다. 니시다의 서재에서 국내 정세와 국가개조에 관한 의견을 나누다가 가와사키가 돌연 니시다의 면전에서 권총을 꺼내 6발을 발사했다. 오른쪽 가슴과 아랫배 등에 저격당한 니시다는 중상을 입었으나, 기적적으로 생명을 건질 수 있었다.

5시 30분부터 시작된 청년장교와 농민결사대의 테러는 7시 30분경 끝났다. 테러는 수상을 암살했을 뿐, 쿠데타를 성사시키기 위한 어떠한 후속조치도 없었다. 쿠데타 그 자체는 유치하기 이를 데가 없었다. 그러나 마쓰시타 요시오(松下芳男)가 규정한 것처럼 테러는 "애국정신으로 가장 비애국적 행동의 결과"를 만들었다.[7]

2. 애국정신

5-15 테러의 정신은 "일본 국민에게 고하는 격문"에 잘 나타나 있다. "일본 국민이여! 시각이 급한 오늘의 조국 일본을 직시해보자. 정치, 외교, 경제, 교육, 사상, 군사! 그 어디에 황국 일본의 참모습이 있는가?"라고 시작하는 격문에 의하면, 일본은 망국의 길로 행진하고 있었다. 정권과 당리당략에만 몰두해 있는 정당, 정당과 결탁하여 민중의 고혈을 빨아먹고 있는 재벌, 정당과 재벌을 옹호하며 국민을 탄압하고 있는 관헌, 부패한 군부, 타락한 교육과 악화되고 있는 사상, 그리고 도탄에서 허덕이고 있는 농민과 노동자계급. 이러한 일본의 모습을 질타하는 격문은 다음과 같이 끝맺고 있다.

국민 여러분,

함께 무기를 들자! 지금 나라를 구할 수 있는 유일한 길은 '직접행동'
뿐이다.

국민들이여! 천황의 이름을 이용하는 천황 측근의 간신을 찢어 죽이
자, 국민의 적인 기성 정당과 재벌을 베어버리자! 횡포가 극에 달한
관헌을 응징하자! 간적과 특권계급을 말살하자!

농민이여, 노동자여, 전 국민이여! 조국 일본을 지키자!

일어나자! 일어나서 참다운 일본을 건설하자![8]

"격문"과 심문과정에 드러난 참가자들의 애국정신은 셋으로 집약
된다. 첫째는 모든 쇼와 유신론자들이 공유하고 있었던 것과 같이
지배계급에 대한 철저한 불신이었다. 정당은 국리민복보다는 파벌
을 위해서 정권 쟁탈에 여념이 없었고, 관리는 국가의 관리인지 정
당의 관리인지 구별하기 어려울 정도로 정당에 예속되어 있었다. 정
당과 관리의 비호를 받는 재벌은 국민을 착취하여 부익부를 누리고
있었다. 황실의 바람막이 역할을 해야 하는 천황의 측근과 원로들은
자신의 지위를 더 공고히 하기 위하여 정당이나 재벌과 결탁하고 있
었다. 그리고 국체의 마지막 보루라고 할 수 있는 군 고위층 또한
지배계급의 부패와 비리를 묵인할 뿐만 아니라 때때로는 영합했다.
그러므로 5-15 테러의 정신적 지주였던 다치바나 고자부로가 강조
한 것처럼 "국가를 망국의 심연으로 몰고 가고 있는 지배계급을 응
징하는" 것은 "망국이라는 최악의 사태를 막기 위한 가장 시급한 과
제"였다. 그러한 의미에서 5-15 테러는 국난의 화근을 단절하고 황
국 일본을 재건하기 위한 국가개조의 서막이었다.

둘째는 농촌의 몰락이었다. 5-15 테러에 가담한 청년장교들은 곤
도 세이쿄나 다치바나의 농본주의 사상의 영향을 많이 받았다. 또한
고토 에이한처럼 스스로가 농촌 출신이거나, 농촌 출신 부하를 거느

린 청년장교들은 농촌의 몰락과 고통을 잘 알고 있었다. 오이타 현(大分縣) 출신인 고토에 의하면, 농촌 소학교 어린이들은 "대부분 아침을 굶고 등교하여 점심도 먹지 못하고 오후까지 공부하고" 농촌 가정에서는 "썩은 감자를 갈아서 나무껍질과 함께 끓여서 목숨을 연명하며" "말과 사람이 함께 같은 것을 먹는" 비참한 모습이 농촌의 풍경이었다. 뿐만 아니라 어느 마을에서는 "500명의 처녀 가운데 300명이 가족의 생활을 위하여 창녀로 도회지에 팔려갈" 지경으로 농촌은 궁핍한 상황에 있었다.[9]

청년장교들은 농촌의 피폐와 농민의 어려움은 다만 농촌문제로 끝나지 않고 국방과 직결된다는 데 더 심각한 문제가 있다고 보았다. 하사관 이하 대부분의 병사가 농촌 출신이라는 사실을 고려할 때, 농촌의 몰락은 일사불란한 통합과 자기희생이라는 강인한 정신을 바탕으로 한 일본 군대의 근간을 파괴하는 것으로 이해했고, 이는 곧 국방문제로 생각했다. 다시 고토 에이한은 제1차 세계대전에서 독일군대가 패한 중요한 원인의 하나가 전선에서 싸우는 병사가 국가와 통치자에 대한 신뢰가 약했다는 점을 지적하면서, "오늘과 같은 농촌의 현상이 하루 더 지속되면 농민의 비참한 생활이 더 연기되고, 그러면 국방의 기초가 그만큼 더 흔들리게 된다"는 것을 강조했다.[10] 이는 고토 개인만의 생각이 아니라 농촌출신 병사를 거느린 청년장교들의 공통된 확신이었고, 따라서 병농일치의 전통적 체제를 재건하기 위한 국가개조가 필요했다.

테러를 감행하게 한 애국정신의 셋째 요소는 사석의 사명감이었다. 앞에서도 지적했지만 5-15 쿠데타 주체는 테러 이후를 위한 뚜렷한 계획을 준비한 것도 아니고, 그렇다고 스스로 정권을 장악하여 개혁을 수행한다는 것도 아니었다. 다만 사석이 되어 직접행동과 파괴를 통하여 지배계급을 응징하고 국민을 각성시켜 쇼와 유신의 문을 열어야 한다고 믿었다. 파괴 다음의 건설은 자신들의 역할이 아니라고 생각했다. 이누카이 수상에게 권총을 발사한 야마기시 히로시가 말했듯이 "옛 일본으로 돌아가기 위해서는 지금의 제도를 파괴해야만 한다. 파괴 이후의 건설 설계는 천명(天命)에 의존할 수밖에 없다"는 것이 그들의 생각이었다.[11] 재판 과정에서도 청년장교들이 거듭 강조한 것은 사석 논리였다. 스스로 사석이 되어 국가혁신 과정의 일대 전기를 마련하는 것이고, 그후의 건설은 또다른 뜻있는 사람들의 몫이었다.

3. 후폭풍

현역군인과 농민이 주도한 5-15 쿠데타는 겉으로는 이누카이 수상한 명을 암살하는 단순한 정치 테러로 끝났다. 그러나 정계와 사회에 안겨준 충격과 불안의 파급효과는 심대했다. 반군적(反軍的) 언동을 자제하는 확연한 풍조가 정치권에 넓게 확산되었고, 신문사는 군정(軍政) 지향의 익찬(翼賛) 기사를 쓰기 시작했고, 무산정당까지 나서서 "인민과 군이 통일전선을 형성하여 특권계급을 타도하자"고 외쳤다. 이어진 재판 분위기와 판결은 이러한 분위기를 더욱 강화했다.

1) 재판

5-15 테러는 표면적으로 조용히 처리되었다. 테러를 주도했던 육-해군 청년장교들은 도쿄 헌병대에 자수했고, 농민결사대와 배후 지원세력인 오카와, 혼마, 도야마도 경찰에 체포되었다. 또한 만주로 도피했던 다치바나 고자부로도 하얼빈에서 헌병대에 자수했다.

재판은 육군, 해군, 민간이 각각 따로 진행되었다. 제1사단 군법회의에서 진행된 육군사관후보생들에 대한 재판은 1933년 7월 25일부터 시작되어 9월 19일에 최종판결이 확정되었다. 군법회의는 사관후보생들의 행동은 "한 점의 사심도 없는 표현"이었기 때문에 비록 그들이 반란죄로 기소되었지만 정상을 참작해야 한다는 동조적 입장을 취했다. 다만 엄격한 군기를 문란시켰다는 이유로 쿠데타에 가담한 고토 에이한을 비롯한 사관후보생 전원에게 4년 금고형이 판결되었다.

1933년 7월 24일부터 시작된 해군 군법회의는 11월 9일 종결되었다. 반란죄로 기소된 쿠데타 주도자를 '순교자'로 보아야 한다는 군법회의 판결은 15년(미카미, 고가)에서 10년(나카무라, 야마기시)의 금고형이었다. 그리고 반란예비죄로 기소된 나머지 해군장교는 모두 집행유예로 풀려났다. 체제 전복과 현직 수상을 살해한 쿠데타

230

주범을 단죄한 재판으로서는 지극히 가벼운 판결이었다.

실형을 받은 해군청년장교들은 만기 이전에 모두 풀려나 자유롭게 활동했다. 쿠데타를 주도했던 고가와 미카미는 1938년 석방되었다. 그후 고가는 중국 칭타오(靑島)의 해군특무부에서 활동하며 태평양 전쟁을 맞았고, 미카미는 고노에 후미마로의 브레인인 대정익찬청년단(大政翼贊靑年團) 이사로 활약하면서 대동아공영권 구축에 일역을 담당했다.

재판이 진행되는 동안 군부 고위층은 5-15 테러에 가담한 육-해군 청년장교들에게 동정적 입장을 취했다. 아라키 육군대신은 "이처럼 순진한 청년들이 행동을 택하게 된 심정을 생각하면 눈물을 금할 수 없다. 명예를 위해서나 또는 사욕을 취하기 위한 것이 아니다. 매국적 행위는 더욱 아니다. 그들은 오직 황국을 위한다는 신념에서 행동했다. 따라서 이 사건을 단지 소승적 관념에서 사무적으로 처리해서는 안 될 것이다"라고 강조했다. 오스미 미네오(大角岑生) 해군대신 또한 "무엇이 순수한 청년장교들에게 이와 같은 행동을 취하게 했는가를 생각할 때 옷깃을 여미게 한다.……죄나 형벌 문제를 떠나 청년장교들의 심사에 생각이 미칠 때 눈물을 금할 수 없다"는 담화를 발표하여 청년장교들의 행동을 긍정적으로 평가했다.[12] 쿠데타와 테러에 대한 군 고위층의 동정적 태도는 군법회의가 육-해군 청년장교들에게 가벼운 판결을 내리도록 작용했다.

판결문 또한 청년장교에게 동정적이었다. 판결문에서는 피고인인 청년장교들을 모두 사관학교에서 "군인정신을 함양하고 황도의 진수와 국체의 존엄에 대하여 튼튼한 확신을 체득하고 유사시 혼연히 일어나서 죽을 각오와 신념을 공고히 한" 국가의식이 투철한 인물들이라고 평가했다. 그들이 공격 대상으로 삼은 "소위 지배계급이라는 정당과 특권계급은 부패, 타락하여 서로 돕고 의지하여 사리사욕에 몰두하여 국방을 경시하고 국정을 어지럽힌" 집단들이었다. 그리고 그들의 테러는 "도저히 합법수단으로 개혁을 기대하기 어려워서 스스로 국가혁신을 위한 사석이 되어 지배계급의 일각을 타도하고 또한 지배계급과 일반의 각성을 촉구하기 위한" 의로운 행동이었다.[13]

군법회의의 판결과 달리 도쿄 지방재판소에서 진행된 민간인들에 대한 판결은 무거웠다. 폭발물 단속 위반, 살인 및 살인미수로 기소된 농민결사대에는 각각 무기에서 3년 6개월의 형량을 부과했다. 피고 일동은, 형의 경중(輕重)은 자신들에게 아무런 의미가 없다는 초연한 입장에서 모두 상소권을 포기했다. 무기징역을 선고받은 다치바나 고자부로는 "나에게 주어진 무기 형량은 청년장교들을 대신한 것으로 생각되어 영광스럽다"고 하면서 상소권을 행사하지 않았다. 테러를 배후에서 지원한 오카와, 도야마, 혼마도 1심에서 각각 징역 15년, 8년, 10년의 형을 받았다.

2) 정당내각 붕괴

이누카이 수상 사망 직후인 5월 16일 아침 수상대리인 다카하시

고레키요 대장대신은 임시 각료회의를 주재하고 전 각료의 총사직을 결정했다. 천황의 측근인 기도, 고노에, 하라다 등은 정국수습을 위한 후계 내각 선정을 위하여 나가타 데쓰잔 등 군부 실력자들과 회담을 가지고 군부 내의 동향과 의견을 청취했다. 군부는 하나같이 후계 내각에 또다시 정당 수반이 추천될 경우 제2, 제3의 유사한 사태가 발생하게 될 것이라고 강조하며 정당내각의 재현을 극력 견제했다. 후임 내각 구성이 쉽지 않았다.

불안한 힘의 공백상태로 접어들고 있는 정치권은 점차 군부에 압도당하기 시작했다. 5월 17일 마사키 진자부로(眞崎甚三郎) 참모차장을 위시한 육군 수뇌부는 아라키 육군대신을 방문하여 정당내각이 '미증유의 국난'을 불러왔다고 지적하고 일시의 미봉책이 아니라 본질적 변혁일 필요하다는 뜻을 전했다. 육군성의 핵심인 나가타 데쓰잔 군무국장은 원로 사이온지 측근인 하라다에게 "군인은 거국일치 내각을 희망하지만, 정당인이 입각할 경우 당적을 이탈할 것을 요구"했다. 육군은 20일 재차 거국일치 내각, 반(反)정당, 통제경제, 만주국 대책, 건전한 국민사상 함양 및 사회정책 등 새 내각 성격을 규정하는 내각구성 5조건을 발표했다.

언론도 군의 의견을 귀담아 들을 것을 권고했다. "경청해야만 할 군부 의견"이라는 제목으로 게제된 한 사설을 "선거가 부패했기 때문에 이를 통해서 조직된 입법부가 타락한 것은 당연하다. 또한 부패한 입법부에 근거하여 이루어진 행정부가 타락한 것도 당연하다.

그리고 사법부가 지금까지 행정부의 편의를 고려하여 법률을 해석했기 때문에 본래의 기능을 발휘할 수 없는 오늘에 이르렀다"라고 하면서 입법, 행정, 사법의 부패를 지적했다. 그리고 "분립과 대립으로 상호 견제하여 전체로서 헌정을 유지해야 함에도 불구하고 그렇지 못한 오늘에 이르렀다면 오직 군부 하나만이 행정부에 간섭하지 말아야 한다는 것은 타당치 않다"라고 하여 군부의 정치 관여를 지지했다.[14] 당시 육군성 정보부장이었던 마쓰무라 슈이쓰(松村秀逸)가 지적한 것과 같이 "일본은 어느 사이에 군인 만능시대에 접어들고 있었다."[15]

사이온지는 정우회 총재 스즈키 기사부로(鈴木喜三郎)를 후임 수상으로 생각했으나 군부의 강력한 저항에 부딪쳐 추천을 포기할 수밖에 없었다. 그는 군부를 포함한 각계의 지도자들과 회담을 가진 후 조선 총독을 역임한 온건파로 알려진 해군 원로인 사이토 마코토(齋藤實)를 후계 수상으로 추천했다. 정당내각도 군부내각도 아닌 관료와 정당의 연립형태인 소위 '사이토 거국내각'을 탄생시킨 것이다. 이로써 하라 다카시 이후 확립된 정당내각의 전통이 무너졌다.

5-15 테러는 재벌에도 커다란 충격을 주었다. 그동안 일본 정치부패와 타락의 원인으로 알려져온 재벌은 우익과 청년장교들의 비난과 공격의 대상이었다. 야스다 재벌의 총수인 야스다 젠지로, 미쓰비시 총수의 동서인 이노우에 준노스케, 미쓰이 재벌의 단 다쿠마 암살 등은 재벌에 대한 국민 인식이 어떤 것인지를 잘 설명해주고 있

었다. 재벌 총수들은 개인 경호원을 거느리고 방탄 옷을 입고 다닐 정도로 위기를 느꼈다.

재벌들은 5-15 테러를 계기로 국민의 "악감정"을 쇄신하고, 자신들도 국가와 사회발전에 긍정적으로 참여하고 있다는 인식을 부각시키기 위해서 조치를 취하기 시작했다. 1933년 미쓰이 재벌은 국민의 악감정을 완화시키기 위한 '전향' 의사를 밝히고, 사회사업에 사용하기 위한 기금 3,000만 엔으로 미쓰이 보은회(三井報恩會)를 설립하고 주식 공개, 경영에서 미쓰이 일족의 후퇴, 경영진 경질 등을 단행했다. 미쓰비시, 스미토모, 야스다 등 다른 재벌들도 유사한 정책을 취했다. 그러나 이러한 조치도 사회 전반에 깔려 있는 재벌에 대한 부정적 민심을 쇄신하기에는 너무 늦었고 미흡했다.

사건 직후 도쿄에는 "원로 사이온지의 의견보다 8,000만 국민의 절규를 들으라!", "일체를 천황에게 봉환하여 참다운 왕도정치를 행하자!", "일본의 모든 애국자는 무장하고 천황을 받드는 혁명에 매진하자!", "재벌은 시국을 바로 보라!" 등의 유인물들이 나붙을 정도로 사회는 불안했다.

난국을 수습할 1차적 책임은 정치인에게 있었으나, 정치권은 무기력했다. 기도 고이치는 사건 발생 4일 후에 "이번 육-해군 장교의 행동을 맹목적인 것으로 평가하는 것은 옳지 못하다"라고 전제하며, 그들의 행동은 "어려운 농촌의 자제들을 직접 접촉하면서 농촌의 곤궁과 그들이 안고 있는 고민을 알게 되었고, 기성 정당의 타락, 재벌의 횡포 등에 분개해서 일어난 사회 문제로 인식하지 않으면 난국을 수습하기가 어렵다"고 상황을 판단하고 정당의 분발을 촉구했다.[16]

그러나 정우회와 민정당은 사태수습을 위한 특단의 조치를 취하기보다는 정권 장악에 더욱 관심을 기울였다. 이누카이 암살을 계기로 "헌정의 위기를 통감했다"는 고지마 가즈오(古島一雄)에 의하면, "지금 정당정치가 궐기하지 않는다면 무너져 내리는 헌정을 다시 세우기 어렵다는 것을 정치인에게 직언했으나, 정권 쟁탈 병이 골수에까지 밴 정당 정치인들에게는 여전히 마이동풍과 같았다"고 회상했다.[17] 정치인들은 당리당략에 몰두하여 국책을 고려할 시간이 없었다. 결국 정국은 총체적 체제붕괴로 이어질 수밖에 없었다.

제10장

합법무혈 쿠데타 : 천황기관설 박멸운동

2-26 쿠데타로 가는 길목에서 요원의 불길처럼 번진 소위 천황기관설 박멸운동은 단순한 학술 논쟁을 넘어 국가 진로를 결정하는 중요한 정치문제로 발전했다. 이 사건을 메이지 유신 이래 "최대의 사상문제"로 규정하고 배경과 이념을 파헤친 다마자와 고사부로(玉澤光三郎) 검사의 결론에 의하면, 천황기관설 박멸운동은 "의회, 국가주의 집단, 군부가 연합하여 성사시킨 합법무혈 쿠데타였다."[1] 국체명징운동(國體明徵運動)이라고도 알려진 이 사건은 반(反)지성에 의한 지성의 패배였고, 주술적 사고에 의한 합리적 사고의 압살이었으며, 민주주의의 이념적 보루였던 개인주의의 몰락과 자유주의 사상과 제도적 장치였던 의회제도의 붕괴를 뜻했다. 그리고 정치적 주도권을 장악하기 위하여 군부와 우익단체에 영합함으로써 정당이 자멸을 자초하는 계기가 되었다.

도쿠가와 막부 말기에 존황양이(尊皇攘夷)의 깃발 아래 막부를 타도하고 메이지 유신을 추진했던 것과 같이, 군부와 국수주의자들은 국체명징이라는 이름 아래 쇼와 유신을 기도했다. 당시 수상이었던 오카다 게이스케(岡田啓介)의 회고에 의하면, 국체명징운동은 "처음에는 학설에 대한 논쟁처럼 보였으나 점차 가면을 벗고 우경세력의 커다란 공세로 나타났고, 드디어 육군이 정면에 등장한" 사건이었다. 그리고 군부를 포함한 국수주의자들은 "천황을 우산으로 삼아 독재정치의 길을 닦았다."[2]

국체명징운동은 폭력을 동원한 비합법적 쇼와 유신과 달리 정당, 군부, 지식인이 연대한 '합법적' 운동이었다. 다마자와 검사의 결론에 따르면, 이 운동의 근본 목표는 "정치생활과 경제생활에서 반(反)국체사상에 젖어 있는 중신, 의회지상주의 정치집단, 물질만능 공리주의 재벌, 권력주의 관료, 황군을 사병화한 군벌, 부패한 교단, 쇠망정책 외교관, 국체를 호도하는 교육계, 국체를 파괴하고 있는 소위 사회운동 집단 등의 제거와 그들이 존재할 수 있는 제도의 파괴에 있었다." 이 운동의 최종 목표는 자유주의사상과 그 사상이 만든 제도, 그리고 그 제도의 주체인 지배계급을 함께 괴멸시키는 것이었다.

1. 천황기관설 : 국헌문란의 주범

천황기관설(天皇機關說) 박멸운동은 '골수' 국수주의자로 알려진 미노다 무네키(蓑田胸喜)가 깃발을 들면서 시작되었다. 도쿄 제국대학 문학부와 법학부를 졸업한 미노다는 게이오 대학의 교수로 재직하면서 미쓰이 재벌의 지원을 받아서 1925년 원리일본사(原理日

本社)를 창립하고, 잡지 「원리일본(原理日本)」을 발행하기 시작했다. 국수적 일본주의를 바탕으로 한 이 잡지는 창간한 이후부터 혁신사상과 자유주의 지식인 비판을 전개했다. 1930년대에 들어서면서부터 미노다는 당시 국가 공인의 헌법학설로 인정된 천황기관설을 집중적으로 비판하고 나섰다.

헌법에 대한 학문적 해석은 호즈미 야쓰카(穗積八束)로 대표되는 천황주권설(天皇主權說)과 이치키 기토쿠로(一木喜德郎)가 중심인 국가법인설(國家法人說)이 지배적이었다. 오랫동안 도쿄 제국대학 법학부에서 헌법을 강의해온 호즈미에 따르면, 헌법은 군주의 명령에 의하여 만들어진 것이고, 따라서 통치권은 당연히 천황에게 귀속되고 또한 천황의 대권은 절대무제한적인 것으로 해석했다. 권력의 정점에 있는 천황은 권력의 주체로서 국가일 뿐만 아니라 모든 법을 초월하여 법을 규제할 수 있는 권위의 원천이었다. 호즈미의 이러한 천황주권설은 우에스기 신키치(上杉愼吉)에 의하여 이어졌다.

호즈미와 같은 시대에 함께 도쿄 제국대학에서 국법학을 강의해온 이치키는 국가를 하나의 법인으로 보았고, 그렇기 때문에 천황 역시 통치기구 중의 한 "기관"으로서 해석했다. 이치키도 호즈미와 같이 군주의 절대성을 인정했으나 이치키는 호즈미가 주장하는 군주 개인 권한의 절대화가 아니라, 군주라는 기관 권한의 절대화를 의미하고 있었다. 이치키의 국가법인설은 미노베 다쓰키치에 의하

여 천황기관설로 발전되었다.[3]

메이지 말기에 이르기까지의 헌법 해석은 호즈미-우에스기의 천황주권설이 지배적이고 정통적인 학설로 인정되었다. 그러나 자유주의와 민주주의가 사상의 주류를 이룬 다이쇼 시대에 이르러서는 미노베의 천황기관설이 정설로 자리 잡았다. 그러다가 정국이 혼란하고 쇼와 유신의 분위기가 고조된 1930년대에 들어서면서부터 천황기관설은 이단으로 몰리고 미노베는 공격 대상이 되었다.

미노다는 1935년 1월 국체옹호연합회(國體擁護聯合會)의 이름으로 미노베는 국체에 반역하고, 천황의 통치대권을 무시하고 부인하는 불충스럽고 흉악한 국헌문란 사상을 지닌 자라고 비판하는 장문의 성명서를 원로, 중신, 재향군인, 교육가, 국가주의 단체 등 각계에 전달했다. 천황기관설 박멸운동의 시작이었다.

미노다가 붙인 천황기관설 배격의 불길은 먼저 의회로 번져나갔다. 정우회 의원인 에토 겐쿠로(江藤源九郎)는 중의원에서, 예비역 중장인 기쿠치 다케오(菊池武夫) 남작은 귀족원에서 천황기관설을 "완만(緩慢)한 모반"이고, 기관설의 주인공인 미노베는 "학비(学匪)"라고 비난했다.

답변에 나선 오카다 수상은 천황기관이라는 용어는 온당치 못할지 모르나 미노베의 책 전체를 통독해볼 때 국체 관념에 관해서는 잘못된 것이 없는 것으로 판단된다고 전제하고, 학설에 관해서는 학자에게 위임하는 것이 옳다는 자신의 입장을 밝혔다. 마쓰다 겐지(松

천황기관설 주창자인 미노베 다쓰키치

田源治) 문부대신 또한 천황기관설에 대해서는 반대이지만 "천황이 국가의 주체냐 또는 국가의 기관이냐 하는 문제는 학문적 논쟁에 속한다"고 답변함으로써 정치 밖의 문제로 취급했다.

자신의 학설이 정치문제로 비화하자 2월 25일 미노베는 "일신상의 변명"(이하 "변명")으로서 천황기관설을 쉽게 해설하는 연설을 귀족원 본회의에서 발표했다. 일본인으로서 "반역자, 모반인으로 불리는 것 이상의 모욕이 있을 수 없고, 학문하는 사람으로서 사이비 학자로 불리는 것처럼 참을 수 없는 치욕이 없다"고 시작된 미노베의 "변명" 연설은 두 시간 가까이 계속되었다.

미노베의 "변명" 연설은 마치 귀족원에서 의원들을 상대로 천황기관설을 강의하는 듯했고, 끝나자 박수가 허락되지 않는 귀족원에서 박수가 터져나왔다. 2월 26일「도쿄 아사히 신문」은 미노베의 "일신상의 변명"은 "학자적 양심의 발현"이라고 격찬하면서, 다시 의회에서 이 문제를 논의한다면 "보다 신중한 태도를 취할 것을 희망한다"는 사설을 게재했다.

그러나 미노베의 "변명"은 군부와 우익을 크게 자극했고, 중대한 정치문제로 발전하는 계기를 만들었다. 그들은 "국체 이단의 망설(妄說)"인 천황기관설이 공공연하게 귀족원에서 주장되고, 또한 언론을 통해서 일반 국민 대중에게 확산된 결과에 대하여 정부가 책임질 것을 요구하며 비판의 날을 세웠다.

에토 겐쿠로를 대표로 하는 의회의 강경론자들이 미노베를 불경죄(不敬罪)로 법원에 고발하면서 미노베에 대한 총공격이 시작되었다. 국가사회주의자였던 문인 오자키 시로(尾崎士郎)의 표현을 빌리면, "전국에 범람하는 애국단체와 군이 보조를 함께하여 국체명징의 제1보는 기관설 배격에 있다는 운동이 각지에서 맹렬하게 전개되었다."[4]

2. 선동과 선전

학문적으로 시작된 천황기관설 논쟁은 미노베의 "변명"을 계기로 국체명징운동으로 발전되었다. 일본 사회 전체가 국수주의를 향하여 행진했다.

1) 민간 국수주의 단체

미노베의 연설을 황국 생명의 핵심을 부정한 중대한 사건으로 규
정한 우익 국수주의 단체들은 천황기관설 배격과 더불어 민주주의
와 자유주의의 뿌리를 잘라내는 계기로 삼았다. 미노다가 이끄는 국
체옹호연합회가 선두에 서서 기관설 박멸운동을 범국민운동으로 발
전시켰다. 150여 개의 일본주의, 국수주의, 우익단체 등이 홋카이도
에서 후쿠오카에 이르기까지 천황기관설 박멸운동을 활발하게 전개
했다.

3월 8일에는 우익단체가 대동단결하여 기관설박멸동맹회를 결성
했다. 동맹회는 국가주의자의 대부인 동맹회는 도야마 미쓰루를 위
시한 우익 진영의 유력인사 600여 명이 참석한 가운데 기관설박멸
유지대회(機關說撲滅有志大會)를 개최하고, "국체의 본의를 명징
하여 모두가 한마음 한뜻으로 흉악한 학설 박멸에 전력한다"는 선언
문과 미노베 다쓰기치를 "일체에 공직에서 제거하고 자결할 것을 촉
구한다"는 결의문을 채택했다.

미노다의 국체옹호연합회는 4월 중순에 천황기관설 박멸운동이
쇼와 유신을 완성시키기 위한 절묘한 기회라는 팸플릿을 제작하여
전국에 배포했다. 국체명징운동의 방향에 중대한 영향을 미친 이
팸플릿은 두 가지의 중요한 점을 제시하고 있다. 하나는 천황기관

설 문제의 중요성은 다만 한 학자의 주장에 그치는 것이 아니라 그와 같은 서양사상에 물든 시대사조를 어떻게 일신하느냐 하는 데에 있다는 것이었다. 달리 설명하면 박멸운동이 지향해야 할 최종 목표는 미노베 개인에 대한 응징만이 아니라, 미노베류의 자유주의 사상이 움틀 수 있는 시대사조를 바로잡아야 한다는 것이었다. 국체명징은 기관설 박멸을 넘어 자유주의, 민주주의, 개인주의의 타파를 의미했다.

다른 하나는 공격대상의 범위를 미노베나 유사한 학자에 국한하는 것이 아니라 지배계급 전체로 넓히고 있다는 점이다. 천황기관설 문제의 발전과정에서 미온적인 태도를 보여준 지배계급 전체를 공격대상으로 삼았다. 팸플릿에 의하면 제1차 세계대전 이래 일본이 국난에 직면할 때마다 항상 현상 유지만을 추구해온 사이온지, 마키노, 이치키 등과 같은 원로중신이 국정을 막후에서 주도했다는 것이다. 국체명징을 위해서는 소극적이고 현상유지파인 지배계급과의 대결이 필요하고, 그런 의미에서 박멸운동은 "하늘이 내려준 기회"였다.[5]

국체옹호연합회는 귀족원과 중의원에서 국체명징을 주장하는 의원들과 연합하여 시국간담회를 개최하고 국체명징에 소극적인 오카다 내각의 인책사임을 요구했다. 이어서 정교유신연맹회(政敎維新聯盟會), 국체명징달성연맹(國體明徵達成聯盟) 등을 조직하고, 7월에는 전국에 흩어져 있는 국가주의 단체 대표들이 모여서 국체명징달성유지대회를 열었다.

2) 의회와 정당

국체명징운동이 전국적으로 확산되자 정당과 의회도 이에 편승하는 모습을 보였다. 정권획득에만 눈이 먼 정당은 천황기관설 문제를 도각(倒閣)의 미끼로 이용했을 뿐, 그것이 극우세력과 군의 위력을 강화하는 결과를 가져온다는 것을 깨닫지 못했다.

5-15 테러 이후 정당내각이 후퇴하면서 다수당임에도 불구하고 정권 바깥에 있던 정우회는 국체명징에 관한 결의안을 중의원에 제출했다. 제안 설명에 나선 정우회의 스즈키 기사부로 총재는 정부가 천황기관설에 찬성하지 않는다고 강조하면서도 이에 대하여 적절한 조치를 취하지 않고 있다고 정부를 비판했다. 그러면서 정우회는 민정당과 국민동맹과 연합하여 정부는 숭엄하고 고상한 우리 국체와 배타되는 논의와 학설에 대하여 즉시 단호한 조치를 취할 것을 요구하는 결의안을 만장일치로 채택했다. 이는 그동안 지속된 의회정치의 운명과 후일 나타날 총동원체제의 전조를 보여주었다.

의회정치의 이론적 근거를 제공한 천황기관설은 아이러니컬하게도 정당에 의해서 부정되었다. 결국 정당은 의회정치를 스스로 무덤으로 보내는 역할을 담당했다. 「도쿄 니치니치 신문(東京日日新聞)」의 주필이었던 정치평론가 아베 신노스케(阿部眞之助)는 스즈키의 제안 설명과 결의안 가결을 다음과 같이 평했다.

스즈키 기사부로는 의회에서 정당의 존재를 부인하고, 그 대가로 내각 사퇴를 요구했다. 이는 우리 정당 역사상 획기적이고 중대한 사건으로 기록될 것이다. 정권에 눈이 먼 정당의 자살 행위나 다름없다. 정당은 장래 어떤 형태의 초연내각(超然內閣)이 출현하더라도, 그것이 비헌법적이라고 비판할 권리를 스스로 방기한 것이다. 이미 정당정치의 근본을 부인한 이상 정당의 몰락은 당연하다. 후세의 역사가가 스즈키 기사부로를 가리켜 정당 몰락의 수훈자라고 부를 것을 의심할 여지는 없다.[6]

정우회는 당내에 국체명징실행위원회를 조직하여 기관설 학설의 창시자인 이치키 추밀원 의장과 기관설론자 가나모리 도쿠지로(金森德次郎) 법제국 장관을 해임하고, 미노베를 사법처리할 것을 요청했다. 의원총회에서 내각이 천황기관설 배격에 더욱 적극적 자세를 보일 것을 요구했다. 그리고 히비야 공회당에서 국체명징 및 천황기관설 박멸 연설회를 열고 오카다 내각 타도를 주장했다.

정권 장악에 급급한 정우회는 수단과 방법을 가리지 않고 내각을 무너뜨리려고 했을 뿐만 아니라 의회정치를 부인하는 우익세력에까지 동조했다. 일본의 군국주의화 과정을 파헤친 야마모토 가쓰노스케(山本勝之助)가 지적하고 있는 것처럼, "정당인들은 스스로의 묘혈을 파고 있다는 것도 모르고 기관설 배격에 덩달아 동조하여 정당 몰락의 길을 닦았다. 이는 훗날 도조 히데키 등에 의한 군부독재의 근거가 되었다. 선배들이 피를 흘리며 투쟁하여 쟁취한 군에 대한

정당의 우위성을 부정하고, 군의 정치진출을 억제할 수 있는 이론적
근거를 스스로의 손으로 땅을 파고 묻어버렸다."[7]

3) 군부

천황기관설 문제가 의회에서 논의될 초기에 육군대신과 해군대신
의 태도는 오카다 수상이 표현하듯이 지극히 "상식적이고 소극적"이
었다. 초기에 하야시 센주로 육군대신은 천황기관설은 천황의 존엄
성을 해치는 것도 아니고 또한 이것이 군대교육에는 아무런 영향을
미치지는 않는다는 태도를 취했다.

그러나 천황기관설 문제가 점차 정치화되고 더욱이 참모본부가
하야시 육군대신에게 이를 반대한다는 뜻을 전하자 그의 태도도 변
하기 시작했다. 그는 3월 중의원에서 천황기관설은 중대한 사상문제
로서 국체에 위배된다는 뜻을 명확히 하고, 군은 이와 같은 사상을
소멸시키려고 노력해야 한다는 입장을 밝혔다. 그리고 군부는 각의
에서 군은 기관설의 철저한 배격을 요망한다는 뜻을 명백히 했다.

교육총감 마사키 진자부로도 4월 초에 사단장 회의에 참석하여 천
황기관설 박멸과 국체명징에 관하여 훈시했다. 그는 만세일계의 천
황은 현인신(現人神)으로서 국가통치의 주체라는 점을 명확히 하고,
천황이 국가의 기관이라는 논의는 군의 신념과 근본적으로 배치되
는 것이며, 국체의 본뜻을 호도하는 여론이 군대교육에 영향을 미치
는 것을 묵과할 수 없다는 군의 입장을 밝혔다. 이어서 육군성은 천

황기관설 비판을 담은 "대일본제국 헌법 해석에 관한 견해"라는 책자를 발행하여 군인, 재향군인, 일반 국민 등에게 배포했다.

천황기관설 박멸운동은 만주의 관동군으로까지 확대되었다. 미나미 지로 관동군사령관은 4월 중순 전체 관동군에게 미노베의 학설은 국체의 본의에 명확히 배타되는 것으로서 이에 현혹되지 말고 황군의식을 견지하여 관동군의 국가적 사명에 매진하라는 관동군 국체명징에 관한 훈시를 발표했다.

군부의 태도는 시간이 가면서 더욱 강경해졌다. 7월 말에는 비공식적이었지만 군사참의관 회의가 개최되었다. 중요한 군무에 관하여 천황의 자문에 응하는 군사참의관 회의는 정부는 먼저 천황기관설 배격을 명시하는 정식 성명을 발표해야 한다고 요구한 하야시 육군대신의 방침을 전폭적으로 지지하고, "전군 일치의 요망"으로서 오카다 수상의 성명을 요구했다. 이 "요망"은 오카다 내각으로 하여금 8월 3일 제1차 국체명징 성명을 발표하게 하는 결정적 압력으로 작용했다.

300만의 재향군인이 회원인 제국재향군인회(帝國在鄕軍人會)는 처음부터 기관설은 국체의 근본에 위배되는 것이라는 입장을 명확히 했다. 재향군인회 본부는 기관설에 대한 반대의 입장을 밝히는 한편, 지방에 있는 각 지회를 통하여 천황기관설 배격과 국체명징을 위한 행동을 지시했다. 5월 중순 나고야 시(名古屋市)의 동해향군동지대회(東海鄕軍同志大會)를 시작으로 천황기관설 배격과 국체명징운동은 전국적으로 확산되었다.

제국재향군인회의 전국대회는 정부의 제1차 국체명징 성명 발표 후인 8월 말 도쿄에서 개최되었다. 하야시 육군대신과 오스미 미네오 해군대신이 참석한 이 대회에서 회장 스즈키 소로쿠(鈴木莊六) 예비역 대장은 우리의 국체를 파괴하는 천황기관설 및 유럽류의 개인주의사상, 자유주의사상을 일소하고, 나아가서 거국일치의 황실중심주의를 철저히 하며, 황국 일본의 참모습을 명백히 드러내 정신적 국방을 강화하는 데에 모든 재향군인이 적극 참여할 것을 강조했다. 대회는 회원은 일치협력 하여 기관설의 절멸을 기대하고 있다는 결의문을 채택하고 대표를 수상, 문부대신, 내무대신, 법무대신, 추밀원에 파견하여 재향군인회의 뜻을 전했다.

3. 정부 성명

정부는 학설에 대한 비판은 학문의 영역으로서 정치가 관여해야 할 분야가 아니라는 원칙적 태도를 관철하려고 했다. 그러나 천황기관설 배격운동이 점차 거세지고 사상문제로 부각하면서 정부는 초기 입장을 관철하지 못했다. 오히려 국수주의자의 시류에 편승함으로써 일본 전체를 국가주의체제로 몰고가는 데에 앞장서는 결과를 가져왔다.

천황기관설 배격 분위기가 각계에서 고조되자 오카다 수상은 처음과 달리 3월 초 귀족원에서 천황기관설과 같은 이론은 일본에 존재할 수 없다는 뜻을 확실히 했다. 그러면서 자신은 천황기관설을 지지하는 사람이 아니라는 반대의 태도를 밝혔다.

기관설 배격 분위기가 거세지자, 정부는 4월 2일 각료회의에서 미노베가 스스로 자신의 서적을 절판하고 귀족원 의원직을 사임할 것을 요망하는 결정을 택했다. 이어서 내무성은 출판법을 적용하여 미노베의 저서 중에서 3권은 판매금지하고 2권은 개정할 것을 지시하는 행정처분을 승인했다. 30여 년간 정설로 인정되어온 자유주의 학설이 사회의 안녕질서를 해치는 "불온한" 학설로 폐기되었고, 미노베는 "불충의 신하(臣), 학비(學匪), 국적(國賊)"으로 낙인찍혔다.

정부가 이와 같은 조치를 취하는 동안 학계, 언론계, 의회 그 어디에서도 미노베와 그의 학설을 옹호하고 변호하는 사람은 나타나지 않았다. 1935년 일본의 사상적 조류가 어디로 흘러가고 있는지를 잘 보여준다.

정부 결정에 따라 각 부처의 조치가 뒤따랐다. 마쓰다 문부대신은 10일 홋카이도 장관, 부-현지사, 제국대학 총장, 공-사립 대학전문학교장, 고등학교장 등에게 국체의 본뜻에 의혹이 생길 수 있는 학설을 엄격히 경계하고 교육을 통한 국체명징의 임무를 다할 것을 지시했다. 오카다 수상은 5월 3일 전국 지방장관 회의에서 국체의 본뜻을 명징하는 데에 지방 지도자가 책임을 다할 것을 훈시했다. 고토 후미오(後藤文夫) 내무대신도 16일에는 경찰간부회의, 전국 중고등학교장회의 등에서 국체명징을 훈시했다.

그러나 국수적 국가주의단체, 군부, 재향군인회 등은 정부의 미온적 조치 정도로는 만족하지 않았고, 보다 명확한 입장과 강력한 조치를 요구하는 국민대회를 각 곳에서 주도했다. 정부는 8월 3일에 "대일본제국 통치의 대권은 천황에게 있다. 통치권이 천황에 있지 않고 천황이 이를 행사하는 기관이라고 함은 만방무비(萬邦無比)한 우리 국체의 본뜻을 전적으로 훼손하는 것이다. 최근 헌법학설을 둘러싸고 국체의 본의와 관련하여 여러 가지 논의가 일어나고 있음은 심히 유감스러운 일이 아니라고 할 수 없다. 정부는 더욱더 국체명징에 힘써 국체의 정화를 발양할 것을 기한다"라는 성명을 발표했다. 천황기관설을 부인하는 정부의 제1차 국체명징 성명이었다.

오카다 수상은 정부의 공식 성명과 더불어 그동안 공격 대상이 되어온 이치키 추밀원 의장과 가나모리 법제국 장관은 기관설과 관계없다는 내용의 담화를 발표했다. 정부와 수상의 공식 성명은 각계로부터 지지를 받았고 국체명징운동도 종식되는 듯했다. 그러나 그동안 운동을 주도해온 제국재향군인회, 국가주의 단체, 그리고 귀족원과 중의원의 일부 의원은 이치키와 가나모리를 옹호하는 오카다 내각의 퇴진을 요구했다.

국체명징운동이 다시 가열되기 시작했다. 미노베는 9월 18일 귀족원을 포함한 모든 공직에서 사임한다는 뜻을 밝혔다. 그러나 그는 자신이 귀족원 의원직을 사임하는 것은 "본인의 학설을 번의한다거나 또는 본인의 저서가 잘못되었다고 인정해서가 아니라 다만 오늘날 귀족원 분위기가 본인으로 하여금 의원으로서 그 직분을 수행하기가 심히 곤란하기"때문이라는 내용의 성명서를 발표했다. 그는 자신의 사임이 학설의 정당성과는 무관하고 다만 압력에 의한 것임을 은연중에 밝혔다.

미노베의 사임 성명은 다시 불붙기 시작한 국체명징운동에 기름을 붓는 결과였다. 미노베에 대한 사법처리, 오카다 내각 타도, 천황을 둘러싸고 있는 중신 공격, 국체명징운동 강화를 외치는 국민대회와 각 단체의 성명들이 이어졌다. 군부의 압력도 더욱 구체적으로 나타났다. 가와시마 요시유키(川島義之) 육군대신은 각의에서 국체명징 문제에 대해서 정부가 적절한 조치를 취할 것을 요구했다.

오카다 내각은 10월 15일에 "우리나라 통치권의 주체가 천황이라는 것은 국체의 본의로서 제국신민의 부동의 신념이다.……천황은 국가의 기관이라는 소위 천황기관설은 신성한 우리 국체를 모독하고 그 본뜻에 거스르는 것으로서 삼제(芟除)해야만 할 것이다. 정치와 종교는 물론 모든 문제는 만방무비한 국체의 본뜻에 기반하여 그 본질을 드러내야 할 것이다. 정부는 이러한 신념에서 국체 관념을 더욱더 명징하고 실적을 거두기 위하여 전폭적으로 노력한다"라는 성명을 발표하며 천황기관설의 배격을 명백히 했다. 정부의 "제2차 국체명징 성명"이었다.

정부는 성명 발표와 동시에 국체명징의 구체적 실행을 위하여 문부대신을 위원장으로 교육쇄신평의회를 신설했다. 유력한 학자, 교육가, 지식인으로 구성된 평의회는 "국체 관념과 일본 정신을 근본으로 한 학문과 교육쇄신의 방법을 강구하고 확대하여 올바른 우리나라 본래의 길을 규명하며, 외래문화를 수용하는 정신을 명확히 하여 교육상 필요한 방침과 사항을 결정하는 것"을 주요 업무로 삼았다.

정부의 제2차 성명 발표를 계기로 천황기관설 배격운동은 국수주의의 승리로 막을 내렸다. 이로써 이치키, 미노베의 천황기관설로 상징되었던 자유주의와 의회민주주의 사상은 제거되었고, 호즈미, 우에스기의 천황주권설이 다시 부활했다. 문부성은 1937년 3월 "대일본제국은 만세일계의 천황 황조의 신칙을 받들어 영원히 통치하는 나라이다. 이것이, 우리의 만고불역의 국체이다. 그리고 이 대의에 입각하여, 일대(一大) 가족국가로서 억조일심성지(億兆一心聖旨)로 받들어 모시며, 충효의 미덕을 발휘한다. 이것이 우리 국체의 정화(精華)이다"라는 내용의 「국체의 본의(國體の本義)」를 책자로 만들어 국가주의사상 교육을 국책으로 정함으로써 일본 전체가 국수주의에 빠져들었다.

4. 천황의 국가

쇼와 시대의 '존황양이운동'이며 '합법적 쿠데타'인 천황기관설 박멸, 국체명징운동은 국가 진로 향방에 중대한 영향을 미쳤다. 직접으로는 원로중신인 이치키 추밀원 의장, 마키노 내대신, 가나모리 법제국 장관이 공직에서 물러남으로써 체제의 경직성을 강화시켰다. 정당은 정치적 경쟁과 타협을 통해서 정권의 주체가 되려 하기보다는 군부에 영합하여 군에 아부하여 정권 쟁탈을 일삼다가 정당정치의 몰락을 자초하는 결과를 만들었다.

국체명징운동 과정에서 주목할 점은 국가 전체가 국수주의적인 방향으로 몰려가고 있는데 이에 아무도 저항하지 않았다는 사실이다. 정치권이나 재계는 물론이고, 언론인이나 지식인을 포함한 문화계에서도 결집된 반대의 움직임이 나타나지 않았다. 군부는 아무런 사회적 저항 없이 국수주의를 등에 업고 총동원체제를 향하여 질주했다.

천황기관설의 중심에 있었던 천황도 논의가 가열되는 것에 부정적 견해를 가지고 있었으나 적극적인 입장을 표시하지는 않았다. 당시 천황의 시종무관장이었던 혼조 시게루가 남긴 일기에 당시 천황의 생각이 잘 드러나 있다. 패전 이후 육군대학 안에서 할복자살한 혼조의 일기에 의하면, 천황은 "기관설은 황실의 존엄을 더럽히는 것이지만 이처럼 논의하는 것 자체가 황실의 존엄을 모독하는 것이다. 일본의 국체는 기관설 논의 정도로 흔들리지 않는다"는 뜻을 밝혔다. 그러나 천황은 "기관설의 가부에 관해서는 언급하지 않았다."[8]

국체명징운동은 국민과 사회 전체의 심리 상태에도 중대한 영향을 미쳤다. 군부, 의회, 정당, 민간 우익집단 등이 연합하여 전개한

254

국체명징운동을 계기로 30년 동안 인정된 학설이 이단으로 낙인찍히고, 일본 문화의 우수성, 일본 정신에 입각한 신일본 건설, 신문화 개척 등의 소리가 높아졌다. 천황기관설적인 또는 자유주의적인 색채가 있는 헌법 해석은 모두 발매 금지 또는 개정해야만 했다. 이러한 분위기는 국민 의식 속에 국수주의가 쉽게 자리 잡을 수 있었다. 이에 더하여 문부성은 국민 전체의 국수주의 사상을 고취시키기 위한 국수주의 교육을 공식화했다.

전반적인 학계의 분위기도 서양의 자유주의 또는 개인주의 학설에서 벗어나, 모든 논리를 일본주의에 근거한 이론 확립에 힘썼다. 심지어 종교계에서도 일본주의적 운동이 일어났다. 기독교계에서도 번역적 기독교에서 벗어나 일본 정신과 일치하는 일본의 기독교 확립을 주장하는 풍조가 강해졌다. 일본화한 교육, 일본화한 학문, 일본화한 종교가 일본을 떠받들고 있는 정신적 지주로 확립되었다.

1930년대 중반 천황기관설 박멸과 국체명징운동을 경험하면서 일본 사회는 군국주의와 전체주의가 체제화되는 정신적, 심리적 기반이 확립되었다. 국가의 진로는 이미 돌이킬 수 없는 방향으로 달려가고 있었다.

제11장

하극상의 시대: 나가타 데쓰잔의 암살

1. 통제파와 황도파

3월과 10월 쿠데타 음모, 만주사변, 혈맹단의 암살, 5-15 테러 등을 거치면서 청년장교를 포함한 군 상층부의 혁신 그룹은 대체로 두가닥으로 형성되었다. 하나는 통제파(統制派)라고, 다른 하나는 황도파(皇道派)라고 불렀다. 황도파와 통제파 모두 일본이 위기에 직면했다는 상황인식에는 이견이 없었다. 그동안 일본이 추구해온 정당 중심의 의회정치와 자본주의 경제체제에 많은 문제가 있고, 이를 바로잡기 위해서 국가개조가 필요하고, 개조의 주체는 육군이어야한다는 데에도 의견이 일치했다. 또한 앞으로 다가올 총력전에 대비해서 일본도 군 중심의 총동원체제를 만들어가야 한다는 데에도 의견을 같이했다. 다만 국가개조를 수행하는 방법에서 차이가 있었을 뿐이었다.[1]

육군 상층부의 중요 부서를 장악하고 있었던 통제파는 대부분 육군대학을 졸업한 우수한 참모장교들로서 정치 감각과 시대 조류에 민감한 인물들이었다. 중심인물은 시기에 따라 다르지만, 미나미 지로, 하야시 센주로, 스기야마 하지메 등이 이에 속했다. 그러나 핵심 실력자는 육군성의 군무국장인 나가타 데쓰잔(永田鐵山)을 중심으로 한 도조 히데키, 이마무라 히토시(今村均), 무토 아키라(武藤章), 이시와라 간지 등이었다. 그러나 통제파는 특정 인물을 중심으로 뭉친 집단은 아니었다. 육군성과 참모본부의 중요 핵심 부서를 책임지고 있던 그들은 군의 합법적 기능을 최대한 발휘하여 군부 중심의 지배체제를 확립해야만 한다는 생각을 가지고 있었던 인물들이었다.

통제파는 쿠데타와 같은 비합법적 방법을 통한 국가개조를 반대했다. 보다 군부를 중심으로 한 총동원체제를 만들어나가기 위해서는 정치인은 물론이고 관료와의 제휴, 즉 군정(軍政)과 정치의 연대가 필요하다는 입장이었다. 이들은 파괴보다는 건설을 중요시했다.

황도파의 중심세력은 비육군대학 출신으로서 일선부대에 근무하는 20대와 30대의 위관급 청년장교들이었다. 특히 육사 37기(1925년 졸업)와 38기(1926년 졸업)가 중심세력을 이루고 있는 황도파는 아라키 사다오 육군대신과 마사키 진자부로 교육총감을 지도자로 삼고 있었고, 사상적으로는 기타 잇키와 니시다 미쓰기의 영향을 받았다. 그들은 통제파와 달리 이념적으로나 인간적으로나 강한 결집력을 가지고 있었다. 국수주의 색채가 강한 황도파는 일본이 위기에 처한 것은 지배계층의 무비판적 서양 숭배와 일본 정신에 역행하기 때문이라고 믿고 있었다. 황도(皇道)에 바탕을 둔 일본 본래의 모습을 찾기 위해서는 천황을 둘러싸고 있는 간신들을 제거하고 천황 친정으로 돌아가야 한다는 신념을 지니고 있었다. 황도파는 파괴를 중요시했고 군의 폭력혁명, 즉 쿠데타를 주장했다.

좌절된 1931년의 3월 쿠데타 계획 이후 황도파는 쇼와 유신을 지향하는 통제파의 진정성과 순수성을 의심했고, 시간이 흐르면서 그들도 제거되어야만 할 부패세력의 일부라고 인식했다. 반대로 통제파는 황도파의 순수성은 인정하지만 오히려 그 순수성이 국가개조의 장애물이 된다고 판단했다. 군부 중앙 부서의 고위직을 장악하고 있었던 통제파는 황도파의 행동을 통제하고 억압적인 태도를 취했다. 군부 내에 형성된 두 파벌의 갈등은 1930년대에 실질 투쟁으로 나타났다. 결정적 갈등은 '11월 사건'으로도 알려진 사관학교 사건이었고, 이는 나가타 데쓰잔 암살로 이어졌다.

1934년 11월 말 헌병대는 청년장교들의 핵심 지도자라고 할 수 있는 이소베 아사이치와 무라나카 다카지 대위를 포함한 현역군인 여러 명을 체포했다. 죄명은 이소베와 나카무라가 1932년의 5-15 테러와 같은 방법으로 원로와 중신을 살해하고 경시청을 점령하는 쿠데타를 계획했다는 것이다. 그러나 5개월에 걸친 수사 끝에, 군법회의는 그들이 국가의 앞날을 우려하여 혁신이 필요하다는 뜻을 품고는 있었지만, 그렇다고 해서 불온한 행동을 기획했다는 사실을 인정할 만한 증거가 불충분하다고 판결하고 불기소처분을 내려 석방했다. 그러나 불기소처분과 함께 정직(停職)이라는 행정처분을 병행하여 그들이 군에 복직할 수 있는 길을 사실상 차단했다.

정직 처분을 통제파가 황도파를 와해하기 위한 공작으로 받아들인 나카무라와 이소베는 군의 숙정이 필요하다는 "숙군에 관한 의견서"(이하 "의견서")를 작성하여 삼장관(三長官)인 육군대신, 참모총장, 교육총감에게 제출했다. "의견서"는 참모장교들이 주도했던 3월, 10월 쿠데타 음모가 드러났음에도 불구하고 적절히 처리하지 않았다는 점을 지적하고, 또한 사관학교 사건을 유발한 통제파 장교의 허위신고에 대해서 무고죄로 고소하는 내용이었다.[2]

청년장교들은 이러한 일련의 사태의 중심에 통제파의 핵심인 나가타 데쓰잔 육군성 군무국장이 있는 것으로 판단했다. 실제로 나가타 소장은 제1사단을 만주로 파견하고, 중앙의 황도파를 지방으로 분산시키는 등의 인사를 주도했다. 황도파 청년장교들은 나가타를 "한(恨)을 품고 제거하지 않으면 안 될 인물"로 지목했다.[3]

이소베와 무라나카의 정직으로 불만에 가득 차 있는 황도파에게 폭발의 불길을 당긴 것은 마사키 진자부로 교육총감의 파면이었다. 육군의 인사이동안을 놓고 하야시 육군대신과 마사키 교육총감이 충돌했을 때 참모총장 간인노미야 고토히토(閑院宮載仁)가 하야시 편에 서면서, 마사키는 교육총감 자리에서 물러났다. 이소베와 무라나카의 판결로부터 3개월 후인 7월 15일에 일어난 일이었다.

마사키 교육총감 파면은 군 상층부의 복잡한 파벌과 권력 투쟁의 결과였으나, 표면적인 이유는 사관학교사건 감독 책임이었다. 황도파 청년장교들은 이 역시 황도파를 탄압하기 위한 나가타 군무국장의 작품이라고 믿었다. 이소베가 품고 있었던 한이 한계점에 도달했다. 그는 메이지 신궁을 찾아가서 "내가 나가타 데쓰잔을 죽인다. 나의 행동이 혁명을 만들어낼 것이다"라고 다짐했다.[4] 그러나 나가타 암살은 이소베의 몫이 아니었다.

2. 나가타 데쓰잔 암살

1935년 8월 12일 나가타 데쓰잔 소장은 국장실에서 도쿄 헌병대장 니이미 히데오(新見英夫) 대령으로부터 업무보고를 받고 있었다. 아침 9시 40분경이었다. 갑자기 문이 열리면서 중령계급의 군복을 입은 군인이 군도를 머리 위로 치켜올리면서 들어섰다. 국장이 뭐라고 말할 틈도 없이 그는 국장의 가슴을 향하여 칼을 휘둘렀다. 나가타는 바닥에 쓰러지고 제지하려던 헌병대장도 왼쪽 팔에 깊은 상처를 입었다. 오른쪽 가슴 깊이 치명타를 입은 국장은 2시간 후에 사망했다. 백주에, 그것도 육군성 안에서 벌어진 나가타 암살은 쇼와 유신을 외치는 쿠데타에 불을 붙인 결정적 사건이었다.

나가타 군무국장은 육사 16기의 선두 주자로서 장래의 육군대신으로 일컬어질 정도로 육군의 영재였다. 나가타를 단칼로 죽인 중령계급의 인물은 아이자와 사부로였다. 육사 22기생인 아이자와는 검도의 달인으로서 "강개거사(慷慨居士)"라고 알려진 호걸 기질의 사

나가타 데쓰잔

내였다. 1930년 이래 그는 니시다 미쓰기를 위시하여 이소베, 무라나카, 오쿠라 에이이치, 오기시 요리요시 등 급진 청년장교들과 관계를 맺고 있었다.

국체명징운동이 절정에 이르는 때에 벌어진 나가타 군무국장 암살과 이어진 재판 과정은 오랫동안 행동을 위한 명분과 계기를 찾고 있던 청년장교들에게 찾아온 절호의 기회였다. 육군 청년장교들은 아라키 사다오 대장이 1931년 12월 육군대신으로 임명되자 체제 내에서의 개혁에 기대를 걸고 자중론을 택하고 있었다. 해군 청년장교들이 주도한 5-15 테러에 그들이 가담하지 않은 이유도 아라키에 대한 기대 때문이었다. 그러나 아라키는 아무런 성과 없이 1934년 1월에 물러났다. 뿐만 아니라 청년장교들의 신망이 두터운 마사키 진자부로 교육총감 또한 1935년 7월 파면되었다.

자중론을 택한 결과는 보다 더 큰 실망을 안겨주었다. 육군의 청년장교들이 쇼와 유신의 초석이 될 것을 선언한 지는 이미 오래되었으나, 그동안 그들은 아무런 결실도 거두지 못하고 있었다. 더군다나 혈맹단과 같은 민간단체나 5-15 테러를 주도한 해군 청년장교들은 유신을 위한 사석의 일역을 담당했다. 심리적 부담과 좌절감이 없을 수가 없었다.

1935년 2월 발행된 "전 황군 청년장교에게 고함"이라는 격문은 육군 청년장교들의 이러한 심리상태를 잘 설명해준다. "단호하게 쇼와의 간신배를 격살하라"로 시작하는 이 격문은 쇼와 유신을 위한 "전초전으로부터 이미 3년이 지났다"라고 전제하며, "승패는 병가지상사라고는 하나 3월의 실패, 10월의 패전, 또다시 11월의 퇴각은 황군 청년장교들로서는 씻을 수 없는 치욕이다"라고 자책과 불만을 토로하고 있다. 그러면서 "쇼와 유신의 승패를 결정하는 일은 오로지 행동 한길이 있을 뿐이다. 성전(聖戰)을 위한 준비는 이미 끝났다. 오직 한길로 매진하여 파사현정의 검을 뽑아야 할 때가 도래했다"고 하면서 행동을 독촉하고 있다.[5]

이 시점에 발생한 아이자와의 나가타 암살은 청년장교들의 심정을 자극하기에 충분했다. 아이자와의 변호를 담당했던 법학박사 우자와 후사아키(鵜澤總明) 메이지 대학 총장은 아이자와의 나가타 암살을 "단순한 살인 폭행이라는 시각에서 보는 것은 잘못된 것이다.

일본 국민의 사명에 충실하고, 특히 진지한 군대 교육을 받은 자가 감행한 건국 이래의 역사적 사건"이라고 옹호했다. 시기와 명분을 기다리고 있던 청년장교들에게 행동의 기회를 제공했다.[6]

나가타 암살과 그 이후에 전개된 사회적 분위기는 청년장교들이 궐기할 수 있는 마지막 기회이기도 했다. 육군성은 쇼와 유신운동의 주체인 육군의 청년장교가 가장 많이 집결되어 있는 제1사단을 3월 하순이나 4월 초에 만주로 파견하기로 결정했다. 제1사단은 러일전쟁 이후 30여 년 동안 한번도 국외에서 주둔한 일이 없었다. 당시 육군의 실권을 장악하고 있던 통제파는 폭력적 쇼와 유신운동의 온상이며 황도파 청년장교들의 거점이었던 제1사단을 만주로 파견하여 국내 불안을 원천적으로 제거하려고 의도했다. 제1사단이 2년 동안 만주에 주둔한다는 것은 곧 청년장교 운동의 붕괴를 의미하는 것이고 그들이 추구한 쇼와 유신의 종막을 뜻하는 것이었다. 청년장교들은 초조해지지 않을 수 없었다.

청년장교들은 만주 파견을 곧 죽음으로 이해하고 있었다. 그들은 1931년 만주사변 이후 만주에서 전개되고 있는 국제상황은 전쟁 가능성이 많고, 전쟁이 일어나면 살아서 돌아오기 어렵다고 믿고 있었다. 2-26 쿠데타가 일어나기 일주일 전인 2월 20일 구리하라 야스히데 중위는 한때 아버지의 상관이었으며 쇼와 유신을 지지하던 예비역 육군 소장 사이토 류(齊藤瀏)를 찾아가서 "급무를 위한 1,000엔"의 자금 지원을 요청하면서 자신의 심경을 다음과 같이 토로했다.

제1사단은 만주 주둔을 위해서 3월 말이나 4월 초에 출발합니다. 우리가 만주에 파견된다면 머지않아 일-소, 일-중, 또는 소련 및 중국과 일본 사이에 전쟁이 일어날 것으로 생각됩니다. 그렇게 되면 영국, 미국, 프랑스 또한 가담하게 될 것입니다. 우리들은 어쩔 수 없이 만주 벌판에서 개죽음을 면치 못할 것입니다. 죽어서 나라를 구할 수 있다면 좋지만……어쩔 수 없이 죽는 목숨이라면 국내에서 죽어 국민과 국가를 각성시키고 싶습니다. 그 길만이 국가를 구하는 일이라고 생각합니다. 따라서 국내에서 죽기로 결정했습니다.……우리가 만주로 간다면 그동안 준비해온 모든 것은 물거품으로 돌아가게 될 것입니다.[7]

"개죽음"의 만주 파병보다 국내에서 국민을 각성시키는 죽음을 택하겠다는 것이었다. 살아서 돌아올 가능성이 희박한 것으로 판단된 만주 파병은 청년장교들을 초조하게 만들었다.

제1사단의 만주 파병이 실행되기 전에 결정적인 행동을 취하지 않으면 안 된다는 강박관념이 그들을 사로잡았다. 아이자와 재판의 열기가 달아오르고 있는 2월 초 구리하라 야스히데 중위는 니시다 미쓰기를 찾아가서 "우리들은 우리가 만주로 떠나기 전에 오랫동안 계획해온 쇼와 유신을 위한 행동을 하지 않으면 안 된다고 믿고 있습니다. 우리들의 결심은 확고합니다. 지금의 여러 가지 상황을 고려해볼 때 이 달 안에 거사를 실행하는 것이 가장 바람직합니다"라고 주장함으로써 2월 중의 궐기를 확실히 했다.[8] 실행을 위한 결심의 시기였다.

3. 재판과 여론

아이자와의 재판은 1936년 1월 28일부터 도쿄 아오야마(青山)의 제1사단 사령부에 설치된 군법회의 법정에서 공개적으로 열렸다. 변호사이며 귀족원 의원이고 동시에 메이지 대학 총장인 우자와 후사아키 법학박사와 육군 법무관 미쓰이 사키치(滿井佐吉) 중령이 무보수 변론을 맡으면서 재판은 국민의 비상한 관심을 모았다. 신문보도에 의하면 재판정은 입추의 여지가 없었고, 재판정에 들어서는 아이자와는 "육군 중령의 계급장을 붙인 군복을 입고 군모를 오른 손에 들고 느긋한 보조로 피고석을 향했다. 밤송이 같은 머리를 한 그의 눈빛은 번쩍거리고 있었다." 일반 여론은 물론 언론도 아이자와에게 호의적인 반응을 보였다.[9]

재판 과정을 통해서 국민에게 홍보된 아이자와의 나가타 살해는 혁신운동 저지의 원흉을 제거하기 위한 거사였다. 변호인단의 변론에 의하면 나가타는 개혁과 혁신에 역행하는 중심 세력이었다. 나가타는 1934년 군무국장에 취임한 이후 직무상의 지위를 이용하여 유신운동을 저지했고, 청년장교 운동의 핵심인물인 무라나카와 이소베 등이 군법회의에서 무죄였음에도 불구하고 군 복귀를 저지했고, "괴문서"를 활용해서 청년장교들을 함정에 빠트리는 간책을 부렸고, 쇼와 유신의 기수이고 청년장교들의 우상이라고 할 수 있는 교육총감 마사키 진자부로의 파면을 책동한 인물이었다. 청년장교에 의하면, 나가타는 "쇼와 유신을 탄압하고, 황군을 좀먹는 악마의 총사령부"였고, 따라서 나가타 암살은 "대역의 핵심을 섬멸하여 쇼와 유신의 대업을 이루기 위한 의거였고 신의 뜻"이었다.[10]

아이자와 스스로도 자신의 나가타 살해는 "신의 계시"라고 주장했다. 범행 직후 아이자와를 심문한 헌병대의 고사카 게이스케는 다음과 같은 기록을 남겼다.

심문을 시작하면서, "이제부터 오늘 아침 육군성의 군무국장실에서 나가타 소장을 살해한 살인사건에 관하여 현행범으로 심문을 시작한다. 심문 중 경칭은 쓰지 않는다."

그러자 아이자와는 눈을 크게 뜨고 밖에까지 들릴 정도의 화난 큰 목소리로, "나는 나가타라는 자를 살해하지 않았다"라고 답했다.

"죽이지 않았다고 말하고 있지만 손의 상처, 군도에 묻어 있는 피, 국장실이 떨어진 귀관의 군모가 움직일 수 없는 증거가 아닌가?"

아이자와는 진지한 얼굴을 하면서 "이세 신궁(伊勢神宮)의 신의 뜻에 따라 천벌이 내린 것이다. 나는 모르는 일이다."

"이세 신궁의 신의 뜻이라고 하지만, 직접 실행한 것은 귀관이 아닌가? 행동을 말하는 것이다."

"이세의 큰 신이 잠시 아이자와의 몸을 빌려 천벌을 내린 것이기 때문에 나의 책임이 아니다. 나는 하루 속히 대만에 부임하지 않으면 안 된다!"[11]

나가타 암살을 "신의 뜻"이라고 주장한 아이자와의 공개재판은 쇼와 유신을 꿈꾸는 청년장교는 물론이고 사회 변혁을 기대하는 국민들에게 자극을 주기에 충분했다.

재판이 진행되기 전후하여 니시다 미쓰기를 중심으로 한 청년장교들과 우익국가주의 단체는 아이자와를 중신, 정당, 재벌, 관료, 군벌 등의 제거를 위하여 사석이 된 "혁명의 선구적 동지"라고 높이 평가했다. 그러면서 쇼와 유신에 대한 국민의 긍정적 반응을 유도하기 위한 선전활동을 전개했다. 특히 무라나카, 이소베, 시부카와 젠스케 등은 아이자와 가족의 대리인으로 법정에 출입하면서 공판 공개와 감형탄원운동을 주도하는 한편, 국체명징, 군부 내의 개혁, 쇼와 유신 단행의 필요성 등을 선전했다. 아이자와를 국민적 영웅으로 추겨세우는 홍보활동은 개혁의 필요성을 당연시하는 사회적 분위기를 고조시켰고, 군부 내부의 쇼와 유신 공감대를 강화시켰다.

공판의 열기를 지켜보면서 청년장교들은 궐기의 시기가 왔다고 믿었다. 그들은 유신을 위한 사회적 분위기가 성숙되었고, 전국 동지의 결의를 용이하게 굳힐 수 있고, 그리고 행동의 기회를 잡을 수 있다고 믿었다. 「아사히 신문」의 육군성 담당기자로서 군 내부사정에 밝은 다카미야 다헤이(高宮太平)의 표현에 의하면, 청년장교들은 "세간의 눈과 귀가 아이자와 재판에 모였을 때"가 "결사적 몸부림의 마지막 기회"였다.[12]

2월에 접어들면서 사건 당시의 육군대신 하야시 센주로와 후루쇼 모토오(古莊幹郎) 육군차관 등 육군의 수뇌급 인물들이 증언대에 섰다. 2월 25일에는 황도파의 총수격인 전 교육총감 마사키 진자부로 대장이 소환되면서 공판은 절정에 달했다.

변호인 미쓰이 사키치 중령은 변호를 통하여 위기감을 더욱 고조시켰다. 25일 변론에 나선 미쓰이는 군의 반수 이상이 평균 이하의 비참한 삶을 살고 있는 농촌의 자제들로 충원되고 있다는 것, 정부의 경제대책은 전적으로 일부 재벌을 옹호하는 데에 앞장서고 있다는 점, 그리고 군 중앙부의 정책은 약병소수주의(弱兵小數主義)로서 군 이외의 불순세력, 즉 중신이나 재벌과 결탁하여 현상유지에 급급하고 있다고 정부, 재벌, 군부를 함께 비판했다. 아이자와가 나가타 군무국장을 살해한 것은 나가타 개인에 대한 원한이 아니라, 나가타로 대변되는 중신과 재벌과 군부가 결탁한 쇼와 유신 저지 세력에 대한 응징이라는 점을 강조했다. 그리고 "아이자와 중령의 배후에는 전군 장교의 쇼와 유신의 기백이 넘쳐흐르고 있고 또한 절박하게 밀려오고 있다. 만일 이 사건을 잘못 처리하면 제2, 제3의 아이자와 사부로가 나타날 수 있다"고 경고하며, 자신은 "폭탄을 안고 공판에 임하고 있다"고 사태의 중요성을 강조했다.[13] 미쓰이가 우려한 "폭탄"은 2월 26일 새벽 청년장교들의 쿠데타로 나타났다.

제12장

쇼와 유신의 종막 : 2-26 쿠데타

1936년 2월 26일 새벽 도쿄에는 함박눈이 내리고 있었다. 1887년 이후 49년 만의 대설이었다. 어둠이 짙게 깔리고 백설이 뒤덮인 새벽 5시, 도쿄 시내 곳곳에서 총성이 울렸다. 국회의사당과 총리 관저를 비롯하여 정부 관청이 몰려있는 도쿄의 중심부인 나가타쵸(永田町)에서 히비야(日比谷) 방면에 이르는 길은 모두 봉쇄되고 교통은 차단되었다. 완전 무장한 군인이 모든 움직임을 통제했다. 일체의 보도기관은 침묵했고, 라디오도 아침방송을 중지했다. "전쟁이 일어났다," "황거가 점령되었다," "도쿄가 전멸되고 있다" 등의 유언비어가 난무했다. 하루 종일 시민들은 불안해했다.

저녁 8시 15분 드디어 라디오가 침묵을 깨고 육군성의 발표를 보도했고, 언론사가 호외를 발행하면서 사건의 일부가 알려지기 시작했다. 육군성의 첫 공식 발표는 다음과 같다.

오늘 새벽 5시경 일부 청년장교들은 아래의 거처를 습격했다.

수상 관저. 오카다 수상 즉사(오보/저자)

사이토 내대신 사저. 내대신 즉사

와타나베 교육총감 사저. 교육총감 즉사

마키노 전 내대신 숙소(湯河原伊藤屋旅館). 마키노 백작 생사불명

스즈키 시종장 관저. 시종장 중상.

다카하시 대장대신 사저. 대장대신 부상

도쿄 아사히 신문사

이들 청년장교가 궐기한 목적은 취지서에 의하면 내외의 중대한 위
기를 맞아 원로, 중신, 재벌, 군벌, 관료, 정당 등의 국체파괴의 원흉
을 제거함으로써 대의를 바로잡고, 국체를 옹호하고 더욱 빛내는 데
에 있다.[1]

　이것은 청년장교들이 쇼와 유신을 외치며 행동한 쿠데타의 시작
이었다. 약 1,500명의 혁명군을 이끈 청년장교들은 수상, 중신, 군
고위층 등을 습격, 암살하는 한편, 치안과 군부의 중추부인 경시청,
육군성, 참모본부를 장악했다. 쿠데타는 성공하는 듯했다. 육군성의
첫 공식 발표도 쿠데타를 "궐기"로 불렀다. 그러나 4일 후 "궐기"는
"반란"으로 바뀌었고, 쇼와 유신을 꿈꾼 혁명군은 반란군으로 전락
했다. 쿠데타는 실패로 그 막을 내렸다.

　훗날 '2-26 사건'으로 알려진 군부의 최종 쿠데타는 1915년 기타
잇키의 「국가개조안 원리대강」을 기점으로 시작된 쇼와 유신과 국
가개조운동의 종막이었다. 쇼와 유신의 불씨를 집혔던 기타를 위시

해서 쿠데타를 주도한 청년장교들은 모두 형장의 이슬로 사라졌다. 그러나 실패로 끝난 쿠데타는 역설적으로 그동안 쇼와 유신론자들이 추구한 최종 목표인 군부 중심의 국가총동원체제를 만들어내는 결과를 가져왔다. 그런 의미에서 실패한 쿠데타는 성공했다.

1. 쿠데타 준비

천황기관설 박멸운동, 육군사관학교 사건, 마사키 진자부로 교육총감 파면, 제1사단의 만주 파견 결정, 나가타 군무국장 암살, 그리고 이어진 아이자와 재판 등은 청년장교가 행동할 수 있는 충분한 여건과 분위기를 만들어주었다. 2-26 사건으로 알려진 실패한 쿠데타는 이러한 분위기에서 일어났다.

쿠데타의 주력부대는 만주 파견이 결정된 제1사단 보병 제1연대와 제3연대, 그리고 근위사단 보병 제3연대와 야전중포병 제7연대의 일부가 포함된 1,490명의 병력이었다. 쿠데타를 기획하고 추진한 핵심 인물은 보병 제1연대 소속 구리하라 야스히데(栗原安秀) 중위, 보병 제3연대 소속 안도 데루조(安藤輝三) 대위, 노나카 시로(野中四郎) 대위, 근위사단 보병 제3연대의 나카하시 모토아키(中橋基明) 중위, 도코로자와(所澤) 육군비행학교의 고노 히사시(河野壽) 대위, 그리고 사관학교 사건으로 군에서 제거된 이소베 아사이치(磯部浅一)와 무라나카 다카지(村中孝次) 7명이었다. 그러나 쿠데타 후 수사를 담당했던 도쿄 헌병대의 오타니 게이지로(大谷敬二郎)에 의하면 "2-26 사건이 일어나기까지의 원동력은 구리하라 야스히데와 이소베 아사이치였다. 구리하라는 부대 동원을 맡았고, 이소베는 동지 결집과 준비공작 임무를 담당했다."[2]

아이자와의 나가타 암살과 이어진 재판은 5-15 테러 이후 초조하게 기회를 찾고 있던 청년장교들에게 쿠데타를 위한 '심적 공감대'를 만들어주었다. 그러면서 쿠데타 계획도 빠르게 진전되었다. 2월에 들어서면서 병력을 동원할 수 있는 안도, 구리하라, 나카하시, 고노와 육군사관학교 사건 이후 군에서 물러난 이소베, 무라나카 등이 몇 차례의 회합을 가졌다. 그들은 아이자와 재판이 종결되기 전, 그리고 제1사단의 만주 파견이 실행되기 이전에 행동한다는 원칙을 확정했다.

순조롭게 진행된 것은 아니지만 최종계획안은 22일에 확정되었다. 거사 일과 그 시각을 2월 26일 새벽 5시로 정했고, 그들의 습격 목표는 총리 오카다 게이스케, 조선총독을 두 차례 지낸 내대신 사이토 마코토, 대장대신 다카하시 고레키요, 시종장 스즈키 간타로, 교육총감 와타나베 조타로(渡辺錠太郎), 천황 측근의 대표적 간신으로 지목된 마키노 노부아키, 원로 사이온지 긴모치 등이었다. 그리고 육군성, 참모본부, 육군대신 관저, 경시청을 점령하기로 했다. 당일 사용할 암호는 존황(尊皇)과 토간(討奸)으로 정하고, 하사관 이상은 동지의 표식으로 삼전(三錢)우표를 부착하기로 했다. 이는 막말 유신시절 다카스기 신사쿠(高杉晋作)의 "세상 삶의 가치는 삼전도 못 된다[真乎浮世價三錢]"는 시에서 비롯된 것으로, 나라를 위해서 생명을 초개와 같이 버린다는 청년장교들의 정신을 나타내는 상징이었다.

1) 군 고위층의 지지

2-26 쿠데타를 주도한 핵심 청년장교들은 궐기가 군 수뇌부의 묵시적 또는 현시적 지원 없이는 성공할 수 없다는 것을 처음부터 잘 알고 있었다. 그들은 행동계획을 수립하면서 지원세력으로 판단되는 군 수뇌부의 의중을 타진하는 데에 많은 정성을 기울였다.

이소베, 안도, 무라나카 등은 직간접으로 황도파 또는 후원세력으로 판단되는 가와시마 요시유키 육군대신, 후루쇼 모토오 육군차관, 나가타 데쓰잔의 후임으로 취임한 이마이 기요시(今井清) 군무국장, 야마시타 도모유키(山下奉文) 군사조사부장, 무라카미 게이사쿠(村上啓作) 군사과장, 그리고 황도파의 장로격인 마사키 진자부로와 아라키 사다오 대장 등을 접촉했고, 그 결과 그들은 자신들이 궐기하면 군 수뇌부로부터 상당한 지지를 받을 것이라고 확신했다.

쿠데타 계획이 본격적으로 추진되고 있던 초기 단계인 1월 말 이소베는 미쓰이 상사와 깊은 관계를 맺고 있는 민간 우익 모리 덴(森傳)과 함께 가와시마 육군대신을 방문했다. 국내 정세, 군부 내의 문제, 청년장교의 동향 등을 주제로 장시간 논의한 이 자리에서 이소베는 쇼와 유신을 위한 청년장교들의 행동계획을 우회적으로 암시했다. 일찍부터 쇼와 유신의 동조자로 알려진 가와시마도 청년장교들의 계획에 긍정적인 태도를 보였다. 이날 가와시마에게서 받은 인상은 사건이 벌어질 경우 이를 막거나 탄압하지 않으리라는 것이었다.

자타가 공인하는 황도파 총수인 마사키 대장은 청년장교들의 쇼와 유신운동을 적극적으로 후원한 정신적, 물질적 지원자였다. 교육총감에서 파면된 후 청년장교들과 자주 접촉을 가진 마사키는 자신의 경질에 대한 부당성과 국체명징운동에 대한 정부의 애매한 태도를 비판했다. 또한 나가타 군무국장을 살해한 아이자와의 정신을 높이 평가하면서 청년장교들에게 직설적으로 행동을 독려했다.

황도파로 알려진 육군성 군사조사부장인 야마시타 도모유키 소장 또한 청년장교들이 행동할 경우 적극적으로 후원할 지원자로 믿었다. 청년장교들과 자주 접촉해온 야마시타는 기회가 있을 때마다 과격한 발언으로 청년장교들의 행동을 부추겼다. 그는 살해된 나가타를 "잔재주꾼"이라고 비판하면서, 아이자와의 암살을 높이 평가했다. 또한 그는 청년장교들에게 오카다 수상도 죽여야 한다고 강조하며, 내각을 무너뜨릴 청년장교들의 행동은 빠르면 빠를수록 좋다는 자극적 발언을 서슴지 않았다. 이와 같은 야마시타의 발언은 쿠데타에 참여했다가 6년 형을 선고 받은 제3연대의 아라이 이사오(新井勳) 중위가 증언하고 있는 것처럼, "보병 제3연대의 청년장교들을 2-26으로 몰아넣는 커다란 동기가 되었다."[3]

2-26 쿠데타 직후 헌병대가 이소베 자택에서 발견한 비밀수첩에는 이소베가 접촉해서 지지를 호소한 것으로 판단되는 15명의 육군 수뇌부의 명단이 적혀 있었다. 이 명단에는 아라키 사다오, 마사키 진자부로, 가와시마 요시유키, 후루쇼 모토오, 혼조 시게루를 포함한 다섯 명의 대장, 오카무라 야스지(岡村寧次) 중장, 야마시타 도모유키, 이마무라 히토시, 오바타 도시로를 포함한 세 명의 소장, 이시하라 간지, 스즈키 데이이치(鈴木貞一), 니시무라 다쿠마(西村琢磨), 무타구치 렌야(牟田口廉也)를 포함한 다섯 명의 대령, 그리고 아이자와의 변호인 미쓰이 사키치 중령이 포함되어 있었다. 이소베는 이들에게 궐기계획을 직간접으로 전달했고, 또한 행동할 경우 지지해줄 것이라고 믿고 있었다. 이소베의 최종 정황판단은 "육군대신과 그를 중심으로 군 세력이 우리의 행동을 인정하고 있고, 또한 군부 내 강경파인 마사키가 배후에서 지원하고 있기 때문에 원로와 중신에게 돌격하는 우리를 탄압할 세력은 없을 것이다. 결코 군부가 국민의 적이 되어 중신, 원로와 결탁하지는 않을 것이다"였다.[4] 군 고위층의 지원을 받고 있는 이 궐기는 결코 실패할 수 없다는 것이었다.

청년장교가 군 상층부의 지원을 얻기 위해서 공작을 벌인 것에 비해서, 도쿄 밖에 있는 동지들의 호응을 이끌어내기 위한 노력은 거의 하지 않았다. 지방에 주둔하는 청년장교로서 궐기에 참여할 것을 연락받은 사람은 도요하시(豊橋)의 육군교도학교 교관인 쓰시마 가

쓰오(對馬勝雄) 중위뿐이었다. 쿠데타 주동세력은 청년장교 운동의
중심인물로 당시 사쓰마에 주둔하고 있던 스가나미 사부로 대위, 아
오모리에 배치된 스에마쓰 다헤이 대위, 조선의 나남에 주둔하고 있
던 오쿠라 에이이치 대위 등에게도 전혀 연락을 취하지 않았다. 그
들은 지방에 흩어져 있는 동지들과 연대를 소홀히 했고, 다만 도쿄
에서 궐기하면 지방에서도 호응이 있으리라는 막연한 기대만을 가
지고 있었을 뿐이었다.

2) 건설계획

청년장교의 행동계획은 비교적 치밀하고 조직적이었으나, 쿠데타
후 취해야 할 수습계획은 지극히 추상적이고 조잡했다. 그들이 준비
한 소위 수습계획이라는 것은 (1)이소베, 무라나카, 고다가 가와시마
육군대신에게 제시할 요망 사항을 중심으로 군 내부 공작을 담당하
고, (2)야마구치 이치타로 대위는 장인인 혼조 시게루 시종무관장을
통하여 궁중에 교섭하고, (3)민간 우익 가메카와 데쓰야(龜川哲也)
는 우자와 후사아키를 통하여 사이온지로 하여금 마사키 대장을 후
계 수상으로 추천하게 할 것을 의뢰하고, (4)니시다 미쓰기는 도고
헤이하치로(東鄕平八郎) 원수의 개인비서인 오가사와라 나가나리
(小笠原長生) 예비역 해군 중장을 통하여 후시미노미야 히로야스
(伏見宮博恭) 군령부 총장, 가토 히로하루(加藤寬治) 예비역 대장
등 해군의 협력을 구하고, (5)마사키 진자부로를 수상으로, 야나가와

276

헤이스케(柳川平助 : 황도파의 중진/저자)를 육군대신으로 추대하여 두 사람을 중심으로 내각을 구성한다는 것이 전부였다. 그 이외에는 아무런 정치 프로그램도 없었다.[5]

쿠데타 이후의 수습은 단지 가메카와, 니시다, 야마구치 세 사람에게 위임했을 뿐이다. 청년장교는 궐기 이후 권력을 장악하기 위한 전략이나 국가개조를 담당할 새로운 체제 구상, 또는 행동의 불가피성과 정당성을 국민에게 홍보하기 위한 언론 대책 등과 같은 것은 전혀 생각하지 않았다. 물론 행동 후 건설을 위한 구체적 청사진도 없었다. 달리 설명하면, 행동을 성공 단계로 이끌기 위한 과정과 방법에 관해서는 아무런 계획이나 대안을 가지고 있지 않았다.

2-26 쿠데타 계획에서 볼 수 있는 이러한 '무계획' 현상은 청년장교 운동이 지니고 있는 현상파괴주의나 그들의 이상주의와 무관하지 않다. 앞에서 지적한 바와 같이 청년장교 운동의 특성은 건설보다 파괴에 무게가 실려 있었다. 그들의 주요 관심사는 현상파괴였고, 현상파괴는 천황을 둘러싸고 있는 간신배 제거와 그들이 운영하는 제도 파괴를 의미하고 있었다. 파괴 자체가 곧 유신을 의미했고, 파사(破邪)는 곧 현정(顯正)으로 이어진다고 믿었다.

청년장교들은 파괴 행위[討奸]와 그뒤에 이어지는 건설 행위[국가개조]를 두 개의 다른 과정이 아니라 하나로 인식하고 있었다. 현상파괴 그 자체가 곧 쇼와 유신이고 국가개조였다. 2-26 쿠데타 과정에서 오카다 수상 습격을 지휘했던 구리하라 중위는 "국가개조를 위해서 가장 필요한 것은 개조의 단초를 여는 현상을 파괴하는 행동"이라고 강조하면서, "일본의 생성발전을 방해하고 있는 집단은 군부의 일부와 정당과 재벌이다. 이들을 제거하는 것이 곧 우리의 돌파구이다. 우리들은 그곳에 우리의 시체를 묻을 것이다"라고 행동의 의미를 부여했다.[6] 현상파괴를 여는 돌파구를 여는 행동이 쇼와 유신의 근본이고 국가개조 그 자체였다.

쿠데타의 목적은 정권을 장악하고 국가개조를 이끌어간다는 현실적인 것이 아니라, 황권회복, 간신제거, 국민정신 각성 등과 같이 추상적인 것이었다. 따라서 그들에게 필요한 것은 권력장악을 위한 계획이나 개조를 위한 정치 프로그램이 아니라, 다만 천황을 둘러싸고 있는 간신들을 제거하는 행동이었다. 쿠데타 시기상조론과 신중론을 폈던 안도 데루조에게 "하루라도 빨리 일본의 악을 잘라 제거하지 않으면 안 된다. 악을 잘라버리는 것만 성공한다고 해도 큰 성과가 아닌가. 악을 잘라 버리는 것만으로는 충분치 못하다라든가, 또는 다음에 무엇이 일어나고, 또 그 다음을 생각해야 한다는 것은 지금 우리가 취할 태도가 아니다"라는 이소베 아사이치의 절규는 청년장교의 심리적 상황을 잘 설명해준다.[7] 그러므로 필요한 것은 건설이 아니라 파괴였고, 파괴를 위한 행동 후 건설은 계획하지 않아도 뒤따를 것으로 믿었다.

청년장교들은 쇼와 유신을 메이지 유신에 비유했고, 자신들을 유신 과정에서의 지사로 대치했다. 그러나 그들은 메이지 유신이 얼마나 치밀한 건설계획을 근거로 진행되었나를 전혀 고려하지 않았다. 메이지 유신을 위한 사쓰마와 조슈의 연합, 그리고 연합을 다시 도사(土佐)와 히젠(肥前)으로 확대한 과정이나, 또한 메이지 유신의 주체가 교토의 황실과 어떻게 긴밀한 연대를 이어갔는지를 염두에 두지 않았다. 다만 현상을 파괴하면 국민으로부터 지지를 받을 수 있으리라는 이러한 막연한 낙관주의는 처음부터 실패의 가능성을 안고 있었다.

2. 존황토간

낮부터 내리기 시작한 눈은 2월 25일 저녁 도쿄를 온통 은빛 도시로 만들었다. 귀가 시간을 묻는 아내에게 "오늘은 늦을 테니 먼저 자라"는 말을 남기고 7시경 집을 나선 이소베는 니시다를 그의 자택으로 방문하여 진행사항을 보고했다. 구리하라 중위의 방에서 군복으로 갈아입은 이소베는 고다 중대장실로 가서 무라나카와 함께 "궐기취지서"를 인쇄하면서 암살자 명단에 통제파 핵심 인물인 이시하라 간지 등 5명의 군인을 추가하고, 원로 사이온지의 암살은 쿠데타 이후의 수습을 위해서 최종적으로 취소했다. 그리고 전체계획을 재점검하고 육군대신에게 요구할 "요망 사항"을 작성했다.

안도는 주번사관을 불러 26일 새벽 진행될 행동계획을 알려주고 필요한 준비를 차질 없이 완료할 것을 지시했다. 구리하라는 부친의 상관이었고 자신의 후견인인 사이토 류 예비역 소장을 도쿄 역 식당에서 만나 쿠데타 계획과 일정을 자세히 보고하고 귀대했다. 그리고 자신이 지휘할 습격계획을 검토했다. 미야케자카(三宅坂)에 위치한 육군대신 관저 점령을 책임진 야전포병 제7연대의 다나카 가쓰(田中勝) 중위는 40일 전에 결혼한 아내와 마지막 작별을 나누고 부대로 복귀했다. 모두 행동의 시간만을 기다리고 있었다.

눈보라가 휘날리며 어두워져가는 밖을 보면서 청년장교들은 메이지 유신의 지사를 회상했다. 그들은 76년인 전 1860년 3월 3일 눈 내리는 날 미토와 사쓰마의 하급무사 18명이 사쿠라다(櫻田) 문밖에서 당시 집권세력의 대표였던 이이 나오스케(井伊直弼)를 암살하면서 유신의 물꼬를 텄던 역사적 사건을 재현한다고 믿었다. 다카하시 대장대신 암살을 지휘했던 나카하시 모토아키 중위는 자신의 심정을 다음과 같이 시적으로 표현했다. "사쿠라다에서 분전(奮戰)한 고이부치 가나메(鯉淵要人 : 이이 나오스케를 살해하고 스스로 목숨을 끊음/저자)와 야마토 의거(大和義擧)의 도모바야시 미쓰히라(伴林光平 : 참수됨/저자)를 함께 생각할 때 우리는 결코 헛되이 앉아 있을 수 없다. 비록 겁쟁이지만 분기(奮起)해서 의를 따라 죽어 추호도 생사를 돌아보지 않으리."[8] 행동의 시간을 기다리는 청년장교들은 모두 나카하시와 같은 감상에 젖었다.

도쿄 아자부(麻布)에 자리잡고 있는 제1사단의 보병 제1연대, 제3연대, 근위사단의 보병 제3연대는 26일 새벽 2시에서 4시 사이에 각각 비상소집을 실시했다. 흰 눈이 뒤덮인 연병장에 완전 무장하고 정렬한 병사들에게 지휘 장교들은 궐기의 의의와 궐기에 가담하는 역사적인 사명을 훈시하고, 습격 시에 사용될 암호가 "존황"과 "토간"이라는 것, 하사관 이상의 동지의 표식으로 삼전 우표를 부착할 것 등의 주의 사항을 시달했다. 그리고 실탄을 전 장병에게 나눠주었다. 모든 병사들은 1일분 비상식량을 휴대하고 각 지휘자의 지시에 따라 1,400여 명의 군인이 연병장을 떠났다. 쇼와 유신을 방해하는 지배계급에 대한 습격이 시작된 것이다.

오카다 수상 습격 책임자인 구리하라 중위와 하야시 하치로(林八郎) 소위가 300여 명의 병력을 이끌고 수상 관저에 도착한 것은 새벽 5시였다. 관저를 완전히 포위한 구리하라는 소총 부대를 이끌고 정문으로, 하야시는 뒷문으로 습격해서 들어갔다. 관저의 비상벨이 요란하게 울렸고, 경비 순경과 군인 사이에 총격전이 벌어졌다. 수상의 매부이며 개인비서였던 예비역 육군 대령 마쓰오 덴조(松尾傳藏)는 군인들에게 발견되기 직전에 오카다 수상을 가정부 방의 장롱 속으로 숨게 했다. 수상을 찾아 방을 수색하던 군인들은 마쓰오를 오카다 수상으로 오인하고 기관총으로 사살했다. 경비병 4명도 함께 즉사했다.

현장에 나타난 구리하라는 현관에 걸린 오카다 초상화와 시신의 얼굴을 대조한 후, 죽어 있는 마쓰오를 오카다로 판정하고 "성공"을 선언했다. 군인들은 일제히 만세를 외치며 쇼와 유신의 시발을 축하했다. 한편 가정부의 장롱 속에 숨어 있던 오카다는 27일 밤 조문객으로 변장하고 군인들이 점령하고 있던 관저에서 극적으로 탈출했다.

근위보병 제3연대의 나카하시 모토아키 중위가 포병학교의 나카지마 간지(中島莞爾) 소위와 함께 약 100여 명의 병력을 이끌고 다카하시 고레키요 대장대신의 사저에 도착한 시간은 새벽 5시였다. 부대가 집을 완전히 포위한 후 나카하시는 정문으로, 나카지마는 동쪽 담을 넘어서 집안으로 들어갔다. 영문을 모르는 하인은 나카하시가 요구하는 대로 그를 2층 침실로 안내했다. 방에 들어선 나카하시는 잠자리에 있던 82세의 늙은 대신에게 "국적(國賊)"이라고 외치며 이불을 젖히고 권총을 발사했다. 뒤따라 들어온 나카지마는 "천벌"이라고 외치며 이미 죽은 시체에 군도로 다시 여러 군데를 찔렀다. 임무를 완수한 나카하시는 5시 15분경 병력을 이끌고 수상 관저로 향했다.

보병 제3연대의 사카이 나오시(坂井直) 중위와 다카하시 다로(高橋太郎), 야스다 유타카(安田優) 소위가 150여 명의 군인을 이끌고 사이토 마코토 내대신을 습격하기 위해서 병영을 출발했다. 새벽 4시 30분이었다. 5시경 사이토의 사저에 도착한 부대가 집을 포위한 후 사카이와 다카하시는 정문으로, 야스다는 뒷문을 부수고 안으로 뛰어들었다. 총소리에 놀라 침실에서 나오던 사이토에게 사카이, 다카하시, 야스다 세 사람이 일제히 권총을 쏘았다. 뒤따라서 들어오던 병사들은 이미 시체가 된 사이토에게 다시 기관총을 발사하고 군도

282

로 찔렀다. 78세였던 사이토의 시신에는 47발의 총알이 박혔고 열 군데 이상 칼에 찔렸다. 누군가가 피 묻은 손을 높이 들어올리며 "보라, 국적의 피를!" 하고 외치며 사이토 습격이 성공했음을 알렸다.

5시 20분경 사카이는 주력부대를 이끌고 육군성으로 향했다. 야스다와 다카하시가 나머지 병력 약 30명을 이끌고 제2의 공격목표인 와타나베 조타로 교육총감 집에 도착한 것은 새벽 6시경이었다. 야스다와 다카하시는 기관총으로 현관을 부수고 2층 침실에 뛰어올라갔다. "군인으로서 너무 난폭하지 않은가"라고 말하면서 제지하는 부인을 밀어제치고, 야스다와 다카하시는 교육총감에게 권총을 발사했다. 다카하시는 뒤따라 들어온 병사에게 기관총으로 확인 사살할 것을 명령하고, 이어서 군도로 그의 머리를 내리쳤다. 6시 30분 교육총감 자택에서 철수한 이들은 육군성 부근에 있는 주력부대에 합류했다.

보병 제3연대의 안도 데루조 대위가 이끄는 150여 명의 병력이 스즈키 간타로 시종장 관저에 도착한 시간은 4시 50분경이었다. 부대는 정문과 뒷문 앞에 기관총을 배치하고 주변을 완전히 포위한 후 앞문과 뒷문을 부수고 동시에 안으로 들어갔다. 이층 침실에서 스즈키를 발견한 두 명이 "각하! 쇼와 유신을 위해서 각하의 생명이 필요합니다"라고 외치면서 권총을 발사했다. 한걸음 늦게 침실에 들어선 안도는 스즈키 부인에게 암살의 취지와 쇼와 유신을 설명하고 죽어가고 있는 스즈키의 목을 군도로 치려고 했다. 그러나 이미 죽은 목숨이니 목을 자르는 것만은 피해달라는 부인의 간청으로 안도는 칼을 거두었다. 그리고는 시종장의 시신에 합장의 예를 표시했다. 임무를 완수한 안도는 5시 30분 부대를 이끌고 국회의사당을 향했다. 스즈키는 중상을 입었으나, 죽지 않고 생명을 구하여 1945년 4월부터 수상이 되어 종전 결정에 중요한 역할을 했다.

고노 히사시 대위가 이끄는 마키노 노부아키 습격 부대는 새벽 4시 40분경에 마키노가 휴양하고 있는 가나가와 현(神奈川縣)의 유명한 온천 도시 유가와라(湯河原)에 도착했다. 고노는 전보배달부로 가장하고 "전보요, 전보요"라고 외쳐 문을 열게 했고, 현관문이 열리자 군인 8명이 기관총을 발사하며 마키노를 찾아 안으로 들어갔다. 마키노의 경호원들이 응사하면서 전투가 벌어졌고, 지휘관 고노는 경호원이 발사한 총에 맞아 쓰러졌다. 습격대와 경호원 사이에 총격전이 벌어지는 동안 마키노는 손녀와 간호사를 데리고 뒷문으로 탈출해서 생명을 건질 수 있었다. 마키노를 찾지 못한 고노는 집에 불을 지르고 포위하고 있다가 나오는 사람들을 모두 사살할 것을 명했다. 가슴에 총을 맞은 고노는 마키노가 불타는 집 속에서 자살했으리라고 믿고 자신의 응급치료를 위해서 육군병원으로 옮겨졌다.

노나카 시로 대위가 도키와 미노루(常盤稔), 기요하라 야스히라(淸原康平), 스즈키 긴지로(鈴木金次郎) 소위와 함께 400여 명의 병력을 이끌고 공격 목표인 경시청에 도착한 것은 5시경이었다. 그들은 저항 없이 경시청을 완전히 점령했다. 노나카는 경찰권 발동을 중지시키고 경시청 주변에 기관총 진지를 구축하고 소총 부대를 배치하는 한편, 경시청 출입구에 무장 보초를 세우고 출입을 완전히 통제했다. 경시청 옥상에도 기관총과 소총 부대를 배치하여 지상의 움직임을 감시하도록 했다. 또한 전화교환실을 장악하고 외부와 통신도 단절했다. 경시청 점령 후, 스즈키 소위는 60여 명의 병력을 이끌고 고토 후미오 내무대신 관저를 습격했으나, 대신이 부재중이라 목적을 달성하지 못하고 관저만을 점령했다. 6시 30분이었다. 비슷한 시간에 구리하라 중위의 지휘에 따라 몇 팀으로 분산된 군인들은 도쿄 아사히 신문사 등 언론사를 장악했다.

육군대신 관저, 육군성, 참모본부를 통제하는 임무를 담당한 보병 제1연대의 니부 마사타다(丹生誠忠) 중위는 150여 명의 병력을 육군대신 관저, 육군성, 참모본부에 배치해서 교통을 완전히 차단하고 출입을 통제했다. 육군대신과 사후수습을 논의할 무라나카, 이소베, 고다, 야마모토가 주력부대를 이끌고 관저에 도착했다.

새벽 5시부터 7시 사이의 2시간 동안 행동부대는 큰 저항 없이 각료와 중신들을 살해하고 중요 부서를 점령했다. 그들은 수상, 육군대신, 내무대신의 관저, 육군성, 참모본부, 경시청을 점거하고, 의사당을 중심으로 공공기관이 모여 있는 일본 정치의 중심부를 장악했다. 요소요소에 기관총으로 진지를 구축하고 보초를 배치하여 점령지역 일대의 교통을 통제했다. 그리고 곳곳에 "존황토간," "존황유신군"이라는 깃발을 높이 달았다.

3. 계엄령

육군대신 관저를 완전히 장악한 무라나카, 이소베, 구리하라, 고다 등 쿠데타 부대의 핵심 장교들은 6시 30분경 육군대신 가와시마와 얼굴을 마주했다. 고다는 육군대신 앞에 부동자세로 서서 "우리 일본의 국체는 만세일계인 천황 폐하의 통솔 아래 거국일체, 생성화육(生成化育)을 성취하고, 마침내 세계 통일을 완수하는 데에 있다"라고 시작하는 장문의 "궐기취지서"를 읽어나갔다. "궐기취지서"에는 우리가 이러한 막중한 인류사적 사명을 짊어지고 있음에도 불구하고 "불령(不逞)하고 흉악한 무리가 나타나서 사심과 사욕을 위하여 존엄한 천황의 권위를 넘보고 있다"고 지적하고, "소위 원로, 중신, 군벌, 재벌, 관료, 정당 등이 국체를 파괴하고 있는 원흉"이라고 명확히 밝혔다. 그리고 "궐기취지서"는 다음과 같이 끝맺고 있다.

나라 안팎으로 중대하고도 급박한 위기를 맞이하고 있는 오늘, 국체 파괴의 불의불신(不義不臣)을 주륙(誅戮)하여 천황의 위세를 가로막고, 유신을 저지하려드는 간적(奸賊)을 제거하지 않는다면, 국가의 큰 뜻은 일시에 무너지고 말 것이다. 마침 제1사단 출동의 대명이 발표되었다. 그동안 유신과 천황을 위하여 목숨을 바칠 것을 약속하며 도쿄를 지킨 우리 동지들은 이제 만주로 출정하게 되었다. 그러나 국내 정세를 살펴볼 때 우려와 근심을 금할 길 없다. 천황을 둘러싸고 있는

육군성에 주둔한 쿠데타 부대

간신과 군의 도적을 제거하고 그들의 중추를 분쇄하는 것이 우리들의 임무가 아닐 수 없다.

천황의 절대적 신뢰를 받고 있는 우리가 지금 이 임무를 수행하지 않는다면, 국가의 파멸과 침윤을 막지 못할 것이다. 이에 함께 나라를 걱정하고 뜻을 같이 하는 동지들이 하나로 뭉쳐 궐기하여 간적을 제거하고 대의를 바로 세워 국체를 옹호하고 밝히기 위하여 몸과 마음을 다하는 일본 백성의 적은 충성을 바칠까 한다.[9]

결국 천황 측근을 권력 공간에서 몰아내고 군부 중심의 권력기구를 만들기 위해서 자신들이 궐기했다고 말하고 있는 것이다. 읽기를 끝낸 고다는 가와시마 대신에게 거사에 참여한 장교 명부와 병력배치도를 전달했다. 이어서 무라나카는 육군대신이 "단호한 결의로 지금의 사태를 신속하게 수습할 것"과 "군대가 서로 충돌하는 불상사가 절대로 일어나지 않도록 조치할 것"을 포함한 7개 항의 "요망 사항"을 전달했다. 그리고 요망 사항이 실현되어 사태가 안정될 때까지 궐기부대는 절대로 후퇴하지 않는다는 것을 다시 한번 확실히 했다.

육군대신은 청년장교들의 요구와 사태 수습방안을 협의하기 위하여, 황도파로 알려진 마사키 진자부로 대장, 야마시타 도모유키 소장, 후루쇼 모토오 차관 등을 육군대신 관저로 초치했다. 7시 30분경부터 군부의 수뇌진들이 관저에 도착하기 시작했다. 제일 먼저 구리하라의 후견인이라고 할 수 있는 사이토 류 예비역 소장이 도착했다. 이어서 야마시타가 들어서면서 청년장교들에게 "와야 할 것이 왔다!"고 말하고 안으로 들어갔다. 청년장교들이 전적으로 신뢰하고 있는 마사키 대장이 나타났다. 그는 자신을 둘러싼 청년장교들에게 "드디어 실행했는가. 제군들의 심정을 잘 알고 있다. 잘 알고 있어. 우리들도 생명을 건다. 이번에는 반드시 성취하자. 전부 일치단결하여 수행하자"라고 격려하며 안으로 들어갔다. 후루쇼 차관도 도착했다.

마사키 대장은 가와시마 대신에게 군사참의관 회의를 소집하여 대책을 강구하고, 도쿄에 계엄령을 선포하고, 사태 수습을 위해서 보다 강력한 내각을 구성해야 한다는 점을 천황에게 진언할 것을 제안

계엄사령부 2-26 쿠데타의 군인들

했다. 궐기의 주역인 청년장교들은 마사키 대장, 사이토 예비역 소장, 야마시타 소장 등이 쇼와 유신을 위하여 적극 활약하고 있다고 믿었다. 육군대신 관저는 마치 쿠데타의 지휘본부와 같았다.

쿠데타는 성공하는 듯했다. 아침 9시 30분 사태 수습을 위한 비공식 군사참의관 회의가 궁중의 한 방에서 개최되었다. 그리고 오후 3시 천황의 묵인과 군 수뇌의 승인을 암시하는 듯한 "육군대신 고시"가 발표되었다. 5개항을 포함한 "육군대신 고시"는 다음과 같다.

"육군대신 고시"

1. 여러분의 궐기 취지는 천황에게 전달되었다.

2. 여러분의 행동은 국체 현현(顯現)을 위한 정성에 기초하고 있음을 인정한다.

3. 국체의 참모습을 드러내기 위하여 모든 노력을 다한다.

4. 모든 군사참의관도 일치하여 위의 뜻에 따라 매진할 것을 합의한다.

5. 이 이상의 것들은 오직 천황의 결정을 기다린다.

같은 시간에 도쿄 경비사령부는 "육군대신 고시"에 근거하여 대외비(對外秘)의 "군대에 대한 고시"를 군 내부 지시로 발표했다.

"군대에 대한 고시"

1. 제1사단 관할 내의 일반 치안을 유지하기 위하여 오늘 오후 3시를 기하여 제1사단에 전시경비를 하명한다.

2. 오늘 아침 출동한 모든 부대는 전시경비부대의 일부로서 새로 출동한 부대와 함께 사단 관내 경비를 담당한다. 군대 상호간에 절대로 충돌하는 사태가 있어서는 안 된다.

3. 궁중에 있는 대신 등은 현재 출동부대와 생각을 함께 하고 있으며, 이제부터는 모든 힘을 다해서 이를 실행하기 위하여 회의를 진행한다.[10]

"육군대신 고시"와 "군대에 대한 고시"는 청년장교들의 쿠데타 부대가 불법 출동한 반란 부대가 아니라 의군이며 쇼와 유신의 수훈부대였음을 인정하는 공문서가 되었다. 제1사단장 호리 다케오(堀丈夫) 중장은 도쿄 경비사령관의 "군대에 대한 고시"에 근거하여, "보병 제3연대장은 오늘 아침부터 행동하고 있는 부대를 포함하여 지휘하고, 담임 경비지구의 경비와 치안유지를 담당한다"는 "제1사단 전시경비령 제1호"를 제1사단 전 장병에게 시달했다.

도쿄 경비사령관의 "군대에 대한 고시"와 제1사단장의 "전시경비령 제1호"에서는 "육군대신 고시"보다 더욱 적극적으로 쿠데타 부대의 행동을 긍정적으로 받아들이고 있었다. 이는 궐기취지를 인정하고 있을 뿐만 아니라, 쿠데타 부대를 군 상부의 명령에 따라 전시경비령에 의하여 경비사령부와 더불어 점령지역 경비를 담당하는 경비부대로 인정했다. 쿠데타 부대가 반란군이 아니라 관군의 위치에 있음을 확실히 해준 것이다.

27일 새벽 3시 30분 군부의 요구에 따라 도쿄 일대에 계엄령이 선포되었다. 대부분의 각료들은 계엄령 시행에 소극적이었으나, 군 이외의 사태 진압 수단이 없다는 현실을 잘 알고 있기 때문에 계엄령을 승인하지 않을 수 없었다. 내각 결의 후 추밀원 동의를 거쳐 천황 승인을 받아 27일 새벽에 발표했다. 천황은 계엄령을 승인하면서, "철저하게 정리하고, 계엄령을 악용하지 말라"는 단서를 달았다.

도쿄 경비사령관 가시이 고헤이(香椎浩平) 중장이 계엄사령관으

로 임명되었다. 계엄사령부는 군인회관에 설치되었고, 계엄사령관
은 "도쿄 일대 전반의 치안 유지와 긴요한 물건 보호, 동시에 공산분
자의 망동을 미연에 방지하기 위하여" 계엄령을 실시한다는 성명을
발표했다. 이어서 계엄사령부는 제1사단 경비부대에 편입되었던 쿠
데타 부대를 다시 계엄군에 편입시키고, 제1연대장 고후지 메구무
(小藤惠) 대령의 지휘 아래에 두었다. 결과적으로 계엄령 실시의 원
인이 된 쿠데타 부대에게 도쿄 심장부의 경비를 담당시킨 것이다.

26일 행동 이후 27일 오전까지의 사태 전개는 쿠데타 군에게 상당
히 고무적이었다. 특히 계엄령 시행과 쿠데타 부대의 계엄군 편입은
천황이 궐기를 인정한 것으로 해석할 수 있었다. 청년장교는 쿠데타
부대가 계엄군으로 인정된 이상 무력 제지는 있을 수 없을 것이라고
확신했고, 군부가 취한 일련의 조치는 쇼와 유신이 실현 단계로 접
어들었음을 뜻하는 것이라고 믿었다. 궐기를 이끌었던 이소베 아사
이치는 "드디어 우리의 존황토간 의거가 인정되고 유신에 돌입한 것
이 명백해졌다"고 안심했다.

청년장교는 계엄령이 실시되는 동안 황도파 중심의 내각이 성립
되고, 국가개조를 위한 쇼와 유신 체제의 기초가 만들어질 것이라고
생각했다. 그러나 현실은 그들이 기대했던 것과 너무나 멀리 떨어져
있었다. 계엄령 시행과 쿠데타 부대의 계엄군 편입은 그들의 행동을
의거로 인정했기 때문이 아니라, 강권을 발동하여 완전히 진압하기
위한 준비에 불과했다.

4. 궐기군에서 반란군으로

청년장교의 쿠데타가 쇼와 유신으로 성사되느냐는 전적으로 천황과 군부의 지지에 달렸다. 성공하는 듯했던 쿠데타는 천황이나 군부어느 편으로부터도 지지를 받지 못했다. 결국 궐기군은 반란군으로전락할 수밖에 없었다.

천황의 태도는 처음부터 강경했다. 쿠데타를 가장 강력하게 부정한 사람은 아이러니컬하게도 청년장교가 충성을 맹세한 천황이었다. 사건 직후부터 가장 가까운 위치에서 천황을 보좌한 인물은 시종무관장 혼조 시게루 대장이었다. 그는 시간대별로 기록을 남겨 당시의상황과 분위기를 알려주고 있다. 새벽 6시경 혼조로부터 보고 받은천황의 최초의 답변은 "조속히 사태를 종식시키고, 화를 복으로 전환시키도록 최선을 다하라"였다. 천황은 처음부터 청년장교의 행동을 "궐기"가 아니라 "화(禍)"로 단정하고 있었다.

사태 발단과 수습에 직접 책임지고 있는 가와시마 육군대신에게보인 태도는 더욱 강경했다. 26일 아침 상황 보고를 위하여 입궐한가와시마에게 천황은 "이번 사태는 그 정신의 옳고 그름을 떠나 대단히 옳지 못한 처사이다. 이는 국체의 정화(精華)를 손상시키는 것이라고 생각하지 않을 수 없다"고 지적하고, "반도(叛徒)를 어떻게처치할 생각이오?" 하고 물었다. 천황은 쿠데타 군을 "반도"라고 불렀다.

가와시마는 "대책은 추후 협의하여 말씀드리겠습니다"라고 대답하면서, "이와 같은 사태가 일어난 것은 현 내각이 국민의 뜻을 충분히 수렴하지 못하고 있기 때문이라고 생각됩니다. 국체를 명징하고, 국민생활을 안정시키고, 국방에 충실을 꾀할 수 있는 정책을 강력히 추진할 수 있는 내각을 속히 구성하는 것이 절대로 필요합니다"라고 내각교체의 필요성을 제시했다. 그러나 천황의 대답은 냉담했다. "육군대신은 그런 것까지 말할 필요가 없소. 그것보다 먼저 반란군을 속히 진압할 수 있는 방법을 강구하는 것이 선결요건이 아니오?"라고 힐책하며 신속한 사태 수습을 명했다. 그는 가와시마에게 "한 시간 이내에 폭도를 진압하라"고 할 정도로 강경했다.

혼조의 일기에 의하면 천황은 "2-30분마다 사태의 변화를 문의하면서 진압을 독촉"했다. 행동부대에 동정적 입장을 보인 군사참의관들과 육군의 일부 상층부, 그리고 가와시마 대신의 우유부단한 태도를 못마땅하게 여긴 천황은 혼조 시종무관장에게, "짐 스스로 근위사단을 이끌고 반도를 진압하겠다"고 할 정도로 태도를 명확히 했다. 천황이 청년장교들을 "반도"로, 그들의 "궐기"를 "반란"으로 규정한 이상 청년장교의 운명은 이미 결정되었다. 그들이 외친 존황의 의지는 천황에 의해서 거부되었고, 따라서 그들은 반란군으로 전락했다.[11]

군부 또한 쿠데타를 인정하지 않았다. 육군의 중요한 정책결정과 인사는 육군대신, 참모총장, 교육총감 세 사람으로 구성된 삼장관(三

長官) 회의에서 결정되었다. 참모총장인 간인노미야 고토히토 원수가 병으로 시골 별장에서 휴양 중에 있어 사실상 총장의 임무는 스기야마 하지메 차장이 대행하고 있었다. 교육총감 와타나베는 암살당했다. 그리고 "살아 있는 시체"와 다름없는 가와시마 육군대신은 우유부단한 기회주의적 태도로 일관했다. 스기야마의 지위가 강화될 수밖에 없었다.

천황이 청년장교들의 행동을 반란으로 규정하고 있고, 천황의 뜻이 반란을 조속히 종식시키는 데에 있음을 간파한 스기야마는 처음부터 진압을 위한 적극적이고도 강력한 조치를 신속히 취했다. 참모본부의 핵심부서인 작전과장 이시와라 간지 대령과 육군성 군사과장 무토 아키라 중령과 같이 기획력과 판단력과 추진력을 지닌 참모진이 스기야마의 결정을 지원했다.

참모본부의 단호한 진압 방침은 근위사단장 하시모토 도라노스케(橋本虎之助), 센다이의 제2사단장 우메즈 요시지로(梅津美治郎), 오사카의 제4사단장 다테카와 요시쓰구, 관동군 사령관 미나미 지로 등 같은 일선 지휘관들의 지지를 받으면서 더욱 강력해졌다.

스기야마는 26일 아침에 개최된 군사참의관 회의도 반대했다. 반대 이유는 "군사참의관 회의는 천황의 자문 요구가 있을 때 비로소 개최될 수 있다"는 규정에 근거했다. 군사참의관은 다만 천황의 자문 요구에 응할 뿐 의사결정이나 군무에 간섭할 수 있는 권한이 없었다. 그럼에도 불구하고 군사참의관 회의가 작동할 수 있었던 것은 가와시마 육군대신의 우유부단하고 기회주의적 태도 때문이었다. 28일 오전까지 사태 수습을 위한 청년장교들과의 교섭은 황도파 지지자들이 대부분인 군사참의관 회의가 담당했기 때문에 사태 전개가 쿠데타 부대에게 유리하게 진행될 수 있었다.

해군 원로인 수상 오카다, 시종장 스즈키, 내대신 사이토 등이 습격당한 해군측은 육군 청년장교들의 행동을 처음부터 인정하지 않았다. 26일 아침 일찍 천황을 만나 그의 의지가 "진압"에 있다는 것을 확인한 해군의 최고 장로인 군령부 총장 후시미노미야 히로야스(伏見宮博恭)는 해군성 지휘부에 천황의 뜻을 전달하고 해군의 강경방침을 밝혔다. 이후 해군은 시종일관 단호한 진압을 확고한 방침으로 정했다.

스기야마는 도쿄에 병력을 증강하기 시작했다. 26일 아침 민심을 진정시키기 위한 조치로 제1사단의 49연대와 제57연대의 병력동원을 제1사단장에게 지시하고, 다시 오후에는 제14사단의 보병 3개 대대, 공병 1개 중대를 도쿄로 불러들였다. 전차와 항공부대까지 출동 태세를 갖추도록 지시했다. 이어서 스기야마는 내각회의에서 도쿄에 계엄령 실시 결정을 주도했다. 물론 이러한 모든 조치는 천황의 승인을 받아 실행했다.

천황의 뜻이 어디에 있는지 알려지면서 초기에 쿠데타를 지지했던 황도파의 고위층도 점차 태도가 달라졌다. 그들도 통수권을 파괴한 쿠데타군의 불법점거가 장기화되면 될수록 권력의 근원인 천황과 관계가 미묘해지고 멀어진다는 것을 잘 알고 있었다. 불안한 사태가 장기화되면서 지지자들의 의사도 진압으로 선회하기에 이르렀다.

쿠데타에 참가한 1,500명 이외의 병력 동원력을 가지고 있지 못했던 청년장교들이 육군과 해군의 강력한 반대를 물리적으로 극복한다는 것은 불가능한 일이었다. 군 최고의 장로들인 군사참의관들이 지지하고 있었으나, 그들은 다만 군부의 장로일 뿐 실질적으로 병력을 동원할 수 있는 일선 지휘관이 아니었다.

대세는 기울었다. 더욱이 천황이 청년장교들을 "반도"로 규정하는 한 그들은 자신의 행동을 결코 정당화할 수 없었다. 천황을 물리적으로 장악하고 있지도 못할 뿐만 아니라 천황의 지지도 받지 못한 청년장교들의 유신은 실패할 수밖에 없었다.

5. 봉칙명령

스기야마 참모차장은 27일 아침 쇼와 천황으로부터 점거부대를 원대 복귀시키라는 봉칙명령(奉勅命令)을 받게 되었다. 봉칙명령은 참모총장이나 군령부 총장이 천황의 뜻을 직접 받아 이를 직속 지휘관에게 전하는 가장 중요한 명령이다. 스기야마는 즉시 계엄사령관 가시이 고헤이에게 천황의 뜻을 전달하고 실행에 어떤 차질도 없도록 모든 준비를 완료할 것을 지시했다. 쇼와 천황의 2-26 쿠데타 진압 결정은 그가 국가의 중대사에 직접 개입하여 내린 보기 드문 중대한 결정이었다.

"계엄사령관은 미야케자카 부근을 점거하고 있는 부대를 원대 복귀시키라"는 천황의 봉칙명령은 28일 새벽 5시 계엄사령관에게 공식으로 하달되었다. 그러나 명령은 즉각 행동으로 이어지지는 않았다. "황군 충돌의 비참한 사태를 피하기 위한" 군 수뇌부의 마지막 회동이 있었다. 가와시마 육군대신, 스기야마 참모차장, 가시이 계엄사령관, 후루쇼 육군차관, 이시하라 간지를 위시한 계엄사령부의 중요 간부, 그리고 군사참의관 아라키와 하야시 센주로가 참석한 회의가 9시 계엄사령관실에서 개최되었다. 이견이 있었으나 원대에 복귀하라는 천황의 명을 받고서도 이에 따르지 않는 자는 단호히 무력으로 진압하는 이외의 길은 없다는 스기야마 차장의 주장이 관철되었다. 최종적으로 무력진압이 확정되었다. 이시하라는 회의 결과를 밖에서 기다리고 있던 이소베에게 "오늘 새벽 5시 봉칙명령이 떨어졌다. 봉칙명령이 내린 이상 계엄사령관은 이를 시행하지 않을 수 없다. 천황의 명을 거역할 수 없기 때문에 봉칙명령 집행 결정은 확고하다. 더 이상 어떻게 할 수 없다. 제군들은 모두 원위치로 복귀하라"고 명했다. 자리를 함께하고 있던 미쓰이 사키치 중령도 "이소베, 남자답게 깨끗이 후퇴하라"고 명령했다.[12]

이로써 육군의 결정은 어떤 희생을 감수하더라도 봉칙명령에 따라 쿠데타 부대를 무력 진압해야 한다는 쪽으로 확정되었다. 아침 10시 10분이었다. 스기야마 차장은 즉시 시종무관장을 통하여 병력을 동원하여 반란군을 진압한다는 최종 방침을 천황에게 보고했다.

계엄사령부의 무력진압이 확정된 28일 오전, 청년장교들 사이에는 저항과 귀순을 둘러싸고 갈등이 계속되었다. 아리카와 군사참의관을 비롯해서, 26일 이후 청년장교들의 정신과 행동을 지지했던 호리 제1사단장, 야마시타 소장, 고후지 제1연대장 등은 봉칙명령이 하달된 것을 청년장교들에게 알려주고 점거지역에서 철수하여 본대로 귀환할 것을 설득했다. 후원자였던 이들도 더 이상은 지원자가 아니었다. 이소베, 안도, 사카이 등이 강경론을 폈으나, 대세는 이미 귀순으로 기울었다.

강경론자였던 구리하라는 야마시타 소장에게 천황이 칙사를 보낸다면 청년장교들은 칙사 앞에서 할복자결하고 병사들을 귀대시키겠다는 뜻을 밝혔다. 가와시마 육군대신과 야마시타 소장은 혼조 시종무관장을 통하여 천황에게 "자결의 영광"을 위해서 칙사를 보내줄 것을 간청했다. 그러나 천황은 이를 "대단히 불쾌하게" 받아들이고 거부했다. 반란군으로 전락한 청년장교들에게는 죽음의 간청도 용납되지 않았다

천황의 자결 칙사 파견 거부, 계엄사령부의 무력진압 임박, 봉칙명령의 발동, 지원세력의 배신 등은 청년장교들을 28일 오후 다시한 번 강경노선으로 선회하게 했다. 쿠데타의 지휘부는 마지막 결전을 위하여 병력을 수상 관저, 국회의사당 앞, 육군성, 그리고 산노(山王) 호텔에 집중적으로 배치하여 전투준비를 시작했다. 동시에 청년

장교들은 유신의군(維新義軍)이라는 이름으로 "존황토간의 의군은 어떠한 대군도 병기도 두렵지 않다.……전진, 전진. 단 한 발자국도 후퇴는 있을 수 없다. 첫째도 용감, 둘째도 용감, 셋째도 용감. 이로 써 천황의 업적을 보좌하고 받들자"라는 격문을 하사관 이하 사병들에게 배포하며 전의를 다졌다.[13]

그러나 현실은 달랐다. 청년장교들의 결의와 달리 정세와 상황은 시간이 갈수록 그들에게 절망적으로 다가왔다.

6. 귀순

청년장교들이 최후의 결전이라는 강경 방침으로 선회했다는 정보를 입수한 참모본부와 계엄사령부는 진압부대를 보강하는 한편 공격 준비를 시작했다. 스기야마 차장은 제2사단과 제14사단을 도쿄로 집결시켰다. 1,500명의 쿠데타 부대를 진압하기 위하여 2만4,000여 명의 병력이 도쿄에 집결했다. 그리고 전차와 장갑차를 증원하여 쿠데타 부대가 점령하고 있는 지역을 완전히 포위했다.

가시이 계엄사령관은 오후 6시 호리 제1사단장에게 제1연대장 고후지 대령은 더 이상 점거부대의 장교 이하 병사를 지휘할 수 없다는 명령을 시달했다. 계엄령 실시 이후 계엄부대에 소속되어 있던 궐기군은 소속 부대와 지휘관이 없는 문자 그대로 반란군이 되었다.

오후 11시 계엄사령관은 "반란부대는 천황의 명령을 거부했다. 따라서 단호히 무력으로 치안을 회복한다"는 계엄작전명령을 발표했다. 계엄사령부는 도쿄에 집결한 모든 부대를 재편성하고 각 부대 지휘관에게 29일 새벽 5시 이후 반란부대 토벌 위한 준비를 완료할 것을 지시하고, 귀순 권유부터 소탕까지 단계별 진입작전 계획을 확정했다. 그리고 헌병대는 쿠데타 배후 조종자로 알려진 기타 잇키를 28일 밤 체포하고 니시다 미쓰기를 수배했다.

29일 새벽 계엄사령부는 도쿄 시민에게 쿠데타를 진압하기 위한 병력 출동이 있다는 것, 전투 예상지역, 위험지역 등을 발표하고 시민들은 계엄사령부의 지시에 따라 냉정하고 침착하게 행동할 것을 당부했다. 쿠데타 부대가 점거한 지역으로 향하는 모든 교통은 완전히 차단되었다.

계엄사령부는 군사행동을 위한 준비를 진행하면서 동시에 쿠데타에 가담한 사병의 귀순을 유도했다. 29일 새벽 비행회관 옥상에는 "칙명은 이미 하달되었다. 군기(軍旗)에 반항하지 말라"라는 커다란 애드벌룬을 띄웠다. 쿠데타 부대를 포위하고 있는 전차에는 "겸손히 칙명에 따르라," "무기를 버리고 귀순하라," "의심 말고 속히 귀순하라"는 등의 귀순 권유문이 붙어 있었다. 비행기는 "(1)아직 늦지 않았으니 원대로 복귀하라. (2)저항하는 자는 전부 역적이기 때문에 사살한다. (3)제군들의 부모형제는 국적이 되기 때문에 모두 울고 있다"는 "하사관병에게 고함"이라는 전단을 살포하며 귀순을 권유했다. 그리고 8시 55분 계엄사령관이 쿠데타 군대에게 보내는 포고문이 방송되었다. 훗날 명문으로 알려지고 병사들의 귀순에 크게 기여한 "병사에게 고함"은 다음과 같다.

"병사에게 고함"

이미 칙명이 발동되었다. 여러분이 끝까지 원대 복귀를 거부한다면 황공하게도 칙명을 거역하는 것이고 역적이라는 오명을 면치 못할 것이다. 지금까지 여러분들이 상관에게 헌신적으로 충성을 다한 것은 오로지 상관의 명령은 천황 폐하의 명령을 받드는 것으로 믿고 있었기 때문이다.

그러나 불행하게도 상관은 칙명에 반항하고 있다. 이러한 상황에서 사소한 정과 의리에 묶여서, 또는 이미 내친걸음이라고 되돌아갈 수 없다고 생각하여 최후까지 (상관과/저자) 행동을 같이 하면 여러분들은 반역자라는 오명을 죽음과 함께 후세에 남기게 될 것이다.

지금도 결코 늦지 않았다. 저항을 중지하고 다시 군기 아래로 복귀하라. 그럼으로써 지금까지의 죄도 용서받을 것이다. 최후의 결단을 잊어서는 안 될 것이다. 여러분의 부모형제는 물론 국민 전체가 여러분의 귀순을 마음속으로 기원하고 있다. 속히 현재의 위치를 버리고 본대로 돌아오라.[14]

28일 오후 늦게부터 봉칙명령이 떨어졌다는 소식이 포위된 사병들 사이에 입에서 입으로 전달되었다. 계엄사령부가 29일 아침 비행기에서 살포한 귀순 권유 전단을 보고, 또한 계엄사령관의 방송 권유를 들은 사병과 하사관들 사이에서는 커다란 동요가 나타났다. 자신이 쇼와 유신의 전위대인 "의군"인지 알았으나, 실은 천황의 명령을 거역한 반역자 또는 역적의 위치에 있게 되었다는 것을 알게 된 사병들은 전의를 완전히 상실했다. 사병들은 하나둘 부대에서 이탈하기 시작했다.

쿠데타 부대가 무너지기 시작했다. 수상 관저의 나카하시 모토아키 부대가 먼저 귀순했고, 이어서 육군대신 관저의 부대가 차례로 귀순했다. 계엄사령부는 쿠데타 부대의 귀순 상황을 수시로 라디오로 방송하며 남은 저항부대의 귀순을 유도했다. 강경론자였던 구리하라도 이소베에게 완전히 포위된 승산 없는 싸움이니 하사관 및 병사들을 귀대시키자고 제의했다.

정오경에 이르러서는 산노 호텔에 주둔하고 있는 안도 부대를 제외하고는 모든 쿠데타 부대들이 귀순했다. 계엄부대는 산노 호텔 주변을 완전히 포위하고 마이크로 그들의 귀순을 권고하는 한편 군악대를 동원하여 귀영행진곡을 연주했다. 되돌릴 수 없는 상황에 이른 것을 깨달은 안도는 중대원들에게 "이제 이별할 때가 되었다. 제군들은 건강에 특별히 조심하고, 만주로 가서 국가를 위하여 확실히 봉사하기 바란다"고 당부했다. 그리고 중대원들이 함께 중대가를 합창하는 동안 그는 그들 앞에서 자신의 권총으로 머리를 쏘아 자결을 시도했다. 안도의 얼굴과 몸에는 중대기와 존황토간의 기가 덮여졌다.

26일의 궐기는 29일의 반란으로 끝났다. 오후 2시 스기야마 차장과 가시이 계엄사령관은 입궐하여 천황에게 군의 충돌 없이 반란사태를 진압했음을 보고했다. 계엄사령부는 모든 반란부대가 귀순했다는 사실을 발표하고, 차단시켰던 교통을 정상화했다. 도쿄의 생활은 다시 일상으로 돌아왔다.

쿠데타를 주도한 청년장교들은 하사관 이하의 모든 병사들을 오후 2시까지 본래의 위치로 귀순시켰다. 그리고 장교 모두는 육군대신 관저에 모였다. 반란군 지휘자인 그들은 헌병대에 의하여 무장해제되고 계급장을 박탈당했다. 관저로 청년장교를 찾아온 지난날의 후원자였던 황도파 지도자들도 그들에게 육군의 명예를 위하여 할복할 것을 강요하고, 자결 권유의 변은 궐기의 취지가 오로지 국가를 위하는 순수한 지성 이외의 다른 목적이 없었다면, 궐기의 뜻이 천황에게 전달되면서 이미 목적은 달성된 것이고, 궐기 취지의 옳고 그름을 떠나 황군을 사병화하고, 치안을 파괴하고, 천황의 마음을 어지럽힌 죄를 보상할 수 있는 길은 죽음 이외에는 다른 방법이 없다는 것이었다. 군 당국도 "반도(叛徒)의 악명(惡名)"을 피할 수 없는 청년장교들의 자결을 위한 준비를 실시했다. 당시 헌병대 특고 과장으로 사건 처리를 맡았던 후쿠모토 가메지 중령은 "군 수뇌부도 '전원자결'이 불가피한 것으로 판단하고 육군병원의 간호사 수명으로 하여금 탈지면과 소독약 등을 준비하여 육군대신 관저로 급히 파견했다. 그리고 대회의실에는 30여 개의 관도 준비했다"고 회상했다.[15]

청년장교들은 군 상층부의 기회주의적 태도를 보면서 자결 결심을 바꾸었다. 무라나카, 이소베 등 자결을 결심했던 청년장교들은 자결을 강요하는 군 상층부의 이중적 태도에 분개했고, 역적이라는 오명을 쓴 채로 자결할 수는 없다고 마음을 바꾸었다. 그들은 아이자와처럼 법정에서 궐기의 참 정신을 주장하고, 궐기가 불충스럽거나 부도덕한 것이 아니었다는 것을 국민들에게 알려야 한다는 데에 의견을 같이했다. 다만 노나카 중위만이 그의 상관이었던 이데 노부토키(井出宣時) 대령의 권유에 따라 자결했다. 나머지 청년장교들은 오후 6시 모두 육군형무소로 호송되었다.

사건이 종결되자 주무 장관인 육군대신 가와시마는 "군이 미증유의 반란을 야기하여 천황의 마음을 괴롭히고, 끝내 계엄포고를 시행하는 등 쇼와 역사에 씻을 수 없는 오점을 남겼다"고 지적하고, 그러나 "새롭게 일신하여 단결을 공고히 하여 국군의 진가를 충실히 할 것"을 다짐하는 성명서를 발표했다.[16]

'궐기'는 '반란'으로 끝났다. 26일 새벽 청년장교들이 궐기했을 때 도쿄를 뒤덮었던 눈이 전부 녹은 것처럼 그들의 쿠데타도 역사의 한 사건으로 흘러들어갔다. 일본을 진동시켰던 4일간의 쿠데타는 외관상 아무런 성과도 없이 실패한 것처럼 보였다. 그러나 쿠데타 종식 이후 청년장교들이 지향했던 군 중심의 총동원체제를 지향하는 국가개조가 실질적으로 추진되었다는 점에서 쿠데타의 실패는 역설적으로 쇼와 유신의 기점이 되었다.

7. 쿠데타 이후의 폭풍

1) 재판

쿠데다 사건의 진정 직후인 3월 4일 긴급칙령에 따라 도쿄 육군특별군법회의가 형무소 내에 설치되었다. 변호인은 허락되지 않았고 심리는 철저한 비공개로 진행되었고 일심즉결, 상고불허의 재판이었다. 이른바 "암흑재판"이었다. 배후 조종자로 헌병대에 체포된 기타 잇키와 니시다 미쓰기도 군법회의에서 처리되었다.

피고인들이 법정에서 자신의 행위를 정당화하고 선전함으로써 국민적 지원을 받았던 5-15 사건이나 아이자와 공판과는 달리 쿠데타 재판은 비밀리에 신속히 진행되었다. 후원자였던 군 고위층도 청년장교를 사지로 몰아넣었다. 자결에 실패한 안도 데루조가 처형 직전에 남긴 유서에 의하면, "2월 26일 당시 군 당국은 우리의 행동을 시인"했음에도 불구하고, "봉칙명령을 발동하여 손바닥 뒤집듯이 우리를 칙명에 반항하는 것으로 몰아 토벌했다." 또한 "야마시타 소장, 이시하라 대령 등은 자결을 강요하여 분노를 부추겼다." 암흑재판의 판결은 청년장교들로 하여금 "많은 한과 눈물을 삼키게" 했다.[17]

청년장교들이 가장 신뢰했던 마사키 진자부로 대장도 공판정에서 "쇼와 유신이라는 용어에 동의하지 않았고, 나는 이번 사건과 관계가 없다. 반란장교들은 자기들 편리한 대로 생각하고 행동했다"고 청년장교들을 비난했다. 예심조서를 읽은 이시이 아키호(石井秋穂)

판사가 "가장 나쁜 사람은 마사키라는 느낌이 들었다"고 할 정도로 마사키는 청년장교들에게 불리한 증언을 했다.[18]

안도 데루조가 "재판이 아니라 포로 심문이었다"고 비난한 재판은 4월 28일에 시작해서 두 달 후인 7월 5일에 판결이 확정되었다. 청년장교 17명과 민간인 1명에게 사형이 선고되었고, 그들의 죄명은 반란죄였다. 선고 1주일 후인 12일에 16명의 형이 집행되었다. 사형판결을 받은 이소베 아사이치와 무라나카 다카지는 기타 잇키와 니시다 미쓰기의 재판 관계로 형 집행이 연기되었다.

1937년 8월까지 계속된 기타와 니시다의 재판은 재판관들 사이에서도 많은 논란이 있었으나, 사형이라는 육군성의 방침을 바꿀 수 없었다. 8월 14일에 사형이 선고되었다. 선고에 의하면, 기타와 니시다는 황군을 국가혁신의 도구로 사용할 것을 기도했고, 은밀히 청년장교들에게 접근하여 급진적 과격 사상을 주입시키고 선전하여 결국 통수권을 파괴하는 결과를 초래하는 "국사(國史)에 일대 오점을 찍은 죄"를 지음으로써, 정상을 참작할 여지가 없었다. 선고 5일 후인 19일 기타는 니시다, 이소베, 무라나카와 함께 총살형에 처해졌다. 쇼와 유신의 정신적 지주였고 국가개조의 선풍을 일으켰던 기타 잇키는 쇼와 유신의 경전으로 알려진 「국가개조안 원리대강」을 상하이에서 집필한 지 18년 만에 형장의 이슬로 사라졌다.

1차 처형 16명, 2차 처형 4명, 자살 2명을 포함하여 모두 22명의 반란죄인은 역적으로 기록되었다. 가와시마 육군대신, 마사키, 아라키 등을 위시하여 쿠데타를 지원했던 군 수뇌부에서는 단 한 사람도 실형을 받지 않았다.

2) 기타와 니시다의 사형

재판은 많은 의문점을 남겼다. 가장 커다란 의문점의 하나는 기타 잇키와 니시다 미쓰기의 사형이었다. 전통적으로 일본에서는 정치 암살범에 대해서는 관대한 편이다. 사형이라는 극형은 거의 없었다. 역사를 거슬러 올라가지 않더라도 총리였던 하라 다카시나 이누카이 쓰요시, 또는 재벌 총수 야스다 젠지로나 단 다쿠마의 암살범 누구도 처형되지 않았다. 현행범도 아닌 기타와 니시다의 처형 판결은 매우 이례적인 조치였다.

물론 청년장교들은 사상적으로나 정신적으로나 기타와 니시다의 영향을 받았다. 또한 그들은 기타와 니시다의 직간접으로 지도를 받으면서 쇼와 유신의 밑그림을 그렸다. 그러나 청년장교들의 쿠데타 계획은 처음부터 기타와 니시다의 영향권 밖에서 독립적으로 추진되었다. 기타와 니시다는 누구보다도 쇼와 유신을 고대했다. 그러나 그들은 1936년 초 당시 만주를 중심으로 급변하는 국제상황, 군 내부의 갈등, 아이자와 재판, 여러 가지 불안한 사회적 여건 등을 고려해 볼 때 청년장교들의 쿠데타는 시기상조라고 판단했고 이에 반대했다.

뿐만 아니라 기타와 니시다는 청년장교들이 신뢰하는 황도파의 총수인 마사키나 아라키도 국가개조를 앞장서서 이끌어 갈 적절한 인물이라고 평가하지 않았다. 그들은 육군대신과 교육총감으로 재직하면서 국가개조 지휘자로서 능력의 한계를 드러냈다는 것이 기타와 니시다의 평가였다. 기타가 재판에서 "마사키 내각이 성립하거나 또는 야나가와 헤이스케 내각이 성립한다고 해서 그 내각에 의해서 국가개조안의 근본 원칙이 실현된다는 생각은 꿈에도 하지 않았다. 군인으로서 그들의 가치는 존경하지만, 개조의견에서 나와 같거나 또는 비슷한 경륜을 가지고 있다는 것은 들어본 적도 없다"는 진술은 기타의 심중을 잘 들어낸다.[19]

재판 당시 현역 군인의 한 사람으로 재판에 참여했던 이시이 아키호 판사가 "기타에게 굳이 군사 형법을 적용한다면, 수괴는커녕 모의에도 참가하지 않았으니 방조죄 정도에 해당될 것"이라고 술회할 정도로 기타는 쿠데타와는 무관했다. 기타가 사형집행 직전 면회 온 동생 기타 레이키치(北昤吉)에 한 말은 이시이 판사의 판단을 뒷받침하고 있다. 기타는 동생에게 "나는 이번 사건과 아무런 관계도 없다. 나의 책을 읽은 청년장교가 일을 저질렀기 때문에 나에게 책임을 묻는다면, 책임을 지겠다. 만일 내가 무죄 방면된다 하더라도 이미 사형된 청년장교의 뒤를 따라 나도 자결할 것이다. 그러나 내가 이 사건에 직접 관계가 없는 것은 확실하다"라고 자신의 관여를 부인했다.[20]

훗날 2-26 쿠데타를 "문자 그래도 용두사미"라고 평가했던 오카와 슈메이 또한 만일 기타가 처음부터 쿠데타에 관여해서 계획과 실천했다면 결코 실패하지 않았을 것이라고 단정했다. 그의 표현을 빌리면, "그의 천재적 두뇌와 중국 혁명의 체험을 충분히 활용하여 주도면밀한 행동순서를 수립하고 명확하고도 구체적 목표를 향하여 행동을 지도했을 것이 틀림없다." 기타가 쿠데타를 주도하지 않았음에도 불구하고 그를 "사건의 주모자인 것처럼 만든 것은 명확히 기타 군(君)을 죽이기 위한 구실에 지나지 않는다."[21]

그렇다면 왜 기타와 니시다는 쿠데타 수괴의 한 명으로 사형에 처해졌을까? 명확한 답은 알 수 없다. 아마도 사실에 가까운 대답은 이시이 판사가 남긴 기록에서 유추할 수 있다. 이시이 아키오 판사와 오랜 교류를 통해서 쇼와 시대 군인의 역할과 위상을 분석한 호소카 마사야스(保坂正康)는 "기타와 니시다를 사형에 처하지 않는다면, 2-26 사건의 망령은 언제까지든지 사라지지 않을 터였다. 망령을 털어버림으로써 육군 지도부는 육군의 일체화를 도모하고 육군 주도라는 형태로 군민 공동을 슬로건으로 내걸 수 있었을 것이라 말할 수 있다"라고 결론짓고 있다. 즉 기타와 니시다 처형은 쿠데타에 대한 책임보다 "망령"이 되살아날 것을 염려했던 조치였다.[22]

기타와 니시다 사형과 무관치 않은 또다른 의문점은 쿠데타가 왜 사전에 저지되지 않았을까 하는 것이다. 앞에서 살펴본 바와 같이 쿠데타를 기획하면서 청년장교들은 많은 군 상층부나 우익 지도자들을 접촉했고, 또 그들에게 행동계획을 직간접적으로 알려주었다.

그럼에도 불구하고 쿠데타는 사전에 통제되지 않았다. 왜일까? 군 정보기관이 쿠데타 계획을 사전에 탐지하지 못한 것일까? 아니면 방치한 것일까?

통제파가 장악하고 있었던 정보기관, 육군성, 참모본부 등은 황도파 청년장교들의 쿠데타 계획을 알고 있었으면서도 의도적으로 사전에 진압하지 않은 인상이 짙다. 여러 가지 정황을 고려할 때 헌병대는 쿠데타 계획을 초기부터 알고 있었다. 2-26 당시 경시청 공격을 지시받았던 도키와 미노루 소위가 1월 하순에 보병 제3연대 1중대를 이끌고 경시청으로 행군하고 습격하는 연습을 야간에 실시한 사건이 있었다. 경시청은 즉각 도쿄 헌병대에게 도쿄 치안의 본부인 경시청 공격 연습과 같은 비상식적 행동에 대한 철저한 조사를 의뢰했다. 그러나 헌병대는 작전상 필요한 훈련이었다고 대답하고 이 사건을 더 확대시키지 않았다.

사건 당시 도쿄 헌병대의 특별고등경찰 주임이며 오카다 수상을 사지에서 구출했던 고사카 게이스케는 19일 아침 미쓰비시 비서과로부터 구리하라 중위 일파가 18일 밤 아카사카의 한 식당에서 비밀회합을 가지고 25일경 요인 암살을 위한 습격계획을 수립했다는 정보를 입수했다. 당시 국민적 비난과 공격 대상이었던 재벌은 막대한 정보비를 지출하면서 완벽한 정보망을 가지고 있었다. 고사카는 입수한 정보를 상부로 전달했다.

이러한 움직임들을 미루어볼 때 군 정보기관과 참모본부에서는 쿠데타 계획을 사전에 알고 있었음이 명백하다. 그러나 군부는 쿠데타를 사전에 진압하거나 또는 진압하려는 어떠한 조치도 취하지 않았다. 다시 후쿠모토 가메지의 회상을 인용하면,

> 지난날을 이러쿵저러쿵 따지는 것은 마치 죽은 자식의 나이를 계산하는 것이나 다름없다. 그러나 당시 군 당국자가 사건 방지와 억제를 좀 더 진지하게 검토했다면, 또는 여러 정보를 진지하게 검토할 아량이 있었다면, 그리고 조금만 일찍 진압할 수단을 강구했다면, 그와 같은 미증유의 불상사는 필시 미연에 방지할 수 있었다고 믿는다. 그와 같이 긴박한 정세를 감지하고 있으면서도 왜 적극적인 진압수단을 강구하지 않았을까? 당시 군 당국의 진의는 지금도 이해할 수 없다.[23]

앞에서 지적했듯이 청년장교들은 군의 고위층과 참모장교들을 접촉하여 행동계획을 비교적 구체적으로 밝히고 지원을 요청했다. 이는 공개적 쿠데타 음모나 다름없었다. 더욱이 청년장교들의 계획은 과거의 테러나 쿠데타 음모와 달리 상당한 군사력을 동원을 전제로 한 것이었고, 중심인물들은 군사력을 움직일 수 있는 일선 부대의 지휘관들이었다.

이러한 정황을 고려할 때, 실로니(Ben-Ami Shillony)의 연구가 밝히고 있는 바와 같이, 당시 육군성과 참모본부를 장악하고 있었던 통제파 참모장교들은 황도파 청년장교들의 움직임에 대한 정보를

가지고 있으면서도 의도적으로 쿠데타를 사전에 제압하지 않았다.[24] 달리 설명하면, 육군성과 참모본부의 실권을 장악하고 있던 통제파 참모장교들은 청년장교들의 쿠데타를 빌미로 황도파 세력을 군에서 완전히 제거하고, 정치부패와 위기의식을 극대화시킴으로써 그들이 구상하고 있는 국가총동원체제를 합법적으로 추진하려는 의도를 가지고 있었다는 해석이 가능하다.

2-26 쿠데타 이후에 전개된 역사가 이를 설명하고 있다. 쿠데타 진압 이후 사실상 통제파는 군부의 실권뿐만 아니라 정치권력도 장악하고 이념적으로 군국주의, 정치적으로 전체주의, 경제적으로 통제경제, 그리고 군사력을 바탕으로 한 적극적 외교정책을 지향하는 총동원체제로 국가개조를 수행했다. 청년장교의 쿠데타는 실패에 그쳤으나, 정치인을 권력공간에서 완전히 몰아내고 군의 권력장악과 총동원체제 완성이라는 점에서는 성공했다.

3) 숙군

쿠데타를 주도한 청년장교의 재판과 병행해서 육군은 대대적인 숙군(肅軍)을 단행했다. 새로 육군대신에 임명된 데라우치 히사이치(寺內壽一) 대장은 쿠데타 진압에 수훈을 세운 제2사단장 우메즈 요시지로를 차관으로 기용하고, 스기야마 하지메와 함께 4월부터 8월까지 대폭적인 인사 조치를 단행했다. 군사참의관 마사키, 시종무관장 혼조, 육군대신 가와시마, 계엄사령관 가시이 등이 예비역으로 편입되었다. 당시 일본 육군 대장 10명의 대장 가운데 데라우치, 니시 요시카즈(西義一) 교육총감, 우에다 겐키치(植田謙吉) 관동군사령관 세 명을 제외한 7명의 대장은 모두 현역에서 물러났다. 8월 들어서는 3월 및 10월 사건과 같은 혁신운동에 관계가 있었던 다테카와 요시쓰구 제4사단장, 오바타 도시로 육군대학교장, 하시모토 긴고로 등이 다시 예비역으로 편입되었고, 영, 위관급 장교 3,000여 명의 대이동을 단행했다.

육군성과 참모본부는 이시하라 간지와 무토 아키라를 중심으로 새로운 진영이 정비되었다. 이로써 육군은 2-26 쿠데타 이후 데라우치 육군대신, 우메즈 차관-스기야마 교육총감, 이시하라-무토로 이어지는 신통제파가 그 중심을 이루었다.

숙군은 공정한 것은 아니었다. 숙정은 군부 내에서 황도파를 제거하는 데 초점을 맞추었을 뿐, 통제파적 사고와 혁신 참모장교들은 오히려 힘이 보강되었고 운신의 폭이 넓어졌다. 이는 결국 육군의 정치 진출 가능성을 용이하게 만들었다. 오타니 게이지로가 회상하는 바와 같이 철저하지 못한 숙군은 군으로 하여금 쿠데타 공포를 이용하여 정치를 억압하고 제압할 수 있게 했고, 이후 진행된 군사독재는 중일전쟁에서 태평양전쟁으로 발전했고, 종국에는 일본의 붕괴를 가져왔고 국민은 패전의 고통을 겪어야만 하는 근원을 제공했다. 그런 의미에서 숙군은 "군의 횡포"를 제도적으로 가능하게 했다.[25]

자유주의자 배제를 전제로 새로운 내각의 육군대신직을 수락한 데라우치는 군인도 국민의 한 사람으로서 정치에 관심을 가지고는 것은 당연한 것이고, 군은 국방이라는 관점에서 광범위하게 정치를 연구하는 것이기 때문에 군의 정치 개입은 당연하다고 귀족원에서 당당하게 주장했다. 그리고 군부는 1913년 폐지된 현역 군인에 한하여 육군대신 및 해군대신이 될 수 있다는 군부대신 현역무관제를 부활시킴으로써 언제든지 내각을 붕괴시킬 수 있는 제도적 장치를 마련했다. 정치권력은 이미 군부의 수중으로 넘어갔다.

2-26 쿠데타를 체험한 일본의 정계와 재계는 군부를 중심으로 한 군국주의 국가 진로에 적응하기 시작했다. 정계는 입법, 행정, 사법의 삼권분립과 다수당의 정권 장악을 부정하고, 정당정치를 근본적으로 부정하고 의회의 권한축소를 내용으로 한 군부의 "의회 및 행정개혁안"을 받아들였다.

일본 경제의 핵심을 이루고 있는 재벌은 군부에 협력하는 전향이 시작되었다. 쿠데타 직후 미쓰이, 미쓰부시, 스미토모 세 재벌은 500만 엔을 공동출자하여 국책사업으로 석유자원개발회사를 설립하여 국가적 사업에 참여하기 시작했다. 그리고 미쓰이 재벌의 총수인 이케다 시게아키는 우리 같은 노인은 물러날 때가 되었다고 하면서 일체의 공직에서 사임했다. 파급은 다른 재벌들로 확대되었고, 재계는 군 중앙부와 결탁하여 국방국가 건설의 길로 매진했다.

삼권분립과 다수당 정권 장악이라는 의회민주주의와 정당정치는 완전히 무너졌다. 또한 지식인을 중심으로 한 사상계는 기타 잇키를 위시한 유신론자들이 주장인 반서양주의, 야마토 다마시의 복원, 일본 정신으로의 회귀 등을 적극적으로 수용했다. 교토 학파의 '근대 극복'이 사상적 주류로 등장했고, 혁신계 지식인의 전향이 나타났다. 그리고 모두가 일본 중심의 대동아신질서 구축을 위한 이념 제공 대열에 참여했다.[26]

2-26 쿠데타의 주역인 청년장교들과 그들에게 쇼와 유신의 씨앗을 심어준 기타와 니시다 모두 형장의 이슬로 사라졌다. 그러나 그들이 사석이 되며 실현하려고 했던 국방국가와 통제경제 체제는 쿠데타를 진압한 군 상층부에 의하여 적극적으로 추진되었다. 1920년대부터 싹트기 시작한 쇼와 유신과 국가개조운동은 사실상 2-26 쿠데타 실패를 계기로 그 열매를 맺게 되었다.

결론
정치의 무능과 정치인의 무소신

1

1926년 12월 25일 히로히토가 천황의 자리에 오르면서 64년 계속되는 쇼와 시대가 그 막을 열었다. 같은 날「도쿄 아사히 신문」의 사설은 "우리 일본은 유신 이래 메이지와 다이쇼를 거치는 60년, 실로 경이로운 국운의 발전을 이루었고, 오늘 명실상부하게 대국 대열에 서서 세계평화유지의 책임을 나누는 지위에 이르렀다"고 회상했다. 그러면서 앞으로 전개될 쇼와 시대의 국가 목표는 "신일본 건설"에 있음을 밝히고, 이를 위한 두 가닥의 국가 진로를 제시했다.

하나는 안으로 민주정치를 확립한다는 것이다. 메이지의 입헌제도 확립과 다이쇼 시대의 보통선거 실시로 담보된 정치적 평등 권리를 보다 튼튼히 함으로서 "정치의 새 경지를 개척하는 것이다." 또다른 하나는 밖으로 세계평화유지의 임무를 다하는 것이다. 제1차세계대전 후 복잡하고 불안하게 전개되고 있는 강대국 사이의 운동과 반동 사이에서 일본이 "힘의 균형을 유지하는 역할을 담당함으로써 세계평화에 공헌하는 것이다." 의회 중심의 민주정치 확립과 세계평화유지 임무를 새 시대를 여는 일본의 사명으로 천명했다.[1] 그러나 1945년 패전에 이르는 쇼와 시대 전반기는 철저한 군국주의를 지향하는 내부 억압과 대외 침략으로 점철된 역사였다.

쇼와 시대가 시작하면서 대두한 최대의 화두는 쇼와 유신과 국가 개조였다. 많은 이론가와 사상가들이 뿌린 쇼와 유신의 논리는 간단하고 일관되었다. 핵심 논리는 이렇다.

—일본 민족은 동서양의 문명을 융합하여 새로운 문명을 창조할 수 있는 일본 특유의 정신인 야마토 다마시를 지닌 위대한 민족이다. 일본은 20세기를 휩쓸고 있는 서양 중심의 문명과 세계질서를 바로잡아야 할 시대적 사명을 지니고 있다. 이를 위해서 일본은 먼저 아시아를 통합하여 신질서를 구축하고, 이어서 세계통일을 위한 서양 최강대국인 미국과의 전쟁이 불가피하다.

—일본은 세계통합이라는 "천부"의 인류사적 사명을 짊어지고 있음에도 불구하고, 메이지와 다이쇼가 겹치는 시대부터 맹목적, 무비판적으로 서양을 추종하여 국체(國體) 이념을 훼손하고 있다. 일본은 화합을 중요시하는 왕도정치가 아니라 데모크라시라는 이름의 투쟁적 정당정치, 협동과 균형 잡힌 배분 경제가 아니라 빈부 격차를 심화시키는 자본주의 경제, 일본 고유의 황도주의가 아니라 공산주의를 위시한 위험 사상으로 위기에 직면해 있다.

—일본이 맞이하고 있는 위기의 근원은 천황을 둘러싸고 있는 간신 측근의 사욕 때문이다. 원로 중신, 정치인, 관료, 정치와 결탁한 재벌 등은

318

천황의 눈과 귀를 가리고 자신의 이익만을 위하여 부패와 타락의 길을 가고 있다. 야마토 다마시를 재현하고 국체의 본의를 바로 잡기 위해서는 천황친정을 위한 제2의 유신, 즉 쇼와 유신이 필요하다.

─쇼와 유신은 모든 부조리와 악을 만드는 천황 측근의 간신을 제거하고, 그들이 천황의 이름으로 행사는 권력의 근원인 법과 제도를 혁파하는 국가개조로부터 시작해야만 한다. 이를 위해서는 폭력을 수반하는 혁명이 필요하고, 이를 담당할 수 있는 집단은 야마토 다마시를 체현화한 지사와 군인일 수밖에 없다.

쿠데타를 통한 쇼와 유신과 국가개조의 논리는 1931년부터 행동으로 나타났다. 영관급 장교의 쿠데타 음모, 정치인과 재벌 총수에 대한 암살과 테러, 의회가 의회의 존립 기반을 파괴하는 천황기관설 박멸운동에 앞장서는 현상 등이 벌어졌다. 그리고 2-26 쿠데타로 쇼와 유신과 국가개조운동의 종지부를 찍었다.

쇼와 유신을 지향하는 쿠데타는 실패했다. 국가개조의 청사진을 제시했던 기타 잇키나 이를 실현하기 위하여 총을 들었던 청년장교들은 형장의 이슬로 사라졌다. 그러나 실패의 그림자 속에서 쇼와 유신은 성공했다. 쿠데타 실패 후 진행된 국가 진로는 쇼와 유신론자들이 생명을 걸었던 방향으로 진행되었다. 의회민주주의에서 군부중심의 국가주의로, 자본주의 경제에서 국가 통제경제로, 평화외교에서 침략주의로, 아시아와 세계를 정복하기 위한 총동원체제로,

그리고 세계지배를 위한 미국과의 전쟁을 수행했다.

2

이 글을 시작하면서 제기했던 문제, 즉 다이쇼 시대에 만개했던 정치적 민주주의, 경제적 자본주의, 문화적 개방주의, 이념적 다양성 등이 어떻게 해서, 왜, 그리고 무엇이 짧은 시간 안에 국수적 총동원 체제로 전환시켰을까 하는 데에 대한 해답을 모색해보자. 물론 이에 대한 해답은 복합적이고 중층적일 수밖에 없다. 그러나 본질적이고 근원적 해답은 격동의 시대에 사회통합의 기능을 방기하고 국가 진로의 비전을 제시하지 못한 정치의 무능과 정치인의 무소신, 그리고 정치부패에서 찾아야 할 것이다.

사회과학의 아버지라고도 일컫는 아리스토텔레스가 일찍이 설파한 것처럼 나라를 이끌고 갈 일차적 책임은 정치에 있다. 정치가 국가 경영의 가장 권위적인 기예(authoritative art)이면서 동시에 최고 기예(master art)라는 것이다. 끊임없이 분출하고 상충하는 개인과 집단의 이해관계를 조종하면서 국가 진로를 제시하고 국가를 총체적으로 지휘하는 요체가 강력한 권력을 지닌 정치에 있다는 것을 뜻하고 있다.

메이지 시대나 패전 후의 쇼와 시대와는 달리, 다이쇼에서 쇼와 전반기로 이어지는 시대의 일본 정치는 국가경영의 권위적인 기예나 최고 기예로서의 역할을 다하지 못했다. 정치는 무능했고 정치지도자는 국력을 결집하고 비전을 제시하는 리더십을 보이지 못했다.

정치가는 당리당략에 몰두하여 국가 진로를 생각할 시간이 없었고, 정당은 정권 쟁탈을 본업으로 삼는 권리획득 주식회사나 다름없었다. 다이쇼 시대를 지나면서 유권자 수가 크게 늘어났고, 정당 활동이 활성화되었고, 그리고 정당이 권력의 주체로 그 지위를 굳혔음에도 불구하고 정치에 대한 국민의 불신은 깊어만 갔다.

데모크라시라는 이름으로 진행된 정치에 대한 불신과 실망이 증폭된 무엇보다 중요한 이유는 정치의 무능과 부패였다. 이는 국민들로 하여금 정당이나 정치인은 물론 정치 그 자체를 부정하게 만들었다. 전후에도 우익활동을 활발히 전개했던 스즈키 젠이치는 "정치의 요체는 사회정의를 확립하고 국민의 생활을 향상시키는 데에 있다. 그러나 현재의 정치는 정치의 본뜻을 완전히 몰각(沒却)하고 있다. 정치가는 재벌, 관료의 특권계급과 결탁하여 당리당략을 일삼고, 선거를 부패하게 만드는 의회를 당쟁의 소굴로 삼고, 내각을 정당본부로 여기고 있다. 그 결과 국민의 도의생활은 혼란스럽고, 경제생활은 극도의 궁핍에 찌들이고 있다. 지금 일본에는 정쟁은 있지만 정치는 없고, 당리는 있지만 국리(國利)는 없다"고 정치의 무능과 부패를 비판했다.[2] 정치는 국가를 이끄는 최고 기예가 아니라 배척의 대상이었다.

최초의 쿠데타 음모가 들어났을 때, 군부가 만주사변을 주도했을 때, 민주주의의 기본 질서를 파괴하는 암살과 폭력 테러가 횡횡했을 때, 반(反)의회적인 천황기관설 박멸운동이 전개되었을 때 정치는 그 본래의 역할을 담당하려기보다는 방관자의 태도를 취했다. 한 걸음 더 나가서 정권 장악을 위해서는 정당정치의 존립 기반인 의회주의를 부정했을 뿐만 아니라 때때로 군부에 영합하기를 주저하지 않았다. 정치인 스스로가 정치의 주역이기를 포기한 것이었다. 그러므로 1930년대에 나타난 쇼와 유신과 그 이후에 전개된 군국주의는 기존의 헌정 정치질서를 파괴하고 등장한 것이 아니라, 헌정 질서의 의사 결정 과정과 다수 정치 엘리트의 지지를 받으면서 등장한 것이었다. 정치의 무능과 무소신이 가져온 자멸이었고, 그로 인한 최종 결과는 국권상실이었다.

1936년의 2-26 쿠데타 좌절로 쇼와 유신은 실패로 끝났다. 그후에 전개된 역사는 쇼와 유신론자들이 주장했던 방향으로 흘러갔다. 군부가 정치권력의 주체로 등장했다. 그러면서 정당은 모두 해체되었고, 대신 군부, 관료, 정당, 우익 등을 망라한 대정익찬회가 1940년에 결성되었고, 경제는 국가통제경제체제로 바뀌면서 고도의 국방국가를 지향했다. 대외적으로는 대동아공영권 구축이라는 이름 아래 침략 영역을 넓혀갔다. 실패한 쇼와 유신은 성공한 듯했다. 그러나 그후 이어진 역사는 망국이라는 국권상실이었고, 이는 정치의 무능과 무소선이 가져온 자멸이었다.

국권상실로 안내한 1930년대의 쇼와 유신이 남겨준 역사적 교훈은 정치무능과 당리당략을 위한 정치, 그리고 그 중심에 있었던 정치인의 무소신이 결국 망국을 불러왔다는 사실이다. 그 역사적 교훈은 때와 장소를 뛰어 넘어 여전히 유효하다.

후기

꼭 30년 전인 1988년에 도서출판 까치에서 「일본의 국가주의」를 출간했다. 이번에 상재하는 「쇼와 유신 : 성공한 쿠데타인가, 실패한 쿠데타인가」는 연구 대상의 시기나 역사적 사건이 30년 전의 책과 겹치기 때문에 참고문헌을 위시해서 많은 부분을 그 책에 의존하고 있다. 그러나 이번 연구는 1930년대를 지나면서 어째서 1920년대에 꽃을 피웠던 정당정치가 몰락하고 국가 진로가 군국주의로 전환했는가에 초점을 맞추어 분석한 결과물이다.

일본을 전공으로 공부하고 있지는 않지만, 일본에 많은 관심을 가지고 연구하고 있는 이종은 교수께서 원고를 읽고 많은 도움의 말씀을 주시었다. 또한 출판을 맡아주신 까치의 박종만 대표도 늘 그렇듯이 이번에도 원고를 읽고 많은 부분을 지적해주시었다. 주제를 중심으로 한 그와의 토론은 늘 많은 것을 되새김하게 한다. 두 분께 감사한 마음이다. 출판사의 편집진에게도 고마움을 표한다.

주

서론

1. 立野信之, 「叛亂」(六興出版社, 1952), p.375

제1장 다이쇼 시대의 풍경

1. 津久井龍雄, 「日本國家主義運動史論」(中央公論社, 1942), p.77

2. 田中義一, "靑年團に就て," 中央報德會 편, 「自治の新思潮」(中央報德會, 1918), p.233

3. 竹山道雄, 「昭和の精神史」(新潮社, 1956), p.39

4. Carol Gluk, *Japan's Modern Myths: Ideology in the Late Meiji Period* (Princeton University Press, 1985), p.239

5. 明石照男, 「大正銀行史槪觀」(東京銀行集會所, 1938), pp.25-26

6. 長幸男, 「昭和恐慌」(岩波書店, 1982)

7. 高橋龜吉, 「日本財閥の解部」(中央公論社, 1930); 高橋龜吉-靑山二郎, 「日本財閥論」(春秋社, 1938)

8. 高橋義雄, 「箒のあと」(秋豊園, 1933). 鶴見俊輔 외, 「日本の百年, 6: 成金時代」(筑摩書房, 1952), pp.14-15에서 재인용

9. 같은 책, p.252에서 재인용

10. 「東京日日新聞」, 1932. 3. 6

11. 京都大學文學部 편, 「日本近代史辭典」(東洋經濟新報社, 1968) pp. 848-849

12. 같은 책, p.911

13. 鶴見俊輔 외, 「日本の百年,6: 成金時代」, p.253에서 재인용

14. Kerry Smith, *A Time of Crisis: Japan, the Great Depression, and Rural Revitalization*(Harvard University Press, 2001), pp.12-18

15. 山川均, 「社會主義運動小史」(社會問題研究所, 1950)

16. 荒畑寒村, 「寒村自傳」(論爭社, 1961), p.270

17. 南博, 「大正文化」(勁草書房, 2001), pp.302-305

18. 中尾龍夫, 「呪はれたる陸軍」(日本評論社., 1933). 藤原彰, 「軍事史」, (東洋經濟新聞社, 1961), pp.137-138에서 재인용

19. 小林順一郎, 「陸軍の根本改造」(時友社, 1924), pp.3, 5-6

20. 渡邊行男, 「宇垣一成: 政軍關係の確執」(中央公論社, 1993), pp. 45-52

21. 藤原彰, 「軍事史」, pp.134-152

22. 御廚貴, 「政黨政治はなぜ自滅したのか?」(文藝春秋社, 2017), pp.15-47

제2장 기타 잇키: 쇼와 유신의 원류

1. 岡本幸治, 「北一輝: 転換期の思想構造」(ミネルヴァ書房, 1996), 3부

2. 三島由紀夫, "北一輝論," 「三田文學」, 1969.7; George Wilson, *Radical Nationalist in Japan: Kita ikki, 1883-1937*(Harvard University Press, 1969)

3. 神島二郎 외, 「北一輝著作集」(3권, みすず書房, 1959, 1972)

4. 久野收, 鶴見俊輔, 「現代日本の思想」(岩波書店, 1956), p.139

5. 「北一輝著作集」 3, pp.563-598

6. "支那革命外史," 「北一輝著作集」 2, pp.15-16

7. 西田稅"戰雲を麾く―西田稅自伝," 谷川健一 외, 「ドキュメント日本人, 3: 反逆者」(學藝書林, 1968), p.218; 쿠데타 이후 옥중에서 가장 많은 자료를 남긴 이소베 아사이치의 기록은 "行動記"와 "獄中手記"로 정리되어 河野司가 편집한 「二-二六事件―獄中手記遺書」(河出書房新社, 1972)에 수록되어 있다. "獄中手記," p. 281

8. "北一輝 陳述書," 「國家主義運動」 2, pp.731-732

9. "國家改造案原理大綱," 「北一輝著作集」 2, pp.217-281

10. 같은 글, 같은 책, p.272

11. 같은 글, 같은 책, p.281

12. "維新革命論," 「國家主義運動」 3, pp.232-236

제3장 오카와 슈메이 : 일본주의

1. 大塚健洋, 「大川周明: ある復古革新主義者の思想」(中央公論社, 1995), p.13

2. 三上卓, "詩人-大川周明を念ぶ," 「新勢力: 大川周明特輯號」, 1958. 11

3. 大川周明, "安樂の門," 竹內好 편, 「アジア主義」. p.287

4. 関岡英之, 「大川周明の大アジア主義」(講談社, 2007), 1, 6장 참조

5. "大川周明 審問調書," 「國家主義運動」, 2, p.692

6. 公安調査廳, 「戰前における右翼團體の狀況」(公安調査廳, 1964) 1, p.213

7. 滿川龜太郎, 「三國干涉以後」(平凡社, 1935), p.213

8. 木下半治, 「日本國家主義運動史」(慶應書房, 1939), p.39

9. 「戰前における右翼團體の狀況」, 1, p.218

10. 같은 책, 1, p.232

11. 「日本」129호(1935. 2)

12. 大川周明, 「日本二千六百年史」(第一書房, 1939), pp.33-34

13. 「日本乃日本人の道」(行地社出版會, 1926), pp.139-143

14. 「日本二千六百年史」, p.34

15. "經濟改革大綱"(1932), 「大川周明關係文書」(大川周明關係文書刊行會, 1998), pp.249-269

16. 「日本乃日本人の道」, p.2

제4장 다치바나 고자부로 : 애국혁신

1. 橘孝三郎, 「農村を語る」(建設社, 1933), pp.351-352

2. 橘孝三郎-竹內好 대담, "ある農本主義者の回想と意見," 「思想と科學」 1960. 6.

3. 風見章, "橘孝三郎氏を語る," 「改造」, 1933. 10.

4. 「戰前における右翼團體の狀況」 1, pp.490-491

5. 古賀淸志, "五-一五事件を回想して," 「國家主義運動」, pp.604-607

6. 「農村研究」, 1931. 11

7. 山本彦助, "國家主義團體の理論と政策," 「國家主義運動」, 3, pp. 67-72

8. 橘孝三郎, "日本愛國革新本義," 警報局保安課, 「國家改造論策集」(皇道會出版部, 1934), pp.93-154

9. 같은 글, 같은 책 p.131

10. 같은 글, 같은 책 pp.80-81

11. 같은 글, 같은 책 pp.142-153

제5장 니시다 미쓰기 : 혼의 전투

1. 磯部浅一, "行動記,"「二-二六事件—獄中手記遺書」, p.297; "証人審問調書-中村義雄,"「國家主義運動」 2, p.619; 須山幸雄, 「西田税: 二-二六への軌跡」(芙蓉書房, 1979), p.340

2. 谷川健一 외 편, "戰雲を麾く-西田税自伝,"「ドキュメント日本人, 3: 反逆者」, pp.217-258

3. 須山幸雄, 「西田税: 二-二六への軌跡」, p.12

4. 谷川健一 외 편, 같은 책, pp.241-243

5. 西田税, "罵世錄"(1920), 「社會科學討究」(1976.1), pp.370-405

6. 西田税, "無限私論,"「國家主義運動」 2, pp.285-316

7. 「戰前における右翼團體の狀況」 1, p.297

8. 西田税, "無限私論,"p.297

제6장 청년장교 : 폭력 유신

1. "青年將校運動とは何か,"「國家主義運動」 2, pp.764-774

2. "王師會,"「戰前における右翼團體の狀況」 1, pp.313-314

3. 松下芳男, 「明治軍制史論」(有斐閣, 1956), p.454

4. 須崎慎一, 「二-二六事件—青年将校の意識と心理」(吉川弘文館, 2003), 1장

5. 藤原彰, 「軍事史」, p.157

6. "皇道維新の雄叫び,"「國家主義運動」 1, pp.514-520

7. "思想善導法案,"「國家主義運動」 1, pp.542-555

8. "第二次大戰の切迫と國家改造の急,"「國家主義運動」 1, pp.520-522

9. "憂國概言,"「國家主義運動」 3, pp.259-261.

10. "右翼思想運動資料," 大谷敬二郎, 「昭和憲兵史」(みすず書房, 1979), pp.697-699

11. 松浦薫, "現下青年將校の往くべき道,"「國家主義運動」 1, pp.514-520

328

12. 磯部浅一, "獄中手記,"「二-二六事件—獄中手記遺書」, p. 349

13. 古賀淸志, "五一五事件を回想して,"「國家主義運動」 2, pp.604-607

14. "村中孝次,"「二-二六事件—獄中手記遺書」, p.193

15. "二-二六から半世紀,"「朝日新聞」, 1986. 2. 26

제7장 쇼와 유신의 서막 : 3월 쿠데타 음모, 만주사변, 10월 쿠데타 음모

1. 中野雄夫,「橋本大佐の手記」, pp.15-16

2. 田中淸, "所謂十月事件二關スル手記,"「國家主義運動」 1, pp.650-670

3. 「戰前における右翼團體の狀況」 2, pp.733-738

4. 渡邊行男,「宇垣一成: 政軍閥關係の確執」(中央公論社, 1993), pp.242- 245

5. 「大川周明關係文書」, pp.460-461

6. 矢部貞治,「近衛文麿」 1(2권 弘文堂 1952), p.189

7. 三島泰雄,「眼のあたり見た滿洲事變」(時事申報社, 1932), p.32

8. Louise Young, *Japan's Total Empire: Manchuria and the Culture of Wartime Imperialism*(University of California Press, 1998), p.115

9. 花谷正, "滿洲事變はこうして計劃された,"「知性,別冊: 秘められた昭和史」, pp.40-50

10. 角田順 편,「石原莞爾資料: 國防論策」(原書房, 1978), pp.75-85

11. 小林龍夫, 島田俊彦 편,「現代史資料7: 滿州事変」(みすず書房, 1964), pp.161-366

12. 片倉衷,「戰陣隨錄」(經濟往來社, 1972), pp.53-54. 참모본부와의 기밀 교신 내용 전문「現代史資料7: 滿州事変」, pp.182-366 참조

13. 堀內敬三,「軍歌物語」(日本ビクター蓄音機株式會社, 1937), pp.68-69

14. 弊原喜重郎,「外交五十年」(讀賣新聞社, 1951), p.166

15. 牧野伸顯,「牧野伸顯日記」(中央公論社,1990), p.474

16. 岡義武 편,「木戶日記」 1(2권, 東京大學出版會, 1966), p.100

17. 重光葵,「昭和の動亂」 1(2권, 中央公論社, 1952), pp.57-61

18. 原田態雄,「西園寺公と政局」 2(9권, 岩波書店,1982), p.8

19. 末松太平,「私の昭和史」(みすず書房, 1963), p.44

20. 中谷武世,「昭和動亂期の回想: 中谷武世回顧錄」 1(2권, 泰流社, 1989),

pp.286-287

21. 原田熊雄, 「西園寺公政局」2, pp.102-103

22. 小坂慶助, 「特高」(啓友社, 1953), p.133

23. 大藏榮一, 「二-二六事件への挽歌」(啓友社, 1953), p.68

24. 「特高」, pp.133-134

제8장 일인일살 : 혈맹단 테러

1. 井上日召, 「日本情神に生よ」(改造社, 1934), pp.71-72

2. 같은 책, pp.102-103

3. 小沼廣晃 편, 「血盟團事件公判速記錄」3(3권 血盟團事件公判速記錄刊行會, 1967-1968), pp.179-180

4. "上申書-小沼正"「國家改造運動」2, pp.440-498

5. "上申書-田倉利之,"「國家主義運動」2, pp.571-580

6. "上申書-菱沼五郎,"「國家主義運動」2, pp.499-518

7. "上申書-池袋正釟郎,"「國家主義運動」2, pp.703-730

8. 「國家主義運動」1, pp.71-90

제9장 쇼와 유신의 햇불 : 5-15 쿠데타

1. 古賀不二人, "初めて語る五-一五眞想,"「文藝春秋」, 1967. 6

2. 大藏榮一, 「二-二六事件への挽歌」, p.87

3. 「國家主義運動」1, pp.91-99

4. 古賀清志, "五一五事件を回想して,"「國家主義運動」2, pp.604-607

5. "証人審問調書-中村義雄,"「國家主義運動」2, pp.631-637

6. 戶川猪佐武, 「犬養毅と靑年將校」(講談社, 1982), p.328

7. 松下芳男, 「日本陸海軍騷動史」(土屋書店, 1974), p.301

8. 「國家主義運動」1, pp.103-104

9. 後藤映範, "五一五事件陳情書,"橋川文三 편, 「超國家主義」(筑摩書房, 1964), pp.147-167

10. 같은 글, p.162

11. 秦郁彦, 「軍ファシズム運動史」(原書房, 1962), p.58

12. 滿田巖, 「昭和風雲錄」(新紀元社, 1940), pp.264-291

13. 我妻榮, 「日本政治裁判史錄, 昭和-後」(第一法規出版株式會社, 1970), pp.488-495.

14. "傾聽すべき軍部意見,"「信濃每日」, 1932. 5. 21

15. 松村秀逸, 「三宅坂」(東光書房, 1952), p.70

16. 「木戶幸一日記」1, p.168

17. 古島一雄, 「政界五十年: 古島一雄回顧錄」(新日本經濟社, 1952), p.183

제10장 합법무혈 쿠데타 : 천황기관설 박멸운동

1. 玉澤光三郎, "所謂'天皇機關說'を契機とする國體明徵運動,"「國家主義運動」1, pp.347-454

2. 岡田貞寬, 「岡田啓介回顧錄」(每日新聞社, 1977), p.82

3. 宮本盛大郎, 「天皇機關說の周邊」(有斐閣, 1980) 참고

4. 尾崎士郎, 「天皇機關說」(文藝春秋社, 1951), p.7

5. "所謂機關說問題は昭和維新第二期展開の神機",「國家主義運動」1, pp.390-391

6. 阿部眞之助, "美濃部問題と岡田內閣,"「改造」, 1935/05

7. 山本勝之助, 「日本を亡ぼしたもの」(彰考書店, 1949), p.177

8. 本庄繁 「本庄日記」(原書房, 1979), p.216

제11장 하극상의 시대 : 나가타 데쓰잔의 암살

1. James B. Crowley, *Japan's Quest for Autonomy: National Security and Foreign Policy*(Princeton University Press, 1966); Peter Duus ed., *The Japanese Wartime Empire, 1931-1945*(Princeton University Press, 1996); Gordon M. Berger, "Politics and Mobilization in Japan, 1931-1945," in *Cambridge History of Japan* 6, pp.97-153

2. 村中孝次, 磯部淺一. "肅軍に關する意見書,"「國家主義運動」, 1. pp.609-670

3. 末松太平, 「私の昭和史」, p.161

4. 山崎國紀, 「磯部淺一と二-二六事件: わが生涯を燒く」(河出西房新社, 1989), p.33

5. "全皇軍靑年將校に檄す," 大谷敬二郎, 「昭和憲兵史」, pp.700-701

6. 橋本徹馬, 「天皇と叛亂將校」(日本週報社, 1954), p.33; 「二-二六事件秘 錄」 1, pp.3-60

7. 齊藤瀏, 「二-二六」(改造社, 195), 139; 工藤美代子, 「昭和維新の朝: 二-二 六事件と軍師斎藤瀏」(日本経済新聞出版社, 2008), 8장 참조

8. "西田税聽取書", 「國家主義運動」, 2, pp.748-750

9. 「東京日日新聞」, 1936. 1. 29

10. 「二-二六事件秘錄」 1, pp.15-30.

11. 小坂慶助, 「特高」, pp.36-37

12. 高宮太平, 「軍國太平記」(酣燈社, 1951), p.244

13. 滿田巖, 「昭和風雲錄」, pp.322-338

제12장 쇼와 유신의 종막: 2-26 쿠데타

1. "昨朝曉, 一部靑年將校各所に重臣を襲擊," 山崎英祐 편, 「新聞集成- 昭 和史の證言」 10, p.100

2. 大谷敬二郎, 「二-二六事件の謎」(柏書房, 1967), p.48

3. 新井勳, 「日本を震撼させた四日間」(文藝春秋社, 1979), pp.117-125

4. "憲兵調書─磯部浅一," 「二-二六事件秘錄」, 1, p.221

5. 「國家主義運動」 1, pp.168-169

6. 大谷敬二郎, 「二-二六事件の謎」, 24

7. 磯部浅一, "行動記," 「二-二六事件─獄中手記遺書」, p.243

8. "中橋基明: 明治維新の志士をしのびて," 「二-二六事件─獄中手記遺書」, p.94

9. 「國家主義運動」 1, pp.174-175

10. "陸軍大臣告示," "軍隊ニ對スル告示," 「二-二六事件─獄中手記遺書」, pp.445, 466

11. 「本庄日記」, pp.271-281

12. 大谷敬二郎 , 「昭和憲兵史」, p.177-178

13. "檄文,"「二-二六事件—獄中手記遺書」, p.444

14. "兵に告く,"「二-二六事件—獄中手記遺書」, pp.460-461

15. 福本龜治,「兵に告ぐ」(大和書房, 1954), pp.173-174

16. 「本庄日記」, 281

17. "安藤輝三,"「二-二六事件—獄中手記遺書」, pp.41-45

18. 호사카 마사야스, 정선태 옮김,「쇼와 육군」(글항아리, 2016), p.162

19. "北一輝 聽取書,"「國家主義運動」2, p.745

20. 北昤吉, "風雲兒 北一輝,"「文藝春秋」임시 증간호 1955. 6

21. 大川周明, "北一揮君を憶ふ,"「ドキュメント日本人, 3: 反逆者」, pp.260-273

22. 호사카 마사야스, 위의 책, pp.158-170

23. 福本龜治,「兵に告ぐ」, p.114

24. Ben-Ami Shillony, *Revolt in Japan: The Young Officers and the February 26, Incident*(Princeton University Press, 1973)

25. 大谷敬二郎,「二-二六事件の謎」, p.311

26. 和田日出吉,「二-二六以後」(偕成社, 1937)

결론

1. "踐祚,"「東京朝日新聞」, 1926. 12. 25

2. 鈴木善一, "日本主義建設案,"警報局保安課,「國家改造論策集」, p.424

참고 문헌

1. 자료집

警報局保安課, 「國家改造論策集」, 皇道會出版部, 1934

公安調查廳, 「戰前における右翼團體の狀況, 1-4」, 公安調查廳, 1964

今井淸一, 高橋正衛 편, 「現代史資料 4, 5, 23: 國家主義運動, 1-3」, みすず
　　書房, 1964, 1974

內務省警報局, 「國家主義運動の槪要」, 복각, 原書房, 1974(원본, 1933)

山崎英祐 편, 「新聞集成·昭和史の證言, 1-10」, 本邦書籍, 1984

小沼廣晃 편, 「血盟團事件公判速記錄, 3」, 血盟團事件公判速記錄刊行會,
　　1967-68

河野司 편, 「二·二六事件—獄中手記遺書」, 河出書房新社, 1972

2. 한글

한상일, 「日本의 國家主義」, 까치글방, 1988

호사카 마사야스 지음/정선태 옮김, 「쇼와 육군」, 글항아리, 2016

3. 일본어

角田順 편, 「石原莞爾資料: 國防論策」, 原書房, 1978

岡本幸治, 「北一輝: 轉換期の思想構造」, ミネルヴァ書房, 1996

岡義武 편, 「木戶幸一日記」, 東京大學出版會, 1966

岡田員寬 편, 「岡田回顧錄」, 每日新聞社, 1977

綱澤滿昭, 「近代日本の土着思想: 農本主義硏究」, 凰媒社, 1969

高橋龜吉, 「日本資本主義發達史」, 日本評論社, 1929

高橋龜吉/靑山二郎, 「日本財閥論」, 春秋社, 1938

高橋正衛, 「二-二六事件」, 中央公論社, 1965

高宮太平,「國君太平記」, 酣燈社, 1951

古島一雄 외,「政界五十年 古島一雄回顧錄」, 新日本經濟社. 1950

谷川建一 외 편,「ドキュメント日本人 3: 反逆者」, 學藝書林, 1968

工藤美代子,「昭和維新の朝: 二-二六事件と軍師斎藤瀏」, 日本経済新聞出
　版社, 2008

関岡英之,「大川周明の大アジア主義」, 講談社, 2007

橋川文三 편,「超國家主義」, 筑摩書房, 1964

橘孝三郎,「農村を語る」, 建設社, 1933

橘孝三郎-竹内好 대담, "ある農本主義者の回想と意見," 「思想と科學」(1960.6)

久野收, 鶴見俊輔,「現代日本の思想」, 岩波書店, 1956

宮本盛大郎,「天皇機關説の周邊」, 有斐閣, 1980

南博,「大正文化」, 勁草書房, 2001

大藏榮一,「二-二六事件への挽歌」, 啓友社, 1953

大谷敬二郎,「二-二六事件の謎」, 柏書房, 1967

大谷敬二郎,「昭和憲兵史」, みすず書房, 1979

大川周明,「日本乃日本人の道」, 行地社出版會, 1926

大川周明,「日本二千六百年史」, 第一書房, 1939

大川周明關係文書刊行會,「大川周明關係文書」, 芙蓉書房, 1998

大塚健洋,「大川周明: ある復古革新主義者の思想」, 中央公論社, 1995

渡邊行男,「宇垣一成: 政軍關係の確執」, 中央公論社, 1993

藤原彰,「軍事史」, 東洋經濟新聞社, 1961

利根川裕 편,「現代のエスプリ: 北一輝」, 至文堂 1973

滿田巖,「昭和風雲錄」, 新紀元社, 1940

滿川龜太郎,「三國干涉以後」, 平凡社, 1935

末松太平,「私の昭和史」, みすず書房, 1963

毎日新聞社 편,「古島一雄清談」, 毎日新聞社, 1951

明石照男,「大正銀行史概觀」, 東京銀行集會所, 1938

牧野伸顯,「牧野伸顯日記」, 中央公論社, 1990

木村時夫,「北一輝と二-二六事件の陰謀」, 恒文社, 1996

木下半治,「日本國家主義運動史」, 慶應書房, 1939

尾崎士郎,「天皇機關說」, 文藝春秋社, 1951

迫水久常,「機關銃下の首相官邸」, 恒文社, 1964

福本龜治,「兵に告ぐ」, 大和書房, 1954

本庄繁,「本庄日記」, 原書房, 1979

富岡福壽郎,「五-一五と血盟團」, 弘文社, 1933

北博昭,「二-二六事件全検証」, 朝日新聞社, 2003

山崎國紀,「磯部殘一と二-二六事件：わが生涯を燒く」, 河出西房新社, 1989

山本勝之助,「日本を亡ぼしたもの」, 彰考書店, 1949

山川均,「社會主義運動小史」, 社會主義研究所, 1950

三島泰雄,「眼のあたり見た滿洲事變」, 時事新報社, 1932

西田稅, "罵世錄,"「社會科學討究」, 1976. 1

小林順一郎,「陸軍の根本的改革」, 時友社, 1924

小坂慶助,「特高」, 啓友社, 1953

松本健一,「評傳 北一輝 IV: 二-二六事件へ」, 岩波書店, 2004

松下秀逸,「三宅坂」, 東光書房, 1952

新井勳,「日本を震撼させた四日間」, 文藝春秋社, 1949

須崎慎一,「二-二六事件 ― 青年将校の意識と心理」, 吉川弘文館, 2003

須山幸雄,「西田稅: 二-二六への軌跡」, 芙蓉書房, 1979

矢部貞治,「近衛文麿」, 전2권, 弘文堂 1952

神島二郎 外 편,「北一輝著作集」전3권, みすず書房, 1959, 1972

「新勢力: 大川周明特集號」, 1958. 11

御廚貴,「政黨政治はなぜ自滅したのか?」, 文藝春秋, 2017

歷史學研究會 편,「太平洋戰爭史: 1, 滿洲事變」, 靑木書店, 1971

永田鐵山刊行會 편,「秘錄·永田鐵山」, 芙蓉書房, 1972

原田態雄述,「西園寺公と政局」, 전9권. 岩波書店, 1982

伊藤隆外,「二-二六事件とは何だったのか: 同時代の視点と現代からの視点」, 藤原書店, 2007

林茂外 편,「二-二六事件秘録, 1-4」, 小學館, 1971-72

立野信之,「叛亂」, 六光出版社, 1952

長幸男,「昭和恐慌」, 岩波書店, 1973

齊藤瀏,「二-二六」, 改造社, 1951

田中義一, "青年團に就て," 中央報德會 편,「自治の新思潮」, 中央報德會, 1918

井上日召,「日本精神に生よ」, 改造社, 1934

竹山道雄,「昭和の精神史」, 新潮社, 1956

重光蔡,「昭和動亂」1(전2권), 中央公論社, 1952

中野雄夫,「橋本大佐の手記」, みすず書店, 1963

中田整一,「盜聽-二-二六事件」, 文藝春秋, 2007

「知性 別册: 秘められた昭和史」, 1956.12

津久井龍雄,「日本國家主義運動史論」, 中央公論社, 1932

楫西光速,「政商から財閥へ」, 筑摩書房, 1964

秦郁彦,「軍ファシズム運動史」, 原書房, 1962

太平洋戦争研究会 편,「2．26事件の衝撃」, PHP研究所, 2010

片倉衷,「戰陣隨錄」, 經濟往來社, 1972

鶴見俊輔 외 편,「日本の百年」5-6, 筑摩書房, 1952

香椎研一 편,「香椎戒嚴司令官手記: 秘録二-二六事件」, 永田書房, 1980

戸川猪佐武,「犬養毅と青年將校」, 講談社, 1982

和田日出吉,「二-二六以後」, 偕成社, 1937

荒畑寒村,「寒村自傳」, 論爭社, 1961

4. 영어

Crowley, James B. *Japan's Quest for Autonomy: National Security and Foreign Policy, 1930-1938*. Princeton University Press, 1966

Duus, Peter, ed., *The Cambridge History of Japan 6: The Twentieth Century*. Cambridge University Press, 1988

Duus, Peter, Ramon Myers, and Mark Peattie, ed., *The Japanese Wartime Empire, 1931-1945*. Princeton University Press, 1996

Gluck, Carol. *Japan's Modern Myths: Ideology in the Late Meiji Period*, Princeton University Press, 1985

Harries, Meirion and Susie, *Soldiers of the Sun: The Rise and Fall of the Imperial Japanese Army*, RandomHouse, 1994

Havens, Thomas R.H. *Farm and Nation in Modern of Japan: Agrarian Nationalism, 1870-1940*, Princeton University Press, 1974

Ogata, Sadako. *Defiance in Manchuria: The Making of Japanese Foreign Policy, 1931-1932*, University of California Press, 1964

Peattie, Mrak R. *Ishiwara Kanji and Japan's Confrontation with the West*, Princeton University Press, 1975

Samuels, Richard J. *Machiavelli's Children: Leaders And Their Legacies In Italy And Japan*, Cornell University Press. 2005

Shillony, Ben-Ami, *Revolt in Japan: The Young Officers and the February 26, Incident*, Princeton University Press, 1973

Smith, Kerry, *A Time of Crisis: Japan, the Great Depression, and Rural Revitalization*, Harvard University Press, 2001

Young, Louise, *Japan's Total Empire: Manchuria and the Culture of Wartime Imperialism*, University of California Press, 1998

Wilson, George, *Radical Nationist in Japan: Kita ikki, 1883-1937*, Harvard University Press, 1969

인명 색인

340